捧げられる生命

沖縄の動物供犠

Harada Nobuo
原田信男
Maeshiro Naoko
前城直子
Miyahira Moriaki
宮平盛晃

御茶の水書房

捧げられる生命

目　次

目次

第五節　中国の土牛（牛）儀礼の概観　269

第六節　陰陽五行思想から見た「ハマエーグトゥ」　291

あとがき　345

索引　1

捧げられる生命——沖縄の動物供犠

序論　儀礼と犠牲

原田信男

1　人間と食料の獲得

もともと人間には、哺乳類のなかでも腕力や走力などの身体的運動能力は劣るものの、脳の発達と二足歩行による両腕の利用によって、さまざまな道具を発明し、次第に他の動物たちを圧倒してきたという歴史がある。しかし人間がまだ高度な技術や知識を持たずに、厳しい生活環境で生きていた時代、大自然の脅威の前では、他の動物たちと比してもヒトは極めて小さな存在であった。

その初源において人々は、植物や小動物の採取あるいは猛獣の食べ残しの獲物の肉を、ひそひそとあさるようなスカベンジャー的な生活を、実に長い間続けてきたのである。そうした過程のなかで蓄積された知識と技術を駆使し、計画的な集団行動と優れた武器や陥穽などを用いて、狩猟を本格的に行うような段階に至っても、捕獲するための動物が見あたらなかったりすれば、その出現を大自然に祈るよりほかなかった。

そうした厳しい大自然と向き合いつつ日々の生活を営むなかで、人々はつねに安穏を願い続けてきた。自然界には、さまざまな現象が起こり、それが人々の生活にとって、プラスに作用したりマイナスとなったりした。やがて農耕が始まると、天候の順不順が作物の豊凶に大きく作用するため、これを左右する大自然の摂理そのものを神と見なし、人間精神の本能的な懼れや願望を、神に祈るという形で救いを求めてきたというのが、ほぼ普遍的な初源の行動パターンであっただろう。

それゆえ当然のことながら、自然が人間に対してプラスに働くよう神に願い続けてきた。ただ哲学的な体系をもった一神教の場合を別とすれば、世界的に広く見られる素朴な多神教の世界では、善神のみならず悪霊や悪神も含めて、さまざまな神が大自然の作為を司るものと見なした。そして地震や噴火あるいは暴風雨、さらには凶作や疫病などを惹き起こす神々に対しては、その怒りを鎮めたり、時には遠ざけたりして、自然界の不順や厄災から逃れ順当な日々の生活を送るべく祈りを捧げてきた。

これら祈りの目的は、まさに人々の生活の安定と幸福にあり、そのための最大必要条件は、食料の安定的な獲得にあった。豊富な食料は、労働時間の短縮に繋がり、その分を新たな知識や技術の習得に振り向けることで、文化の向上がもたらされた。しかし食料の不足は確実に人間に死をもたらすほか、死あるいは不幸などへの恐怖はさまざまなところに潜んでいた。事故や病気による怪我あるいは経済事情の逼迫など、生活環境の悪化は、誰しもが望むところではなかった。

2 儀礼の発生

こうした逆境を避けて安穏な生活を送るために、祈りは不可欠の行為であった。ただこれを、単なる心の問題だけで留めておいては、実効を得られるかどうか、はなはだ疑わしい。祈りは、何よりも形を伴わなければならない。そのために秩序と組織が模索され、それが凝縮したのが祭祀という儀式であった。そうした儀式の目的は、基本的に次の二つに分類される。

まずは、人々の生活に害を及ぼさないための除厄儀礼である。悪霊や悪神が人々の生命を脅かすことは、しばしば起こりうる事態で、火災や疫病などの難は、極力、退けなければならない。いわばマイナスが起こりえないように予め祈るもので、除災儀礼もしくは攘災儀礼とも呼ぶ。こうした災いは、いつ訪れるか分からないため、基本的には年頭などの区切りの良い時期に行われるが、疫病などのような突然の事態には、臨時に催されることも少なくない。

さらに生活自体のより良い継続を願うための招福儀礼も、至極当然な欲求であろう。なかでも、生活をより豊かなものにしたいとする願いや祈りが、もっとも重要な核をなす。狩猟や漁撈の対象である獲物自体が姿を見せなかったり、異常気象などが招く不作・凶作も少なくはなかった。そうした食料不足を避け、生活を持続的に安定させるためには、より多くの収穫物を期待する祈りも、必要不可欠な行為であった。すなわち豊穣儀礼というプラス志向の祈りである。これも定例化されることが多いが、異常気象などの際には随時執り行われた。

これらの儀式は、集団や社会ごとの生業形態に応じて、次第に定式化されていった。そうした際に、人間が心性的に採り得たパターンには、一見相反するかに思える二つの形態があった。それは、積極的には祈祷を行ったり供物を捧げたりすることであり、消極的には自らの行動に禁忌や抑制を働かせることであった。

このことは儀式における供犠の問題を考える上で、極めて重要な意味を有するものと思われ、本書では、この双方に関する考察を避けて通ることはできない。このうち本書のテーマに最も深く関係するのは、いうまでもなく積極的な供物の方であるが、とくに日本においては消極的な禁忌が、祭祀に深く影を落としている。すなわち日本の場合に著しい肉食禁忌の問題は、その最も典型的な事例と考えられる。

ただ具体的には、両者は分離できるものではなく、積極的行動に消極的対応が含まれる場合もある。例えば、狩猟者が獲物を仕留めた時、すべてを我が物にするのではなく、解体した後の肉や内臓の一部を山の神に供えるが、これは部分的に抑制を利かせるところに重要な意味があった。神への感謝と、その動物の霊を弔うために、獲物の一部を供物として献ずることが、今後の豊猟を願うための儀式に必要だと意識されたのである。

3　供犠と供物

そこで積極的な供物の問題について見れば、基本的に、供物は価値が高ければ高いほど効力があると考えられてきた。価値の低い供物では、自らの抑制を効かせたことにはならず、最も大切な物を捧げることが、神を喜ばすところとなる。しかも供物は基本的に食べ物で、恩恵をもたらしてくれる神々も、人間と同様に食べることが最も大切な事柄だと認識されてきた。少なくとも日本の場合では、神の来臨を実現させるために、人々の生活と全く同じ条件が必要だと思われた。

それは、まさに衣食住という生活の三要素であった。まず神の仮住まいとなる依代《よりしろ》が用意される。これは四本の柱を立てて、それぞれを注連縄《しめなわ》で結ぶ。これが神の住居となるが、その恒久化を図るための装置が神社である。そこに飾られる注連縄には、御幣が括られることになるが、これが神の衣装とみなされる。

さらに神の依代の正面には机が据えられるが、そこに神の食べ物つまり神饌が用意されることになる。また神を招来する儀式を最大に盛り上がらせるために、さまざまな装飾と演出が凝らされ、歌舞音曲や演劇などの芸能が供されることも少なくない。その工夫は、祭の主催者たちの創意によるもので、それこそが祭の特色となるため、彼らは競って壮麗な演出を試みた。

こうした祭そのものを神への供物と解釈することも可能であろうが、やはり祭儀の中心は食物にあり、祈りの最大の代償となる神饌の供奉こそが祭祀の本義であった。神饌は、儀式開始直後の献饌から始まり、重要な式次第が済むと、撤饌されるところとなる。実は、この間に、神が神饌を食したことになる。

そして儀式の終了後に、これを主催した一同と直会という形での共同飲食が行われる。そこで出される飲食物は、まさに神に捧げた神饌そのものである。こうした神饌は、明治以降は生饌が主流となったが、本来は調理済みの熟饌で、これを下ろしと称し、全員で食べる祝宴が伴わなければ、祭は完結したことにはならない。つまり儀式の間に神が食したのと同じものを、その直後に祭祀者一同が食べるところに重要な意義があり、ここで神人共食が行われることになる。

すなわち願いごとの成就を祈る祭祀の場で、神と同じものを食べることによって、神と心を同じくし、神の恩恵が食べた人々にもたらされるという仕掛けである。こうして神々と共食することによって、神と人との一体化を図り、神からの加護を受けるために、祭祀という儀式を執り行ってきたのである。こうした場における食事は、単なる日々の糧とは異なり、最高のものでなければならなかった。

それゆえ苦労して手に入れた狩猟による野獣や、長年の努力の成果である牧畜によって育てられた家畜、あるいは丹精を込めた農耕のなかでも米や麦、それらから造った餅や酒など価値の高い製品が、神々に捧げられるのである。ただ時には神の食事という範疇を一気に拡大させて、人間の食料の範囲を逸脱したものが供されることもある。すなわち生贄のうちでも、最高の動物つまり人間の提供も論理的には行われ得たのである。

いわゆる人身御供の問題は、極めて異例ではあるが、こうした祭祀における供犠の延長線上に出現したと考えねばならない。なお人身供犠に関しては、本書の姉妹編である拙著『なぜ生命は捧げられるか』(御茶の水書房、二〇一二)を参照されたいが、植物・動物を含めたさまざまな供物のうち、本書では動物供犠の問題を中心に扱っていきたい。ただ狩猟や牧畜あるいは農耕といった生産活動は、現実には単独で行われているのではなく、複雑に組み合わさって展開しているのが現実である。

そこで本書では、祭祀における供犠の問題を、生産すなわち豊饒に関する祭祀のみならず、除厄や招福のために行われる儀礼も考慮するとともに、供物を伴う積極的な祈りのほか、禁忌・抑制という消極的な祈りという側面も含めて、捧げられる生命について考えてみたいと思う。

4　日本の動物供犠

動物の供犠というと、古代ギリシャなどの神殿の前に犠牲台が設けられ、そこで動物を屠って神に捧げるというイメージが一般的であるが、世界史的に見ても、動物という生命を供物とする儀礼はさまざまで、かなり広汎な地域で行われている。とくにアジアでは、壮麗な犠牲台などではなく、森や村々の広場などで、ニワトリさらにはイノシシやブタなどが屠殺され、それぞれの神々に供されており、生命を神々へ捧げるというシーンは珍しくはない。

ところが日本では、動物供犠に相当する事例が極めて少ない。これは古代に、米のために肉食を遠ざけたことによる。しかも仏教思想の影響も手伝い、逆に殺生禁断を徹底させることこそが、願いや祈りの方策の一つと見なされるようになった。こうした事情については、拙著『歴史のなかの米と肉』を参照されたいが［原田：一九九三］、いずれにしても徹底的に肉を排除するという極めて特異な米文化が、日本では発達をみた。もともとアジアモンスーン地帯で発達した稲作は、多くの水を必要とすることから、魚との組み合わせを基本とするが、同時に簡単に飼育できるブタを伴うという特色があった。

それゆえ基本的に東アジア・東南アジアでは、稲作の傍らにブタの飼育を行って、これを食するのが普通で、同様に鶏も家畜として利用されることから、ブタやニワトリの供犠が広くみられる［宇野：一九四一］。にも関わらず日本では、古代国家成立以降、それまで設けられていた猪飼部が廃止され、肉食が穢れを招くものとして、社会的に否定される方向へと進んだのである。このため動物の供犠自体も、次第に衰退していかざるをえなかった。

しかし日本では、動物の生命を捧げることが、全く無かったり、全てが消滅してしまったりしたわけではない。丹念に文献史料を読み込んだり、民俗調査報告などを読み漁ったりしていくと、動物供犠の存在や、その痕跡を見出すことができる。こうした事例については、拙著『なぜ生命は捧げられるか』で明らかにしえたと思うが、この問題はかなり複雑な様相を呈している。確かに日本は米に高い価値を求めた国家であるが、とくに〝聖なる〟米と、〝穢れた〟肉という対立的な図式を、もっとも端的に具現した社会だったところに特色がある。

しかし、それは古代律令国家が集権的で強大な支配力を有して、異様に米に価値観を収斂させた地域での出来事にすぎない。いわゆるヤマト政権下に組み入れられた世界のことで、それがそのまま日本列島を覆い尽くしたわけではない。実際には、米よりも肉に食としてのエネルギーを見出した地域が、日本にも存在していた。現在の日本の国家領域を前提とすれば、米ではなく肉に重きを置いた世界が、北海道と沖縄に形成されていた。これは弥生文化が及ばなかった地域であり、それ以外はヤマト文化が影響力を及ぼした世界であったが、その内部においても、山の民と被差別部落民の間には、豊かな肉食文化の伝統が根付いていた。

かつて呆れたことに、日本における四つの豊かな肉食文化の存在を指摘した原稿を書いた時、豊かな肉食文化とはどういう意味か、と私に難癖を付けた人たちがいた。即座に、それは家庭レベルで動物を解体する技術をもち、内臓や血までも食べ尽くす文化だ、と答えたことがある。極めて残念なことに、彼らには肉食文化という概念が少しも分からず、「豊か」ということの意味が全く理解できなかった。どうも本音は、被差別部落の問題を採り上げて明記したことが気に障ったようで、この一行を削らせようとしたが、私はそれこそ逆差別以外の何物でもないとして、その要求を突っぱねた。それくらい肉食文化への関心は薄く、理解に乏しいのが日本の現実なのである。

もちろん日本においては、魚鳥を除けば動物を文様とする事例が少なく、花鳥風月という美意識が

端的に象徴するように、鳥以外の動物たちへのまなざしを物語る表現は極めて乏しい。あたかも日本には動物利用の伝統が、かつて存在しなかったような錯覚に囚われがちである。そうしたなかで、古い時代の日本に存在していた動物供犠の問題を、改めて採り上げておく必要があると思われる。そして、この問題を扱うためには、肉食文化が色濃く残っている沖縄を採り上げることが不可欠のアプローチとなろう。それゆえ沖縄から発して、日本の動物供犠を再検討していくことが、最も重要な方法なのだと考えられる。

5　沖縄の位置

沖縄は、柳田国男が日本への稲作伝来の地と見なしたことから、日本のルーツをたどるのに重要な地域として位置づけられてきた［柳田：一九六一］。また折口信夫も、古代研究の宝庫と考え、言語をはじめ巫女や祖先信仰あるいは神話や宗教などに共通の要素を見出し、沖縄の民俗や文学に大きな関心を寄せてきた［折口：一九五六］。このように研究者たちの間では、沖縄に日本の祖型を求めるといった傾向が強く、古い日本文化の根源が残っている、と思われてきた。そのこと自体は間違いではないが、では何故、沖縄にそうした現象がみられるのか、という問題は、あまり顧みられてこなかったように思われる。

私には沖縄が、日本の祖型であるという議論は、あまりにも単純すぎるように思われる。それでは沖縄が発展した延長線上に、日本があることになるが、沖縄の歴史には、この地域ならではの特色がある。もちろん地域的にも日本と近しい距離にあるため、共通する部分も少なくない。古モンゴロイドという日本人の起源に始まり、中国大陸もしくは朝鮮半島との関係や、稲作文化あるいは王権の発生と、統一王朝などの問題には、似ている部分もあるが、詳細に検討すれば、さまざまな差異が存在する。

例えば近年では、水田稲作という観点からすれば、米が南方の沖縄経由でやって来たとする柳田説は、考古学発掘の成果によって完全に否定されている。つまり弥生以降の系譜論としての、沖縄＝日本文化原型説は成立し得ないことになる。また折口の沖縄＝日本古層文化論は、確かに沖縄社会には、日本との共通性を思わせるような言語や精神文化が認められるが、その論理には中国との関連が弱いように思われる。ただいずれにしても、多くの研究者が沖縄に注目してきたように、その連関が重要な意味をもつことに疑いはない。

こうした問題の回答は、容易ではなく、両者の歴史性をどのように理解するか、という基本認識が問われることになろう。弥生以来の稲作をベースとしたヤマト政権が、中国や朝鮮半島との文化交流に意を注ぎ、さまざまなシステムや文化を学んで広大な地域を支配したのに対し、沖縄は、東南アジア・中国・日本との交流のなかで、いわば段階的に独自の歴史と文化を築いてきた。地形や気候の問題も含めて、沖縄という地域空間の特性と、ヤマト文化の特質との間には、単なる共通性だけでは解決し得ない問題が横たわっている。

また沖縄においては、列島に較べて統一国家の形成が遅れたため、時間軸における速度の問題が、比較的ゆるやかであったことから、さまざまな社会の〝古風〟が残りやすかったことも事実だろう。それゆえ民俗事象においても、日本の原型を思わせるかのような共通性が見られる。しかし実際には、これらの東アジア世界における複合的な歴史的・地理的要因を、一つ一つ解明していかないと、日本と沖縄との関係性を見誤る危険性がある。

本書では、そうした視点に立った上で、動物供犠と農耕儀礼という問題を取り上げてみたい。日本古代においても、さまざまな動物供犠が行われていたことについては、かつて若干の検討を試みたことがある［原田：二〇〇〇］。しかしヤマト政権下の日本においては、米を生産の基調とした古代律令国家の肉食否定によって、とりわけ動物供犠一般が見事に欠落していった。

ところが沖縄には、今日においても、動物供犠を伴った民俗事例の存在が知られる。それは、先に述べた儀礼の文脈からすれば、いわば除厄儀礼としてのシマクサラシであり、招福儀礼としてのハマエーグトゥである。シマクサラシは、琉球諸島に広く見られるもので、カンカーなどとも呼ばれて、日本本土の道切りにあたり、集落のいくつかの出入り口に結界して、悪霊などの侵入を防ぐ儀礼であるが、この時に動物の肉や骨を吊す点に特色がある。つまり除厄儀礼に動物供犠が伴うもので、非常に興味深い事例といえよう。

またハマエーグトゥは、現在では旧知念村下志喜屋（現・南条市）に残るのみで、門中の祭祀儀礼として行われているが、かなり複雑な要素を合わせ持っており、ウシ一頭を屠殺して、ニライカナイに捧げるという特色がある。事例としては、シマクサラシに較べれば極めて少ないが、沖縄北部の名護一帯では、同様にウシの解体を伴うウシヤキ儀礼が、屋部などの集落にいくつか残存している。現在では、ウシではなくヤギに変わっているところもあり、七年あるいは九年に一度の割で催されたりしているが、これらはハマエーグトゥと同様の動物供犠と考えられる。

ただ、こうした儀礼は、長い歴史のなかで、とくに近代以降さまざまな変容を遂げるとともに、それらの原義も忘れ去られたまま、いわば一つの伝統行事として執り行われているのが現状である。こうした動物供犠の存在は、公衆衛生関連法規の詳細化により、民間での屠殺が極めて難しい状況に陥っている。とくにウシについては狂牛病との関係もあって、屠畜検査などが厳しく、民俗慣行自体が変容を余儀なくされている。かつて日本なかでは、独自の肉食文化を誇った沖縄においても、動物供犠に関わる民俗が、変容どころか消滅の危機に瀕しつつある。

6　沖縄と日本の動物供犠

こうした歴史的状況のなかで、沖縄における動物供犠の存在と、儀礼の意味について、改めて個別的な検討を加えておくことには、大きな意義があると思われる。しかも、こうした儀礼の際に行われるさまざまな作法についても、その思想的背景を明らかにしておくことが必要だろう。そしてさらに、視点を沖縄から日本全体へと広げ、かつて存在した動物供犠の意義に関して、その全体を見通すという作業も重要なことと考えられるが、その本格的な考察については拙著『なぜ生命は捧げられるか』に譲ることとしたい。それゆえ本書では、まず各論にあたる第一章の宮平、第二章の原田、第三章の前城の三論文について、それぞれを簡単に概略した上で、原田による全体の見通しを簡単に述べておきたい。

まず第一章の宮平盛晃「南島におけるシマクサラシの性格」については、これまでいくつかシマクサラシに関する研究はあったが、いずれも個別事例を論じたもので、数少ない事例をもとに類推的に言及したにすぎない。しかし宮平は、奄美を含む琉球諸島全域にわたって悉皆調査を続け、その名称や分布・期日および目的と称される問題について、全体的な考察を試みている。すなわちシマクサラシの全容を解明すると同時に、この儀式のもつ多様な要素を全面的に整理検討して、その主要な目的が集落単位の除厄にあり、この儀式にはほとんどといってよいほど動物の屠殺が伴い、かつ肉の共食が行われることを指摘している。

そして第二章の原田信男「ハマエーグトゥと沖縄の動物供犠」では、ハマエーグトゥが浜で行われるところから、一般に大漁祈願だと考えられていたが、稲作儀礼としての要素が見られることを明らかにした。もちろん、この儀礼も門中祭祀的な側面が見られ、代表的な招福儀礼と考えられるが、なかでもとくに動物供犠による稲作儀礼が祭祀に重要な位置を占めている点を指摘した。しかも、このハマエーグトゥは、名護周辺に残るウシヤキとの関連が強く、日本本土にも見られる浜下りの要素を併せ持つことにも注目し、これを沖縄全体のなかで検討したところに意義があろう。

さらに第三章の前城直子「牛はなぜ殺されるのか」は、副題のごとく、沖縄における殺牛祭神の問題を、中国思想との関連で分析したものである。ウシが動物供犠の最大の対象となった理由を、陰陽五行説の立場から検討したもので、十干十二支などの動物観の問題を絡めつつ解明している。こうした中国思想が、どのような経緯で沖縄に定着したかを丁寧に論じつつ、こうした理論から、沖縄の動物儀礼と中国における土牛儀礼との関連を説明している。そして原田が論じたハマエーグトゥの祭祀儀礼の構造を、陰陽五行説から見事に解釈してみせた点が重要だろう。

もとより、こうした民俗事象については、時代によりさまざまな解釈が施されて、それぞれの社会的事情に沿った形での改変が伴う。シマクサラシにおいても、ハマエーグトゥにおいても、次第に本義が忘れ去られるとともに、さまざまな要素が加えられたり省かれたりして、今日に伝えられていると考えなければならない。それゆえシマクサラシにしても、ハマエーグトゥにしても、それぞれの原義に立ち帰って、そうした動物供犠が有した意味を解明していく必要がある。

こうした沖縄における動物供犠の実態について、ここで要点のみを示せば、日本の動物祭祀は、縄文にもあったが、とくに水田稲作が本格化した弥生時代に始まったと考えられる。そこでは中国大陸南部の長江文明的な要素が強く、これが朝鮮半島を経由して稲作とともに動物供犠が始まったと思われるが、その対象は主に猪鹿などの野獣であった。

ところが日本列島に国家が成立し、中国国家との交流が始まると、今度は中国大陸北方の黄河文明的な政治・文化が移入され、むしろ家畜である牛馬を中心とした動物供犠が日本で展開するところとなる。しかし古代律令国家は、水田稲作を経済的基盤とする政策を打ち出し、〝聖なる〟米に対して〝穢れた〟肉を重視したため、肉食自体が排除の対象とされていった。

これに伴って屠殺を忌む傾向が強く、とくに牛馬の供犠を政治的に禁ずる方策が採られた。はじめは大陸・半島的供犠というべき牛馬のみが禁じられたが、さらにいわば弥生的な供犠とみなされる猪鹿についても、やがて排除の方向へとシフトし、平安期頃には表向きには目立たなくなって、史料的にも確認しにくい状況となる。

しかし、こうした猪鹿や牛馬の供犠は、実際の農耕に携わる農民たちにとっては重要な儀礼で、まさに近世・近代に至るまで続けられてきた。これを史料的に検証することは難しいが、そうした痕跡は皆無ではない。それらから類推すれば、とくに前近代の日本においては、主に農耕を目的とした動物供犠が盛んに行われていたことになる。

7　肉の文化と動物供犠

日本本土では、七世紀に出現した古代律令国家が、肉よりも米を選択し、これを国家の社会的基盤に据えようとしたため、その後に中世を通じて肉食の禁忌が社会的に浸透していった。これに呼応するように、狩猟の意義も単に武力を誇張するためだけのものとなり、食肉という観点は薄れていった。このため動物供犠と肉の共食は、社会の表層から姿を消していったが、拙著『なぜ生命は捧げられるか』でも指摘したように、そうした民俗事象の残存を現在でも垣間見ることができる。

そして先にも述べたように、日本のうちでも、北海道と沖縄および山の民と被差別部落民の間では、米の文化が優越せず肉の文化が残り続けた。そうした世界では、当然のことながら貴重な食材である肉は、非常に高い価値を持つゆえに、供犠の対象となったのである。狩猟の対象であるシカやイノシシ、家畜として貴重な財であるウシやウマ、あるいは簡単に飼うことのできるブタやヤギなどが、神に捧げられるとともに、祭祀の際の共食という形で、人々の口に入った。国土の七〇パーセントを山地が占める日本では、必ずしも稲作一辺倒だったわけではなく、狩猟も行われ続けて肉の伝統が近年まで息づいていた。

そもそも身近なブタという動物にしても、水田稲作を導入した弥生時代においては、日本でも飼われていた。先にも述べたように東アジア・東南アジアなどモンスーンアジアにおける稲作文化は、基本的に大量の水を必要とすることから、そこに棲む魚を最大限利用することで、米と魚という食文化を築き上げてきた。しかも牧畜・遊牧とは異なる原理で、乳の利用は不可能であるが、人糞や廃棄食料などを餌として簡単に飼えるブタを、米と魚に組み合わせてきた。その意味で日本の稲作文化は、その後にブタを欠落させた点で、とりわけ異様なものといえよう。

しかし日本本土のように、稲作のために肉を排除することのなかった沖縄には、先に述べたような豊かな肉食文化が形成された。それゆえ動物供犠が広く行われてきており、とりわけシマクサラシやハマエーグトゥなどという形で、その痕跡を今日に留めている。こうした観点に立てば、日本のヤマト世界においては、いわば政治に長い時間をかけて肉食禁忌を広めようとしたが、動物供犠を完全に払拭することは不可能であったと思われる。それゆえ本書では、沖縄という地点から逆照射することで、日本における動物供犠の存在を明らかにすることができると考える。

人間が、その生命を維持していくためには、食物を採り続けることが必要となる。そして、その食物とは植物であるにせよ動物であるにせよ、全て生命である。生命が生命を食べて生きる。これが自然界の鉄則である。ところが日本では、動物の処理などの仕事にあたる人々が、〝穢れ〟という観点から、長い間不当にも差別されてきた。これは極めて特異な日本的現象であるが、そうした問題にも通ずる地点に動物供犠の問題がある。

そこではまさしく生命が捧げられるわけであるが、それを通じて除厄や招福を願う祭祀が、人々の生活に不可欠なものとされてきたのである。以下、沖縄に残された動物供犠の実態と意義を明らかにしつつ、日本における動物供犠の原型を探っていきたい。

参考文献

宇野円空　一九四一　『マライシアに於ける稲米儀礼』（覆刻版・一九六六年、財団法人東洋文庫）

折口信夫　一九五一　「沖縄に存する我が古代信仰の残孼」『折口信夫全集』第一六巻所収、中央公論社（未発表論考、成稿一九二四年）

原田信男　一九九三　『歴史のなかの米と肉』平凡社（二〇〇五年に平凡社ライブラリーに収録）

原田信男　二〇〇〇　「古代日本の動物供犠と殺生禁断――農耕儀礼と肉食禁忌をめぐって」『東北学』三号、東北芸術工科大学（『なぜ生命は捧げられるか――日本の動物供犠』御茶の水書房、二〇一二年に所収）

柳田国男　一九六一　『海上の道』（筑摩書房『定本 柳田国男集』第一巻所収）

第一章　南島におけるシマクサラシの性格

宮平盛晃

Ⅰ　除厄儀礼としてのシマクサラシ

はじめに

琉球諸島にはシマクサラシと呼ばれる儀礼がある。『沖縄文化史辞典』(一九七二)[1]には、次のように説明されている。

旧二月に行われる部落単位の行事である。部落の祭祀を行う場所や広場で牛を殺し、その血をススキの葉(所によってはススキと桑の枝を一緒に束ねたもの)につけ、各家の壁、便所、門などに塗りつけたり、あるいはそのススキの葉を家の四隅に挿して、悪魔払いをする。部落の長や年長の男性によって、左縄が作られ、それに殺した牛の骨片などをつけ、部落の四方の外れや入口の道をまたぐようにして、部落に悪霊の入るのを防ぐためにかかげる。

写真 1-1：座間味村阿嘉のシマクサラサー（2008）
集落入口に設置された豚の生骨。

沖縄のシマクサラシは、日本本土の道切りに対応する除厄儀礼であり、災厄を集落の入口で防ぐという点で相似するが、動物が屠られる点で異なる。

また、実際に調査を始めてみると、ひとくちにシマクサラシと言っても、地域差が大きいこと、目的にも除厄だけではないバリエーションがあること、また、名称の上では異なるが、全く同内容の儀礼があることも分かってきた。本稿では、そうした類似の内容、すなわち主に動物供犠を伴い、境界性を持つ除厄儀礼を広義の《シマクサラシ儀礼》として扱う。具体的には、沖縄の言葉で、シマクサラシ、シマクサラー、カンカー、ハンカ、フーチゲーシ等が含まれる。

シマクサラシ儀礼は、琉球諸島に広域的かつかなりの割合で分布している。名称はシマクサラシ、シマクサラサー、シマクサラーが多く、カンカーと呼ばれる地域も少なくない。時期は、沖縄本島では旧暦の二月、八月にもっとも多いが、地域的特徴を持ち一定せず、ほぼ年間にまたがっている。年間実施回数は一回が多いが、二回や三回、または臨時的に行う場合もあった。

このように儀礼の名称や実施時期、年間の実施回数についての地域差は大きいわけだが、いくつかの共通点がある。ひとつは、目には見えない災厄の集落への侵入防止を目的としている点である。さらに、動物が屠られる点、また集落の出入口といわれる要所に左縄を張り、動物の骨肉を吊す点などが挙げられる（写真1－1）。このことから、シマクサラシ儀礼は、除厄儀礼、供犠儀礼、境界儀礼の性格を持つと言える。

本稿は、琉球諸島に広く分布する《シマクサラシ儀礼》の整理検討を通じ、儀礼の持つ多様な要素の抽出とその実態を明らかにするものである。

地域差の大きい沖縄の年中行事の実態を明らかにするには、琉球諸島全域を悉皆調査する必要がある。沖縄諸島には各地域に特徴的な行事があり、先島諸島でも宮古と八重山の行事を一様に扱うことはできない。シマクサラシ儀礼に限らないように思うが、特定の集落や地域をもって「沖縄の年中行事」という場合には注意を要する。本稿では地域差の抽出とその明確化のため、琉球諸島を沖縄本島北部、中部、南部、その周辺離島、宮古諸島、八重山諸島の六つに分けた。

それでは、儀礼の諸相を分布、名称、期日、目的、祭司者から明らかにし、除厄のありようを骨肉や血による除厄方法、空間の境界性、屠られる動物という三つの視点から見た後、儀礼の共食と由来伝承を扱う。

1　シマクサラシ儀礼の諸相

（一）分布

二〇〇二～九年の調査で、三九市町村四九八集落（文献四八・聞取り四五〇）[2]において儀礼を確認

写真1-2：豊見城市平良のシマー（2008）
集落入口に吊された豚の生骨。

することができた。地域別にみると、沖縄本島北部で一〇一例、中部一四一、南部一一〇、本島周辺離島二一、宮古諸島一〇一、八重山諸島二四例となる。事例数の差は各地域の集落数の差と言えるほど、シマクサラシ儀礼は琉球諸島全域に広域的かつ高い密度で分布することが分かった。

（二）名称

儀礼の名称はシマクサラシだけではなく、地域によってシマクサラー、シマクサラサー、カンカー、ハンカ、フーチゲーシと呼ばれ、それ以外の名称も多い。名称が確認できた集落は四三八例（文献九四・聞取り三四四）で、大きく、①シマクサラシ系（三一五例）、②カンカー系（九八例）、③シマカンカー系（一二例）、④他の儀礼と同名系（一〇四例）、⑤目的名称系（六六例）、⑥その他（九九例）、の六つに分類できる。各系統の特徴と分布形態を見ていきたい[3]。

六系統のうち、もっとも多いのがシマクサラシ系で、地域的なバリエーションがみられる。沖縄諸島ではシマクサラシがもっとも多く、シマクサラサー、シマクサラーと続く。他にも、シマクー、シマー（写真1－2）、シマーヒー、マークサラー、ンナトゥクサラシなどがある。宮古諸島ではスマ

写真1-3：嘉手納町屋良のカンカー（2006）
集落入口に設置された牛の生肉を挟んだ左縄。

フサラが最多で、サトゥフサラー、ツマウサラ、スマッサリ、トスナカスマフサラ・トスナギスマフサラなどもある。八重山諸島ではシマフサラーやシマフサラサー以外に、シメフサリ、シマシシャル・シマシサレー、シマサアラ、チマツアラシが確認できた。地域間の方言の違いがバリエーションの多さの一因と推測される。

シマクサラシ系は沖縄から先島までの琉球諸島全域に広くみられる。本系統が最多であることは、沖縄本島中部（八七例）、南部（八三例）、その周辺離島（六例）、宮古諸島（九八例）、八重山諸島（二一例）で言える。ただ唯一、沖縄本島北部だけはカンカー系（四二例）や他の儀礼と同名系（三〇例）がシマクサラシ系（二〇例）より多くなっている。

カンカー系には、主にカンカーとハンカがあり、沖縄本島中部ではカンカー、北部ではハンカと呼ばれることが多い（写真1－3）。シマクサラシ系と同じく儀礼を代表する名称である。

儀礼の時期から、ナチバンカ・フユバンカ（夏・冬）、シワーシカンカー（師走）、シムチチカンカー（霜月）、ニングヮチカンカー（二月）、シングヮチカンカー（四月）ハチグヮチカンカー（八月）、ジュウグヮチカンカー（十月）などの名称や、屠られる動物から、ウワーカンカー（豚）・トゥイカンカー（鶏）などがある。希少な例にカンカンやカンカニーがある。

本系統の分布は沖縄諸島に限られ先島諸島にはみられない。また、沖縄諸島の分布圏は全域ではない。まず、本島北部はカンカー系が顕著な地域となっている。次に、本島中部のカンカー系は、その約七割が西海岸に面する市町村（読谷村、嘉手納町、宜野湾市など）に集中している。本島南部は非常に少ない。シマクサラシ系が圧倒的に多い南部では同内容にも関わらず、カンカーという言葉はほとんど通用しない。逆に、北部ではシマクサラシという言葉が通用することは非常に希である。

南部のカンカー系はすべて旧佐敷町の事例である（七例）。北部や中部の西海岸に顕著なカンカー系が、シマクサラシ系が圧倒的な南部の中で旧佐敷町だけに分布している。周辺離島（沖縄本島）も三例と少ない。まとめると、本系統は儀礼を代表する名称でありながら、その分布は琉球諸島に広くあるシマクサラシ系とは対照的に沖縄諸島に限られ、さらに、沖縄本島では特徴的な分布形態を示している。

シマカンカー系には、シマカンカーとシマカンカンがある（一二例）。沖縄本島北中部の東海岸のみにみられる系統である（写真1－4）。

他の儀礼と同名系は、同日に行われる他の儀礼の名称がシマクサラシ儀礼としての意味をも併せ持っている名称である（一〇四例）。例に、沖縄諸島にはクシユックイ（腰憩い）という年中行事がある。「稲の植え付け終了後、慰労のために部落中いっせいに農作業を休み遊ぶ日で、旧暦二月から四月ごろにかけておこなわれる。共同作業の集団を単位として人々がごちそうをもちより、歌・三味線で楽しむ」[4]という農耕儀礼の性格を持つもので、除厄儀礼とは異なる。しかし、集落によってはシマクサ

写真1-4：沖縄市与儀のシマカンカー(2005)
集落入口に張られた豚肉を挟んだ左縄。

ラシ儀礼をも意味するのである。六系統の中で二番目に多い系統で、沖縄本島の周辺離島や先島諸島では少ないものの、沖縄本島には広域的に確認できる。

沖縄諸島の種類は豊富で、もっとも多いムーチー（四四例）の他、クシユックィー（一〇例）、アブシバレー（六例）、コーヌユーエー（五例）、カシチー（六例）がある。（事例1）。

事例（1）大宜味村屋嘉比（沖縄本島北部）

一二月八日はウニムッチー（鬼餅）といい、家庭ではサンニンガーサ（月桃の葉）で包んだムッチー（餅）を仏壇に供える。その年に葬式のあった家は作らずに近所から分けてもらった。かつては、家の魔除けとして門にヒジャイナー（左縄）を張り、食べた後のサンニンガーサで十字を作って吊るした（写真1-5）。集落レベルでは、班長や役員が、その年の班長の家の前から、海と山に向かって、それぞれの神様に遙拝する。現在もムーチーカイ（ムーチー会）と称して班長の家に有志が集まり共食をする。

伝承によると、同日には悪いモノの集落への侵入を防ぐ風習もあったという。それは、集落の上方にあるアサギという聖地の少し下方を通る道に肉を剥ぎ取った後の豚の頭を吊すというものであった。その道は東村の高江集落へと続いていたが、今は利用されていない。

〔二〇〇八、九年聞取り。M・M（五〇代男性）、T・S（九〇代男性）、Y・

T（九〇代女性）」

写真1-5：玄関先に設置された十字の月桃の葉（旧勝連町）

宮古諸島では、フォーツツナンカ、フーツクヨーカ、ムッスソーズ、ムスルンなどがある。一般的に、フーツクヨーカ・フォーツツナンカは鍛冶屋による一年間の安全祈願[5]、ムスソーズ・ムスルンは田畑の害虫を捕まえて海に流す虫送り行事である[6]。八重山諸島では、二月タカビと一〇月タカビ、ムルン・ムヌンがある。一般的に、二月タカビは神々への田植終了の報告と稲の成長祈願、一〇月タカビは火の用心の祈願で、ムルンは虫送りの行事である。

各地域に様々なバリエーションがあるが、これらは一般的に農耕儀礼などで、動物の屠殺を伴う集落の除厄儀礼、つまりシマクサラシ儀礼ではない。それが集落によっては同儀礼を意味している。

目的名称系は儀礼の目的そのものが名称となっている系統で、琉球諸島に広くみられる（六六例）。沖縄諸島の例として、ハナシチ（風邪）の集落への侵入防止を目的としたハナシチゲーシ（風邪返し）の他に、フーチゲーシ（流行病返し）、アクフウゲーシ（悪風返し）、ヒーゲーシ（火返し）、ヤナムンゲーシ（ヤナムン返し）、カジバレー（カジ払い）がある。宮古諸島にはマバラー・マバライ（魔払い）、八重山諸島にはハナキヌニガイ・パナシキヌニガイ（風邪の願い）、ユートパーレー（流行病払い）などがある（事例2）。本系統のバリエーションは儀礼に意識される災厄の多様さと換言できよう。

写真1-6：集落入口からみる船浮（2005）

事例（2）竹富町船浮（八重山諸島）

約五〇年前まで、季節の変わり目の寒い時期、一一から一二月頃にシマフサラーという行事があった。渡り鳥が飛んでくる時期で、それが集落に流行病を運んでくるといわれた。そのパナシキ（風邪）などのユート（流行病）が集落に入ってこないよう、数カ所の集落入口の頭上に縄を張り渡し、中央に鶏の頭や足を吊した（写真1－6）。目的からパナシキニガイ（風邪願い）ともいう。二カ所のウタキでツカサによる祈願もあった。

また、護岸にあった大きなガジュマル（榕樹）の下で、大きな鍋を使い、刻んだ鶏肉を入れた堅めのジューシー（雑炊）を作っておにぎりにした。そこで集落の人々に振る舞われ、食べると風邪もひかない健康な体になるといわれた。おにぎりは美味しく、非常に待ち遠しい行事であったという。

〔二〇〇五年聞取り。I（七〇代女性）、K・S（七〇代女性）、I（五〇代男性）〕

これまでの系統に当てはまらない事例群をその他とした。内容から、（イ）儀礼にみられる行動に関する名称、（ロ）儀礼の時期に関する名称、（ハ）他に類をみない特異な名称の三つに分けることができる。

（イ）には、フニサギー（骨下）、ウシグヮーフニー（牛骨）、チーチキ（血付）、チナマキ（綱巻）などの除厄方法に関する名称や、屠殺に関するウシクルシー（牛殺し）、ウシグヮーファーイなどがある。フニサギーは集落入口に骨を下げるという行動が名称となったもの、ウシグヮーフニーも同様である。チーチキは血をつけるという意味で、ススキと桑の葉を束ねて結んだサン（呪具）に牛の血をつけ屋敷の門や角々に挿す除厄方法からついた。浦添市屋富祖の事例を挙げたい。

事例（3）浦添市屋富祖（沖縄本島中部）

約八〇年前まで、八月にヤナムンゲーシ（悪いもの返し）またはフーチゲーシ（流行病返し）を目的としたシマクサラサーという行事があった。

現公民館近くのメーガー・メーヌカーという湧泉付近で儀礼に使う牛を屠ったという。そのヒラゲーブニ（肩甲骨）やニンニクを二カ所の集落入口に張り渡した縄に吊した。家庭でも玄関などにニンニクを下げた。また、集落の上方、最も高いところにあるカンヌミ・カンヌミモーという拝所に牛肉料理を供え、集落の除厄を祈願した。各戸ではシチビ（節日）といって、仏壇に肉料理を供えた。

約九〇年前まではカンヌミで集落の人々に牛汁が振る舞われたという。カーサグヮー（芭蕉）やユウナ（オオハマボウ）の葉を皿代わりにして牛の煮付け料理をもらったという。子供たちは、「ワンカラスー、ワンカラスー（私から、私から）」、「ワンニン、ワンニン（私も、私も）」と我先に集まった。

また、伝承では、儀礼の日に集落の子どもたちが牛を「ドードー」と囃し立てながら集落中を歩かせ、疲れ果て倒れた場所で殺したといわれる。牛を弱らせるために、シムジョーハカジという場所から何度も突き落としたという。このことから儀礼はウシグヮークルシー（牛殺し）またはドードーウシグヮーとも呼ばれた。

〔二〇〇八年聞取り。五〇代男性、M・M（八〇代女性）、C・T（八〇代男性）、七〇代男性、七〇代女性〕

写真1-7：旧与那城町伊計のハマウグヮン（2005）

共食に関する名称に、トーフグヮートゥエー（豆腐取）、シシクェーヨー（肉喰）、ワンニンワンニン（私も、私も）、シシグヮーウンチュー（肉を、おじさん）、ウシグヮーシシー（牛肉）などがある。ワンニンワンニンは、儀礼において豚肉が振る舞われる際、子供たちが「ワンニン、ワンニン（私も、私も）」と言いながら集まったことからついたという。さらに、儀礼を行う場所や地名に関する名称に、津口御願《チグチウグワン》、地又の御願《チマタヌウグワン》、八門祈願《ヤジョーキガン》・八門祭《ハチモンサイ》、浜御願《ハマウグワン》、門の御願《ジョーヌウグワン》、ナージョーロー（地名）、トウヤマー（地名）などがある（写真1－7）。

（ロ）は主に実施月と実施日が名称となっている。前者の例に、沖縄諸島にはニングヮチャー、二月祭、サングヮチャー、三月御願《サングヮチウグワン》、六月御願《ルクグヮチウグワン》、八月御願《ハチグヮチウグワン》、一〇月御願《ジュウグヮチウグワン》、八重山諸島には一〇月祭《ジュンガツマツリ》、一〇月願い《ジュウガツニガイ》、一〇月拝《ジュンガチパイ》などがある。後者には、戊《つちのえ》行事、一〇日の御願《トゥカヌウグワン》、一〇日折目《トゥカウイミ》、十五夜御願《ジュウグヤウグワン》などが沖縄諸島にある。

（ハ）は特に宮古諸島に多く、ザーグル、アキパライ・アキバライ、ムラポウカ、カウルガマ・カエルガマ、ムラヤウサなどが確認できた。

（三）期日

儀礼の期日には定期的なものと不定期的なものがある。前者から扱いたい。

シマクサラシ儀礼の期日について、比嘉春潮は『日本民俗学大系』（一九五九）[7]の中で、「儀礼は主に二月頃に行われ、一〇月頃に行われるところもあった」、また、「宮古・八重山では沖縄本島より一月早く、このころ麦の初祭りがあった」としている。『沖縄文化史辞典』（一九七二）[8]には「旧二月に行われる部落単位の行事である」、『沖縄大百科辞典』（一九八三）[9]では「主に旧暦二月に行われているが、年二回または三回おこなうところもある」とある。シマクサラシの概説を扱う文献には共通して、儀礼は主に旧暦二月に行われ、それ以外の月にもあるとしている。

小野重朗（一九八二）[10]は、六五例のシマクサラシ儀礼の期日を月別に分類した。そして、儀礼が年中ほとんどの月に行われているとした上で、「二月、一〇月、一二月が特に多く、六月、八月も前後の月に比べては明らかに多い。つまり、四月を除けば二月から一二月まで偶数の月が皆多くなっている」としている。

では、期日が確認できた三六五例（文献一六三・聞取り二〇二）を分析すると、儀礼の概説を扱う文献が指摘するように、最も事例数の多いのは二月となっている（八二例）[11]。ただ、八月もほぼ同数

（七九例）であることが分かり、月による事例数の多少はあるものの、儀礼はすべての月に確認できた。期日には地域性がみられる。沖縄本島北部ではもっとも多い月が一二月（二一例）である。中南部は、二月と八月に事例が集中している。中部と南部の違いは、二、八月の次に多い月が、中部では一二月（二四例）、南部では一〇月（一五例）となっている点である。そして、周辺離島は、三月、四月、九月、一一月、一二月と集中的ではない。宮古諸島は六月がもっとも多いが、ほぼすべての月に儀礼がみられた。八重山諸島では、一〇月が最多で、次に多いのが二月、また、一〇月前後の九月、一一月にも見られる。宮古諸島とは対照的に特定の月に集中している。

年間実施回数について、一回（二九七例）がもっとも多いが、二回（五〇例）、三回（一八例）、四回（一例）という事例もある。

沖縄市照屋では年に二回行われていたという。

事例（4）沖縄市照屋（沖縄本島中部）

約七〇年前までカンカーという儀礼があった。ハチグヮチカンカーやフーチゲーシともいう。集落のヤナムンゲーシ（悪いモノ返し）、豚の流行病を跳ね返す祈願である。年に二回あり両月とも一日であった。一方は八月一日だが、もう一方の月は不明確である。

集落の二カ所の出入口の頭上に豚の生のミミガー（耳皮）を挟んだヒジャイジナ（左縄）を張り渡した（写真1－8）。カクジブニ（顎骨）を吊すこともあった。張られた左縄からは一定間隔ごとにさらに二〇センチほどの縄が出ていた。数名の男性年輩者が集落入口で豚肉料理、豆腐、天ぷら、酒などを供え拝んだ。カミンチュ（神役）は参加しなかったという。

ムラヤー（集会所）では、シンメーナービ（大きな鍋）で肉料理を作り、集まった集落の人々にユーナヌファー（オオハマボウの葉）を皿代わりに料理が振る舞われた。また、豚の生肉の各戸への無料配給もあり、頭割りで配られた。骨肉は主に屠って調達したが、購入してくることもあったという。

〔二〇〇八年聞取り。N・K（七〇代男性）、T（五〇代男性）、G・H（八〇代男性）、S・R（八〇代男性）〕

写真1-8：集落の入口（2008）

次に、実施月の決まっていない不定期な事例だが、その数は定期的なものに比べ二〇例（文献一一・聞取り九）と少ない。事例群に共通しているのは、すべて風邪や天然痘などの流行病を意識して行われている点である。

事例（5）久米島町仲村渠（沖縄本島周辺離島）

島（久米島）に風邪などの流行病が蔓延した際に、それが集落に入ってこないようにという儀礼が、およそ一〇〇年前まで行われていたといわれる。儀礼名称は不明だが、集落の両端、二カ所にヒジャイジナ（左綱）を張り、豚の頭を吊した。年によっては集落入口を封鎖し、他集落からの行き来を一切禁じることもあったという（写真1－9）。

〔二〇〇六年聞取り。K（七〇代男性）、S（五〇代男性）、Y・J（九〇代男性）〕

（四）目的

儀礼の目的を確認できた三二四例（文献九五・聞取り二二九）中、約九七％にあたる三一四例が集落の除厄のために行われていることから、シマクサラシは除厄儀礼と言える。

しかし、除厄以外を目的とする事例もある。豊作（一一例）、子供の健康（五例）、人口増加祈願および人口調査（三例）、海難者の供養と成仏（二例）、豊漁および航海安全（二例）、希少な肉の摂取（二例）、ガンヌユーエー（龕のお祝い）、無実の罪で亡くなった人の供養、海と山の神様に対する集落の安全祈願、氏神様の供養、圧搾機による無事故祈願、交通安全、石製獅子への感謝祈願、古老たちの健康長寿祈願などがある。ここで興味深いのは、除厄儀礼に多様な意味づけがなされている点である。

写真1-9：集落の入口（2006）

中城村伊舎堂では集落の除厄とともに豊作も祈願される。

事例（6）中城村伊舎堂（沖縄本島中部）

毎年三月二日、シマクサラシ・シマクサラサーという集落の除厄と豊作を願う行事がある。実施月からサングチャーともいう。かつては、サンボンガジマル（三本榕樹）という場所で牛一頭を屠殺して、その血の入った桶が同所に設置された（写真1－10）。人々はギキチャー（ゲッキツ）を持ってきて血をつけて、屋敷の角々や玄関に魔除けとして挿した。古くは集落入口に牛の骨肉を吊り下げたといわれる。

区長や有志の方々が、線香、牛汁（大根や昆布など）、ウンサク（米で作った神酒）を供物にサンボンガジマル（海に向かって遙拝）、お宮、エードゥンチ（火の神様）などを巡拝する。かつては長老の方々が祭司者となり、七回立ち座りを繰り返して拝んだ。家庭では山羊や豚などの肉汁を炊き、ご飯（米）と一緒に仏壇に供える。家によっては現行である。また、本儀礼は豊作祈願も兼ね、かつては米で作られたウンサク（神酒）が屋号アサトゥで集落の人々に振る舞われた。

戦前まで、サンボンガジマルで牛汁を作り、そこに椀を持参して集まる人々に振る舞われた。サンボンガジマル付近に現存する三つの石は鍋を据えるものであったという。現在も同所で共食をするが、料理は業者に委託している。古く、共食場は現在の公民館の場所であったといわれる。

〔二〇〇三、五年聞取り。七〇代女性、A（八〇代女性）、七〇代男性、Y（六〇代男性）、七〇代男性、W・K（九〇代男性）〕

写真1-10：サンボンガジマル(12)

シマクサラシ儀礼の目的の主眼は除厄であるが、その災厄とは何なのだろうか。それが確認できた二九三例（文献九三・聞取り二〇〇）は、①流行病災厄、②霊的災厄、③自然災厄の三つに大きく整理できる。
もっとも多いのは①流行病災厄である（二二五例）。これは琉球諸島全体を通して言え、風邪、流行病、悪疫、疫病などと表記されるが、方言で主にフーチ・プーチという。
次に多いのが②霊的災厄である（一四五例）。悪霊、悪魔、魔物、鬼などと表記され、方言では主にヤナムンと呼ばれる。具体的には、餓鬼仏、身寄りのない幽霊、海難者、イチジャマの容疑で殺された女性の霊、薩摩との戦いで亡くなった人々の怨念などがある。

③には、風、火、害虫、難破船などが含まれる（六一例）。方言でヤナカジまたはアクフウと呼ばれることが多い。ヤナカジとは、「悪い霊気。悪霊。魔風。人に害を与える、風のような魔物」であるという(13)。ヤナカジは風と説明されることから、自然災厄に分類したが、その内容は霊的災厄の性格を帯びていることが分かる。実際、事例群の中には自然そのもの、またはその脅威によって漂着する人や物を流行病と認識している集落がある。儀礼に意識される災厄の問題については稿を改めたい。

（五）祭司者

儀礼の祭司者が確認できたのは二五六例（文献五一・聞取り二〇五）で、多いのが集落の神役である（一一七例）。具体的には、沖縄諸島ではノロ（祝女）やネガミ（根神）、先島諸島ではツカサ（司）と呼ばれる（写真1－11(14)）。対して、集落の神役が他の年中行事は祭司するが、シマクサラシ儀礼には参加せず、役員や古老たちが祭司者となる事例も多い（一〇八例）。また、本儀礼は男性が行うもの、女性は参加してはいけないと考える集落がある（一六例）。

事例7は、シマクサラシ儀礼は男性が行うものと認識している事例である。

事例（7）旧下地町皆愛（宮古諸島）

毎年一月のツマフサラには、集落にアップー（悪いモノ）やプーキゥ（流行病）が入ってこないよう、集落のすべて

写真1-11：旧東風平町宜次のシマクサラシ（2004）集落入口で拝む神役（他、役員と集落の人々）

の入口に豚の生の顎骨を挟んだピダヌティダ（左縄）を張り渡す。かつては頭上に張り渡したが、今は路上に這わせる。

年中行事の中で特にツマフサラは男性の儀礼、男性が行うものと考えられている。縄の設置や豚肉料理を作るのもすべて男性で、集落のほとんどの男性が参加して公民館で豚肉料理を作って集落の人々に振舞われる。かつては豚を屠っていたが、現在は購入した骨肉を使う。

来間大橋のたもとにあるウタキにおいて、線香（灯す）、酒、細かく切った豚の生肉を乗せたユーガッサの葉（またはバナナの葉）を供えて拝む。神様はユーガッサで供えると喜ぶといわれる（写真1－12）。生肉で供える理由は不明で、供えた後に食べることもない。

〔二〇〇五年聞取り。N・M（七〇代女性）〕

2　除厄のシステム―動物と境界―

（一）除厄方法

シマクサラシ儀礼の主な目的は、集落という一定の空間に悪いものが入るのを防ぐことである。その方法は大きく四つに分けられる。①境界に注連縄を張り動物の骨肉を吊るす。②境界での血の散布、あるいは境界に設置された注連縄・骨肉・呪具に血をぬる。③境界に注連縄や呪具を設置する。④御願（祈願）の四つである。①②の方法には動物を屠るという供犠の要素が見られるが、③にはない。

また、祭司者が境界で除厄の祈願をするという④の多くが①②③と並行される。つまり、骨肉や血を使った除厄行為の多くは祭司者の祈願があって成立する。

儀礼の除厄方法が確認できた三三六例（文献九七・聞取り二三九）の中で、①の方法をとる集落は二八一例ある。②は五八例、③一〇例、④一七〇例となる。①が圧倒的に多いことから、儀礼の根幹をなす除厄方法は、境界に注連縄を張り骨肉を吊るす方法と言える。そして、四つの除厄方法には場所が設定される。そのほとんどが集落の入口や端、境界と考えられている空間である。

つまり、儀礼の除厄行為にみられる動物供犠と境界性の問題は、シマクサラシ儀礼の主眼と言えよう。ここで儀礼の根幹をなす除厄方法を概観し、動物供犠と境界性の問題を扱いたい。

写真1-12：皿代わりのユーガッサ（2005）

①骨肉による除厄

儀礼の根幹をなす骨肉による除厄方法は、集落レベルで二八一例、家庭レベルで六例確認できた。骨肉は集落レベルの除厄に多く用いられる。

一般的な方法は、集落の入口にヒジャイナー（左縄）を張り、骨肉を吊すというものである（写真１－13～15）。ただし、中には左縄は用いず骨肉を置く方法もある（写真1－16）。

吊されるものは骨が二六八例、肉が一一八例である。骨を細かく見ると頭蓋骨、顎骨、頬骨などの頭の骨がもっとも多く、他に足骨、肩甲骨、肋骨、尻骨がある。

動物の骨肉以外のものを吊り下げる例もある。藁などで作ったサンという呪具、木の枝葉、ムーチー（写真1－17）、その食べ殻、お札（写真1－18）、塩とニンニクが入った袋などである。

事例（8）那覇市鏡水（沖縄本島南部）

一〇月一日、フーチゲーシ（流行病返し）とアクフウゲーシ（悪風返し）、火災予防を目的とする、カママーイウガミ（竈廻り拝み）という集落レベルの行事がある。戦前まで、七カ所の集落入口の頭上に、豚の血をつけたトゥビナギー（トベラ）を挟んだヒジャインナ（左縄）を張り渡した（写真1－19）。縄の下で集落の外に向かい除厄を祈った。ミヌシンというウタキも拝むが、当日は火災予防を目的としているため線香には火を灯さなかったという。ヒジャインナの作成や設置、祈願などは集落の役員たちの役目であった。儀礼の夜、役員たちは酒で労をねぎらったという。

戦前まで、各家からは儀礼費用として二銭が徴収された。また、それぞれの家で火の元である竈を掃除し、ヒヌカン（火の神）にウブク（湯飲みにご飯を盛ったもの）を供えた。

戦後、集落は米軍基地に接収されたが、現在もミヌシンという拝所は基地内に残り、カママーイの祈願は続けられている。

〔二〇〇四、八、九年聞取り。A・S（九〇代男性）、五〇代男性、A・C（七〇代男性）、A（五〇代女性）、T・K（七〇代男性）〕

②血による除厄

集落レベルで五八例、家庭レベルで一二五例が確認できた。血は家庭レベルの除厄に使用されることが多い。

集落レベルでは、①木の枝葉につける、②左縄にぬる、③骨肉にぬる、④撒く、⑤供えるなどがある。いずれも集落の入口という場所が設定され、事例数は①②に集中している。集落レベルでの使用は沖縄諸島では本島中南部に見られ北部に少ない。先島諸島では宮古に少ないが、八重山に顕著である（写真1－20）。

家庭レベルでは、木の枝葉に塗りつけて家の門や軒下、家屋や屋敷の角々に挿すという方法が多い。沖縄本島中南部では一般的だが、北部や先島諸島には希少である（写真1－21）。

（二）除厄の空間―境界性の問題―

除厄を行う場所に集落の入口が設定されるのは、儀礼のほとんどが集落の除厄を目的とし、その災厄が集落入口から侵入してくると考えられているためである。集落の入口とはどういう空間なのだろうか。

除厄の空間を集落入口と認識している集落は二八二例（文献九六・聞取り一八六）ある。そこが集落の入口であることは地名からもうかがえる。除厄空間の地名には、ウフジョー（国頭村謝敷）、アガリジョー（大宜味村饒波）、ハンカジョー（東村平良）などがある。ジョー（門）またはグチ（口）という言葉が入っている。

写真1-13：糸満市潮平のシマクサラシ（2008）
集落入口に張り渡した左縄に牛の骨を吊す。

写真1-14：旧与那城町屋慶名のシマクサラシ（2008）
集落入口に張り渡した左縄に豚の骨を吊す。

写真1-15：豊見城市伊良波のシマー（2007）
集落入口に設置された豚の生骨。かつては縄を張り渡した。

写真1-16：本部町健堅のシマクサラー（2008）
集落入口に豚肉と豆腐を挟んだ竹を設置する。

写真1-17：旧石川市石川のシマクサラシ（2006）
集落入口に張られた左縄にムーチーを吊す。

写真1-18：旧具志頭村安里のシマクサラサー（2009）
集落入口にお札を立てる。

写真1-19：左縄に挟んだ枝葉
（話者による再現。葉は異なる）

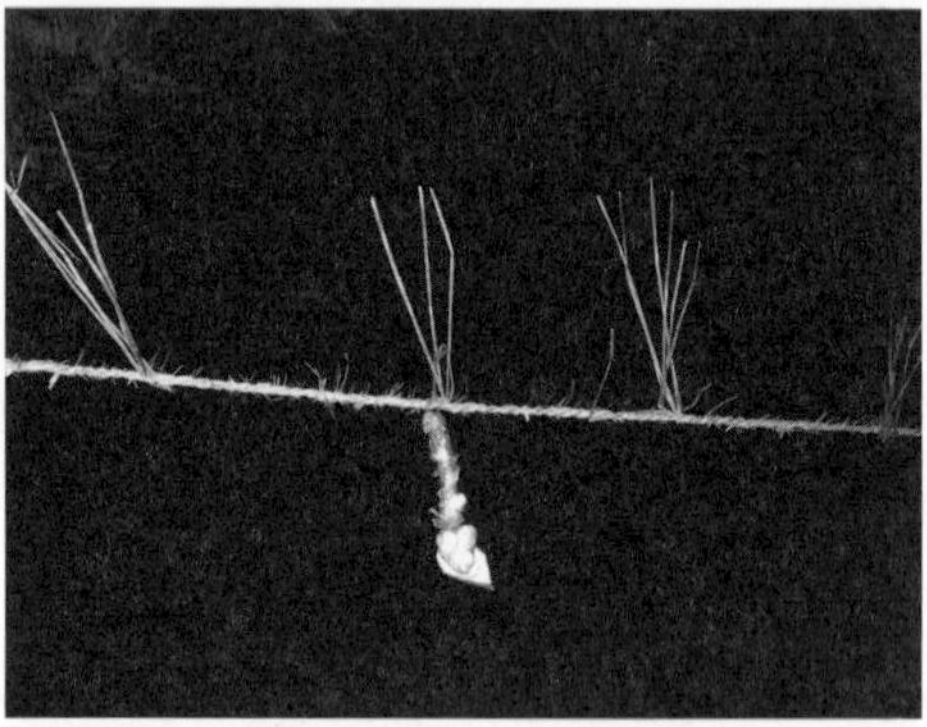

写真1-20：石垣市川平の10月祭（2005）
集落入口に張られた左縄には塩とニンニクを吊す。

地名から空間の地形も見えてくる。ハンタグヮー（旧与那城町宮城）、メーピラ（本部町具志堅）、ウーミビラ（旧与那城町屋慶名）、ヒージバンタ（旧与那城町伊計）、クイジビラ（北中城村熱田）、アカバンタ（北中城村荻堂）、ハンタガー（旧大里村西原）、ハンタビラ（糸満市喜屋武）などがある。ハンタとは崖、ビラは坂の意味である。[15]

事例（9）座間味村慶留間（沖縄本島周辺離島）

戦前まで、毎年一一月頃になると、ヤナカジの集落への侵入を防ぐためにシマクサラサーという儀礼が行われた。

写真1-21：糸満市潮平のシマクサラシ（2008）
牛の血をつけた葉を屋敷の四隅に設置する。

集落の役員たちが、豚一頭を屠り、その血で染めたトゥビラギー（トベラ）を浜辺にあるウリクチと呼ばれる場所など、四カ所の集落入口に設置した（写真1－22）。血の腐臭で災厄を払うという意味と思うという。

また、現在の教員住宅付近では豚の生肉が有料で分配された。各戸で肉は大根や昆布などと料理して仏壇に供え、儀礼の報告をした後に家族で食した。徴収したお金は豚を供出した家主に支払われた。そして、肉の分配場では、血の入ったバケツが準備された。人々はトゥビラギーを手に集まり、葉に血をつけて自宅の門や屋敷の角にさした。

〔二〇〇三、八年聞取り。N（五〇代男性）、N・T（七〇代男性）、N・M（九〇代女性）〕

災いを防ぐ場所が集落の入口ならば、その数は集落入口の数と言える。除厄空間の数は二四〇 例（文献例 六〇・聞き取り一八〇例）で確認できた。

一カ所から四カ所という事例数が全体の約七〇％を占める。四カ所（五一例）がもっとも多く、二カ所（四四例）、三カ所（四二例）、一カ所（三四例）と続く。他にも、六～一〇カ所や約三〇カ所という事例もある。

地域別では、沖縄本島北部では一カ所、中南部は二カ所と四カ所が多い。沖縄諸島では四カ所の除厄空間をユシミ（四隅）やユ

写真1-22：ウリクチ（2008）

カドゥ（四角）と表現する。先島諸島では、宮古は六カ所以上が多く、八重山は三カ所が多い。集落入口の数は集落の立地条件にも関係しているようである。

（三）屠られる動物

三九五例（文献一一三・聞取り二八二）で動物の屠殺が確認できた。全体の約七九％に相当することから、動物供犠はシマクサラシ儀礼の主眼のひとつであり、重要な問題と言える。動物の種類には牛、豚、山羊、鶏、馬があり、供物用や共食用として料理されたり、除厄のために集落の入口に吊される。

屠られる動物は各集落で調達された。だが、戦後しばらくまで行われた屠殺も今ではほぼ消失した。これは一九五三年（昭和二八年）に施行された〈と畜場法〉によるところが大きい。「ウシ・ウマ・ブタ・めん羊・ヤギを人の食用に供する場合は、と畜場でなければ屠殺解体してはならない」と定めた法律である[16]。現在、儀礼に用いられる動物の部位は近隣の販売店から購入される。

屠られる動物の種類を事例数の多い順に並べると、豚（二七九例）、牛（一三二例）、山羊（二五例）、鶏（一〇例）、馬（三例）である。

八重山諸島以外のすべての地域で豚がもっとも多い。次に多いのが牛である。ただし、聞取り調査によると、戦前は牛を飼う家は少なく、頭数も数えられるほどであったという集落が多かった。調達しやすい家畜を儀礼に使ったとは一概には言えないようである（写真1－23）。

屠られる動物には地域ごとに特徴がある。まず沖縄本島で注目したいのが牛と豚との割合で、本島北部から南部に行くにつれて牛を屠る割合が高くなっていく。宮古諸島の特徴はすべて豚であること、八重山諸島の特徴はもっとも多いのが牛である点、馬が屠られる点、動物の種類が琉球諸島でもっとも多い点である。同じ先島諸島でもまったく対照的な特徴を示している。

3　共食

ここで言う共食とは、シマクサラシ儀礼に屠った動物の骨肉を広場などで料理して、集落の皆で食べる行為である。儀礼の重要な要素で、全体の約半数にあたる二五四集落に共食が確認できる（文献六七・聞取り一八七）。共食を方法、食べる人、食べる理由という点からみていきたい。

まず、共食には二つの方法がある。広場で料理して現地で食べる方法と、骨肉を各戸へ分配する方法である（写真1－24、25）。前者を共食、後者を分配と言いたい。事例群を分けると、共食一四四例、分配四一例、両方が六九例となる。旧大里村稲福は共食と分配の両方を行っていた事例である。

事例（10）旧大里村稲福（沖縄本島南部）

ヤナカジ、ヤナムン、ヒー（火）などの災いが集落に入らないよう、綱引きと同日の八月九日にシマクサラシが行

写真1-23：読谷村古堅のカンカー（2008）
牛を屠ったというカンカーモーに残る牛をつないだ岩。

われていた。防火の目的からヒーマーチヌウグヮンともいう。集落の東西、二カ所の入口に数個の肉をはさんだヒジャインナ（左縄）を張り渡した。東の入口には大きなヒラマーチャー（平松）が生え、近くには屋号ウフヤーグヮーがあった。西の入口は屋号メーイトゥカン付近であった。両所では集落の役員や年輩者らが、酒などを供物に集落から外に向かって祈願をした。

本儀礼には牛または豚が用いられたが、集落で屠殺することなく、那覇（現那覇市）や与那原（現与那原町）に行って調達してきた。買ってきた一升分の血を桶に入れてムラヤー（集会所）に置いた。人々がススキとナンデーサー（桑の葉）を束ねたものに血をつけに来て、各自の屋敷の隅にさした。

夕方頃、集落の東の入口付近にあったハンタと呼ばれる場所に集落の人々が集まりだしたという。そこでは、役員たちが料理を作り、竹で串刺しにした家族の人数分の肉が有料で分配された。串は現地で食べる者もいれば家に持ち帰る者もいた。一人につき三枚肉一枚程度で、家族の人数は前もって申請した。出稼ぎなどで集落を出ている家族の分も注文した。肉は湯通ししただけで味付けはされていなかった。儀礼は戦争以降行われていない。

〔二〇〇三、八年聞取り。C・S（八〇代男性）、T（八〇代女性）、C・T（九〇代女性）、T・S（八〇代男性）、T・Y（五〇代男性）〕

誰が動物を食べたのだろうか。それは、集落の人々（一三六例）、子供（六八例）、高齢者（五例）に分けることができる。もっとも多い集落の人々とは、当集落に住む老若男女全員をさし、次に多いのが子供たちであった。

なぜ、人々は動物を食べるのだろうか。「なぜ動物を食べるのですか」という単純な問に対する明確な答えは二三例とわずかであった。事例群に共通しているのは、除厄のために動物を食べたという点であった。この場合の災厄はいずれも流行病で、感染しないために食べたという。

限られた数だが、二三例に関しては、儀礼において動物を食べることは、集落の入口に骨肉を吊したり、家に血をぬった木枝を挿すことと同じような除厄行為の一種であることがわかる。動物を食べる行為に除厄という意味づけがなされていることは、誰が食べるのかという点で、子供や高齢者という

写真1-24： 本部町石嘉波のハンカ（2008）
ハンカモーでの豚肉の共食。

写真1-25： 恩納村瀬良垣のカンカー（2008）
豚肉の分配風景。

一定の年齢層が浮かび上がってきたことと考え合わせると興味深い。

4　由来伝承

シマクサラシ儀礼の由来伝承の話型を分類化し、その概要をみていきたい。

確認できた六六例（文献三七・聞取り二九）は大きく七つの話型に分類できる。①流行病の大流行（一六例）、②言葉を喋る牛（一三例）、③人間を食べる風習の変化（一〇例）、④怪物や幽霊の集落への侵入（七例）、⑤難破船の漂着（六例）、⑥殺人の免罪（四例）、⑦神様や幽霊からの伝授（三例）である。

①は事例数のもっとも多い、大昔に疫病が大流行した際、その集落への侵入を防ぐために儀礼が始まったという話型である。②は、言葉を喋る牛がシマクサラシ儀礼の方法を村人に教えた後、自ら望んで犠牲になり、それから儀礼が始まったというもの。③は、大昔に人間が人間を食べていた時代があったが、家畜を食べるように改めて儀礼が始まったという話型である。④は怪物や幽霊の集落へ侵入してきたので、それを防ぐために儀礼が始まったという話型。怪物や幽霊が具体的にどういうものなのかは集落により異なる。次に、⑤は昔、集落への難破船の漂着によって、集落に伝染病が蔓延したことがあり、その再発を防ぐために儀礼が始まったというものである。この話型が採集される集落はいずれも海の近くであった。⑥は、大昔、不慮の事故により起こってしまった殺人の被害者を弔うために儀礼が始まったという話型。⑦は神様または幽霊が村人に近々疫病が流行ること、そして、その対処法を教えて、儀礼が始まったというものである（写真1－26）。

豊見城市長堂の由来伝承は話型⑥に該当する。

事例（11）豊見城市長堂（沖縄本島南部）

かつて、二月中旬にニングヮチャーという儀礼があった。古くはシマクサラシとも呼ばれていたという。集落の厄払いと泥棒の集落への侵入防止のため、集落の二カ所に牛骨を吊したという。この二カ所では、ヌール（祝女）とニーガン（根神）という二人の神役が牛肉の串刺しを供えて拝んでいた。祭司者であった神役が健在であった戦後しばらくまで祈願は行われていたという。

写真1-26：座間味村座間味にシマクサラサーを伝えた神々が飲んだとされるマジムンダヌカー（2008）

ニングヮチャーモーという広場（屋号ニーヤの前）でシンメーナービ（大鍋）を使ってヌワタ（内臓）などの牛肉を料理した。そして、家族の人数分の肉を串刺しにしたものが同所で分配され、人々はそれを持ち帰って食べた。人数には出稼ぎに出ている家族も含められ、集落の総人口が分かることから人口調査も兼ねていたという。また、料理の準備などにあたった役員の方々は、分配して余ったものにシブイ（冬瓜）などを入れて汁を作りござの上で共食した。儀礼に使う骨肉は売店などから購入してきたというが、古くは屠ったといわれる。戦後から分配は現在の公民館の前で行われるようになった（写真1－27）。当日はウユミ（折目）であり各戸では仏壇に祈願をした。

儀礼には由来伝承がある。今から二五〇年ほど前、ナガンミグスク（長嶺城）にヘーレー（追いはぎ）がいたという。当時、長堂集落では牛の盗難が多発していた。村人は犯人を捕まえるために、牛の尻尾に糸を結んでおいた。牛が盗まれた後に糸をたどると、ナガンミグスクに着いた。そこで村人がヘーレーと押し問答しているとき、不慮の事故によりヘーレーが亡くなってしまったという。そのヘーレーの霊を意識して集落入口に牛骨を吊すようになり、儀礼が始まったといわれる。

〔二〇〇三、八年聞取り。K（四〇代女性）、M・T（七〇代男性）、M・T（八〇代女性）、N（七〇代女性）、N・Z（八〇代男性）〕

写真1-27：戦後の分配場（2008）

まとめ

これまで、悉皆調査により確認できた《シマクサラシ儀礼》の事例群を項目ごとに整理検討し、儀礼の持つ多様な要素の抽出とその全容把握を目指してきた。ここで各項目の要点をまとめたい。

まず、二〇〇二〜九年の調査で、三九市町村四九八集落に儀礼を確認することができた。事例数の差は地域ごとの集落数の差と言えるほど、シマクサラシ儀礼は琉球諸島全域に広くかつ高い密度で分布している。

儀礼の名称は、①シマクサラシ系、②カンカー系、③シマカンカー系、④他の儀礼と同名系、⑤目的名称系、⑥その他の六つに分類できる。六系統の中でもっとも事例数の多いのが①シマクサラシ系であった。このことは、沖縄本島北部を除くすべての地域で言える。②カンカー系の分布は沖縄諸島に限られ先島諸島にはみられない。また、沖縄諸島の全域ではなく、本島では北中部に多い。中部では約七割が西海岸の市町村に集中し東海岸に少ない。そして、本島南部には七例と少なく、すべて旧佐敷町の事例であった。本系統は琉球諸島に広くあるシマクサラシ系とは対照的に沖縄諸島に限られ、沖縄本島では特徴的な分布形態を示す。系統③は沖縄本島北中部の東海岸に分布している。系統④は同日に行われる他の儀礼名がシマクサラシ儀礼としての意味をも併せ持っている名称である。一般的に農耕儀礼などの名称が、集落によっては動物の屠殺を伴う除厄儀礼、つまりシマクサラシ儀礼をも意味する点が興味深い。系統⑤は儀礼の目的そのものが名称となっている儀礼名で、本系統のバリエーションは儀礼に意識される災厄の多様さと換言できる。これまでの系統に当てはまらない事例群を系統⑥その他とした。内容から、(イ)儀礼にみられる行動に関する名称、(ロ)儀礼の時期に関する名称、(ハ)他に類をみない特異な名称の三つに分けることができる。このように、シマクサラシ儀礼の名称には多様性と地域性があり、系統ごとの分布形態も一様ではなく特徴的であることが分かった。

儀礼の期日は定期的なものと不定期的なものに分けられる。前者は月による事例数の多少はあるが、儀礼はすべての月に分布している。地域ごとには、沖縄本島北部は一二月が最多で、中南部は二月と八月に事例が集中している。中部と南部の違いは、二、八月の次に多い月が、中部では一二月、南部では一〇月となっている点である。宮古諸島は六月にもっとも多く、唯一年中に儀礼がみられる地域である。八重山諸島では一〇月が最多で、一〇月前後の九月、一一月にもみられるが、宮古とは対照的で儀礼が特定の月に集中している。年間実施回数は、琉球諸島全体で一回という事例がもっとも多いが、二回または三回という集落も少なくない。不定期的な事例は二〇例と少なく、すべてが風邪や天然痘などの流行病の蔓延を意識して行われていた。

儀礼の主な目的は集落の除厄である。災厄は、①流行病災厄、②霊的災厄、③自然災厄の三つに整理できる。琉球諸島全体を通して①がもっとも多い。②には、悪霊、悪魔、魔物、鬼などがあり、ヤナムンと呼ばれる場合が多く、③には風、火、害虫、難破船などがある。シマクサラシは除厄儀礼の性格を強くもち、その災厄としては流行病がもっとも多く意識されていることが分かった。しかし、豊作など除厄を目的としない例もあり、多様な意味づけがなされている点が興味深い。

祭司者でもっとも多いのが集落の神役である。しかし、集落の神役が他の年中行事は祭司するが、シマクサラシ儀礼には参加せず、集落の役員や古老たちが祈願するという事例も同様に多い。さらに、本儀礼は男性が行うもの、神役でも女性は参加してはいけないという集落もある。

儀礼の除厄方法は、①境界に注連縄を張り動物の骨肉を吊り下げる。②境界での血の散布、あるいは境界に設置された注連縄・骨肉・呪具に血をぬる。③境界に注連縄や呪具を設置する。④御願（祈願）の四つに大きく分けられる。①が圧倒的に多く、儀礼の根幹をなす除厄方法と言える。そして、除厄方法にはその空間として場所が設定されるが、そのほとんどが集落の出入口、端、境界と認識されている。つまり、除厄行為に見られる動物供犠と空間の境界性の問題はシマクサラシ儀礼の主眼と言える。

集落レベルの多くの除厄には骨肉が用いられる。一般的な方法は集落入口に左縄《ヒジャイナー》を張り、骨肉を吊り下げるというものである。吊るされるものは主に骨や肉だが、それ以外の事例もある。それから、血は家庭レベルの除厄に多く使用される。木の枝葉に塗りつけて家の門や軒下、または家屋や屋敷の角々に挿すという方法がもっとも多い。沖縄本島中南部に顕著だが、本島北部や先島諸島に少ない。集落レベルの使用法には、①木の枝葉につける、②左縄にぬる、③骨肉にぬる、④撒く、⑤供えるなどがあるが、いずれも集落入口という場所が設定され、事例数は①②に集中している。

除厄空間に集落の入口が設定されるのは、災厄が集落へ侵入してくる場所と考えられているためである。集落入口の数は、一カ所から四カ所という事例数が全体の約七〇％を占める。他にも、六〜一〇カ所、約三〇カ所という事例もあった。

あと、全事例の約八〇％に動物の屠殺がみられる。動物供犠はシマクサラシ儀礼の主眼のひとつである。動物の種類を事例数の多い順に並べると、豚、牛、山羊、鶏、馬となる。地域ごとに特徴が見られ、沖縄本島では北部から南部に行くにつれ、牛を屠る割合が高くなっていく。宮古諸島はすべて豚で、八重山諸島はもっとも多いのが牛、そして馬を屠る点が特徴的である。同じ先島諸島でも宮古と八重山で対照的な特徴を示している。

シマクサラシ儀礼の除厄のありようを骨肉や血による除厄方法、空間の境界性、屠られる動物という点から述べてきた。この中で、とくに除厄の問題と深く関わるのが、供犠性と境界性の問題であった。これによって、シマクサラシ儀礼の除厄システムの軸に、動物供犠と境界性の問題があることが分かった。

儀礼に屠った動物を食べるという共食行為は全体の約半数に確認でき、儀礼の重要な要素となっている。方法には、広場などで料理を食べる「共食」と、骨肉を各戸に分ける「分配」がある。動物を食べる主体は、集落の人々、子供、高齢者の三つに分けることができる。当集落に住む老若男女全員をさす集落の人々という例がもっとも多い。次に、限られた事例だが、儀礼において動物を食べることを除厄行為とみなしている集落がある。動物を食べる行為に除厄という意味づけがなされていることは、誰が食べるのかという点で、子供や高齢者という一定の年齢層が浮かび上がってきたことと考え合わせると興味深い。

由来伝承は七つの話型に分類できる。①流行病の大流行、②言葉を喋る牛、③人間を食べる風習の変化、④怪物や幽霊の集落への侵入、⑤難破船の漂着、⑥殺人の免罪、⑦神様や幽霊からの伝授である。これらに該当しない事例や一つの集落から複数の話型が採集されることもある。由来伝承の多様性はシマクサラシ儀礼が重層的であることを示唆していると考えられる。

以上、シマクサラシ儀礼の事例群の項目ごとの整理検討によって、儀礼の多様な要素が抽出され、その全容が明らかになったように思う。さらに、除厄システムの中心には動物供犠と境界性の問題があり、シマクサラシ儀礼の性格が複合的かつ重層的であることが分かった。各項目に残る課題を更なる悉皆調査と他地域との比較から明らかにしていきたい。

註

（1）『沖縄文化史辞典』琉球政府文化財保護委員会 東京堂出版　一七八－一七九頁

（2）四九八例の内訳は、文献のみで確認できているもの四八例、聞取り調査によって確認できたもの四五〇例である。以下、前者を文献、後者を聞取りと表記した。

（3）シマクサラシ儀礼を複数の名称で呼ぶ集落が多い。例えば、ある集落では儀礼をシマクサラサー、カンカー、またフーチゲーシとも呼ぶ。
（4）『沖縄大百科事典』沖縄大百科事典刊行事務局 上巻九四七頁
（5）同上書　下巻三四六頁
（6）同上書　下巻六三三頁
（7）『日本民俗学大系』第一二巻　大間知篤三［ほか］編　平凡社　一三〇頁
（8）前掲書　琉球政府文化財保護委員会　一七八－一七九頁
（9）前掲書　沖縄大百科事典刊行事務局　中巻三二七頁
（10）小野重朗『奄美民俗文化の研究』法政大学出版局　四二四－四二五頁
（11）本稿で扱う期日はすべて旧暦である。
（12）『中城村の文化財』中城村教育委員会編　一六頁
（13）『沖縄語辞典』国立国語研究所編　大蔵省印刷局　一九六九　二七八頁
（14）シマクサラシ儀礼の神役は沖縄諸島では主に女性だが、本島北部ではシルガミまたはシルウンメーという男性神役が祭司者に加わることもある。
（15）前掲書　国立国語研究所編　二三八頁
（16）前掲書　沖縄大百科事典刊行事務局　中巻九四五頁

調査にあたり多くの方々に御教示を賜りました。心から敬意と感謝を表したいと思います。ありがとうございます。

参考文献

安里和子「『もの言う牛』試論」沖縄民話の会編集委員会編『沖縄民話の会会報』第六号　一九七九

上原孝三「祭りにみえる境界…宮古のスマウサラ儀礼を中心に」赤坂憲雄編『方法としての境界』 新曜社 一九九一
小野重朗「肉と餅との連続―供犠儀礼について―」『日本民俗学』第七一号 日本民俗学会 一九七〇
小野重朗『神々の原郷―南島の基層文化―』法政大学出版局 一九七七
小野重朗『奄美民俗文化の研究』法政大学出版局 一九八二
浜田泰子「南島の動物供犠…境界祭祀シマクサラシを中心に」赤坂憲雄編『供犠の深層へ』新曜社 一九九二
山下欣一「南島における動物供犠―心覚えとして―」南島研究会『南島研究』第一〇号 一九六九
山下欣一「南島の動物供犠について―文化人類学的視点から―」國學院大學『國學院雑誌』八三―一一 一九八二
『日本民俗学大系』第一二巻 大間知篤三[ほか]編 平凡社 一九五九
『沖縄語辞典』国立国語研究所編 大蔵省印刷局 一九六九
『沖縄大百科事典』沖縄大百科事典刊行事務局 沖縄タイムス社 一九八三
『沖縄文化史辞典』琉球政府文化財保護委員会 東京堂出版 一九七二
『中城村の文化財』中城村教育委員会編 二〇〇四

Ⅱ　シマクサラシの分布と現況

はじめに

前稿で、悉皆調査により確認できた沖縄の動物供犠、シマクサラシ儀礼の事例群を項目ごとに分けて、儀礼の持つ多様な要素の抽出し、その整理検討を通じて、儀礼の多面的、総合的把握を試みた。結果、儀礼の除厄システムの中心には動物供犠と境界性の問題が置かれ、さらに、儀礼の性格が複合的かつ重層的であることが明らかになった。

本稿では、シマクサラシ儀礼の分布形態と現在の状況を明らかにしたい。このことは儀礼の実態が明らかにされていないことや、先行研究が限られている点からも意義あるものと考える。そして、本儀礼は沖縄の数多くの集落で広域的に行われてきた。その現況と変遷を明らかにすることは、沖縄における動物供犠全体や他の年中行事の現況の解明にもつながると考える。

データは、文献資料、聞取り調査、儀礼観察より収集した。聞取り調査によるデータには漢数字の註釈をつけ、集落名、調査年、話者の頭文字、年代、性別などを記した。

では、儀礼の分布形態と伝播要因を整理分析した後、その現況と変遷を明らかにしたい。

1　分布

二〇〇二～一〇年までの悉皆調査の結果、三九市町村五二二集落（文献四五・聞取り四七七[1]）においてシマクサラシ儀礼を確認することができた。

表1-1：シマクサラシ儀礼の分布と現況（2002～10年）

	事例数	現況		
		現行	途絶	未確認
沖縄本島北部	108	57	50	1
沖縄本島中部	145	67	77	1
沖縄本島南部	110	56	52	2
周辺離島（沖縄本島）	24	1	23	0
宮古諸島	102	62	24	16
八重山諸島	33	12	20	1
総計	522	255	246	21

表１－１は儀礼を確認できた事例数（集落の数）と現況を六つの地域ごとに整理したものである。その集落名一覧が表１－２、地図１－１、２は分布図である。[2]

地域別にみると、沖縄本島北部で一〇八例（文献九・聞取り九九）、中部一四五（文献五・聞取り一四〇）、南部一一〇（文献七・聞取り一〇三）、本島周辺離島二四（文献二・聞取り二二）、宮古諸島一〇二（文献一八・聞取り八四）、八重山諸島三三（文献四・聞取り二九）となる。

事例群の数が沖縄の集落の総数を占める割合についてだが、戦前または現時点での沖縄の集落の全体数を明確に把握することは困難である。そこで、おおよその目安になるのが、近世来の集落名を踏襲している場合が少なくない現在の字と考える。『沖縄県市町村別大字・小字名集』（一九七六）を参照し、著者が概算した結果、字の数は約七二〇あった。一つの字の中に複数の集落が含まれる場合もあり、集落数の実態がより多いことも考えられるが、それを考慮してもシマクサラシ儀礼を確認できた五二二という集落数は非常に多い。沖縄でこれほど広域的かつ多くの集落で行われていた集落レベルの年中行事は限られていよう。

南北大東村の二村を除くすべての市町村に儀礼がみられ、地域ごとの数の差は集落数の差と言えるほど、シマクサラシ儀礼は琉球諸島全域に広くかつ高い密度で分布していることがわかった。

儀礼が確認できたのは伝統的な集落、いわゆる古村がほとんどで、沖縄本島において屋取《ヤードゥイ》と呼ばれるような比較的新しい集落にみられることは少ない(3)。希少な例として、沖縄諸島では、宜野座村前原(一)、恩納村喜瀬武原(二)、太田(三)、宇加地(四)、熱田(五)、馬場(六)、赤崎(七)、屋嘉田(八)、アジマー(九)、寺原(一〇)、上間・垂川(一一)、読谷村都屋(一二)、比謝矼(4)、北谷町砂辺ヌ前(一三)、旧与那城町東照間(一四)、桃原(一五)、池味(一六)、那覇市鏡水(一七)、豊見城市与根(一八)などの新村に儀礼があり、恩納村に顕著である。屋取の特徴のひとつに古村に比べ年中行事が少ないことがあげられるが、シマクサラシ儀礼だけを集落主体の現行行事とする集落があったことが印象的であった。事例群の中から東照間を挙げよう。

事例（1）旧与那城町東照間（沖縄本島中部）

二月二八日と八月二八日(5)の年二回、野原御願《モーグヮーウグヮン》またはチンジュウグヮンという行事がある。ンブガー、アガリガー、マーニガーなどの湧泉《カー》を拝することから、湧泉御願《カーウグヮン》とも呼ばれる。主な目的は疫病返し《フーチゲーシ》、つまり、人々に害を及ぼす精霊のような意味のヤナカジやシタナカジ、豚の疫病《ウヮーヌフーチ》などの集落への侵入防止である。近隣の古い村では同様の儀礼をシマクサラーと呼ぶが東照間では言わない。

戦前または戦後しばらくまで、六ヵ所以上の集落入口の両脇に三mほどの竹を立て、その間に等間隔に数本の縄を出した左縄《ヒジャイナー》を張り渡した（写真1－28）。縄には豚の耳皮《ミミガー》や顎骨《カクジ》を挟んだという。現在、縄を張ることは無くなり、集落入口を拝することもない。

戦前まで、チンジュヌウガミという拝所で豚肉料理を作ったという。同所はモーグヮー（野原）とも呼ばれ、それが儀礼名となっている（写真1－29）。料理は、まずチンジュヌウガミに供えられ、その後、集落の人々に振る舞わ

表1-2：シマクサラシ儀礼分布一覧表（琉球諸島）

沖縄本島北部

1	国頭村辺戸	20	大宜味村野国名	39	名護市親川	58	名護市瀬嵩	77	本部町瀬底	96	恩納村仲泊
2	国頭村宜名真	21	大宜味村屋嘉比	40	名護市田井等	59	名護市大浦	78	宜野座村松田	97	恩納村久良波
3	国頭村宇嘉	22	大宜味村一名代	41	名護市振慶名	60	名護市辺野古	79	宜野座村前原	98	恩納村アジマー
4	国頭村佐手	23	大宜味村根謝銘	42	名護市伊差川	61	名護市久志	80	宜野座村宜野座	99	恩納村山田
5	国頭村謝敷	24	大宜味村城	43	名護市仲尾	62	今帰仁村古宇利	81	宜野座村惣慶	100	恩納村寺原
6	国頭村与那	25	大宜味村木下前	44	名護市呉我	63	今帰仁村湧川	82	宜野座村漢那	101	恩納村上間・垂川
7	国頭村伊地	26	大宜味村饒波	45	名護市我部祖河	64	今帰仁村上運天	83	恩納村名嘉間	102	恩納村塩屋
8	国頭村宇良	27	大宜味村大宜味	46	名護市古我知	65	今帰仁村謝名	84	恩納村喜瀬武原	103	恩納村真栄田
9	国頭村桃原	28	大宜味村根路銘	47	名護市安和	66	今帰仁村崎山	85	恩納村熱田	104	恩納村宇加地
10	国頭村奥間	29	東村平良	48	名護市山入端	67	今帰仁村仲尾次	86	恩納村安富祖	105	金武町並里
11	国頭村比地	30	東村慶佐次	49	名護市屋部	68	今帰仁村与那嶺	87	恩納村瀬良垣	106	金武町金武
12	国頭村浜	31	東村有銘	50	名護市宮里	69	今帰仁村諸志	88	恩納村太田	107	金武町伊芸
13	国頭村奥	32	名護市源河	51	名護市数久田	70	今帰仁村今泊	89	恩納村恩納	108	金武町屋嘉
14	国頭村楚洲	33	名護市済井出	52	名護市幸喜	71	本部町具志堅	90	恩納村馬場		
15	国頭村安田	34	名護市屋我	53	名護市喜瀬	72	本部町備瀬	91	恩納村赤崎		
16	国頭村安波	35	名護市我部	54	名護市天仁屋	73	本部町浜元	92	恩納村屋嘉田		
17	大宜味村見里	36	名護市真喜屋	55	名護市嘉陽	74	本部町辺名地	93	恩納村谷茶		
18	大宜味村親田	37	名護市仲尾次	56	名護市安部	75	本部町健堅	94	恩納村冨着		
19	大宜味村野国	38	名護市川上	57	名護市汀間	76	本部町石嘉波	95	恩納村前兼久		

沖縄本島中部

109	石川市石川	134	嘉手納町野国	159	与那城町伊計	184	沖縄市安慶田	209	中城村奥間	234	宜野湾市大山
110	石川市嘉手苅	135	嘉手納町野里	160	与那城町池味	185	沖縄市胡屋	210	中城村津覇	235	宜野湾市真志喜
111	石川市伊波	136	北谷町砂辺	161	与那城町上原	186	沖縄市諸見里	211	中城村伊集	236	宜野湾市宇地泊
112	石川市東恩納	137	北谷町砂辺ヌ前	162	与那城町宮城	187	沖縄市山内	212	中城村和宇慶	237	宜野湾市神山
113	石川市山城	138	北谷町浜川	163	与那城町桃原	188	沖縄市古謝	213	西原町棚原	238	宜野湾市大謝名
114	読谷村宇座	139	北谷町伊礼	164	与那城町平安座	189	沖縄市高原	214	西原町翁長	239	宜野湾市宜野湾
115	読谷村瀬名波	140	北谷町桑江	165	与那城町東照間	190	沖縄市泡瀬	215	西原町幸地	240	宜野湾市嘉数
116	読谷村儀間	141	北谷町平安山	166	与那城町西原	191	沖縄市与儀	216	西原町小橋川	241	宜野湾市我如古
117	読谷村渡慶次	142	北谷町玉代勢	167	与那城町与那城	192	北中城村瑞慶覧	217	西原町内間	242	浦添市牧港
118	読谷村長浜	143	北谷町北谷	168	与那城町屋慶名	193	北中城村仲順	218	西原町掛保久	243	浦添市屋富祖
119	読谷村高志保	144	北谷町伝道	169	与那城町饒辺	194	北中城村渡口	219	西原町津花波	244	浦添市小湾
120	読谷村上地	145	具志川市栄野比	170	与那城町安勢理	195	北中城村喜舎場	220	西原町呉屋	245	浦添市城間
121	読谷村波平	146	具志川市川崎	171	勝連町南風原	196	北中城村安谷屋	221	西原町嘉手苅	246	浦添市仲西
122	読谷村座喜味	147	具志川市兼箇段	172	勝連町平安名	197	北中城村荻堂	222	西原町安室	247	浦添市勢理客
123	読谷村都屋	148	具志川市天願	173	勝連町内間	198	北中城村和仁屋	223	西原町桃原	248	浦添市宮城
124	読谷村楚辺	149	具志川市宇堅	174	勝連町平敷屋	199	北中城村大城	224	西原町小那覇	249	浦添市内間
125	読谷村喜名	150	具志川市田場	175	勝連町浜	200	北中城村熱田	225	西原町小波津	250	浦添市沢岻
126	読谷村伊良皆	151	具志川市宮里	176	勝連町比嘉	201	中城村久場	226	西原町与那城	251	浦添市仲間
127	読谷村比謝	152	具志川市高江洲	177	勝連町津堅	202	中城村伊舎堂	227	西原町我謝	252	浦添市前田
128	読谷村大湾	153	具志川市喜屋武	178	沖縄市池原	203	中城村泊	228	宜野湾市安仁屋	253	浦添市西原
129	読谷村渡具知	154	具志川市仲嶺	179	沖縄市登川	204	中城村新垣	229	宜野湾市伊佐		
130	読谷村古堅	155	具志川市具志川	180	沖縄市大工廻	205	中城村屋宜	230	宜野湾市（ｱｶﾞﾘｸﾞﾐ）		
131	読谷村比謝矼	156	具志川市江洲	181	沖縄市美里	206	中城村添石	231	宜野湾市喜友名		
132	嘉手納町嘉手納	157	具志川市上江州	182	沖縄市宮里	207	中城村安里	232	宜野湾市新城		
133	嘉手納町屋良	158	具志川市大田	183	沖縄市照屋	208	中城村当間	233	宜野湾市野嵩		

□ = 現行　□ = 途絶　□ = 未確認

沖縄本島南部

254	那覇市安謝	270	豊見城市嘉数	289	南風原町与那覇	308	佐敷町津波古	327	玉城村中山	346	具志頭村安里
255	那覇市識名	271	豊見城市金良	290	南風原町本部	309	佐敷町小谷	328	玉城村富里	347	具志頭村与座
256	那覇市上間	272	豊見城市饒波	291	南風原町津嘉山	310	佐敷町新里	329	玉城村當山	348	具志頭村仲座
254	那覇市安謝	273	豊見城市長堂	292	南風原町照屋	311	佐敷町佐敷	330	玉城村志堅原	349	糸満市武富
255	那覇市識名	274	豊見城市与根	293	南風原町喜屋武	312	佐敷町手登根	331	玉城村奥武	350	糸満市北波平
256	那覇市上間	275	豊見城市伊良波	294	南風原町山川	313	佐敷町平田	332	玉城村屋嘉部	351	糸満市阿波根
257	那覇市仲井真	276	豊見城市座安	295	大里村古堅	314	佐敷町外間	333	玉城村前川	352	糸満市潮平
258	那覇市国場	277	豊見城市渡橋名	296	大里村嶺井	315	佐敷町屋比久	334	玉城村糸数	353	糸満市座波
259	那覇市壺屋	278	豊見城市渡嘉敷	297	大里村島袋	316	知念村安座間	335	玉城村船越	354	糸満市兼城
260	那覇市古波蔵	279	豊見城市平良	298	大里村平良	317	知念村久手堅	336	東風平町外間	355	糸満市照屋
261	那覇市鏡水	280	豊見城市翁長	299	大里村南風原	318	知念村知念	337	東風平町宜次	356	糸満市与座
262	那覇市宇栄原	281	豊見城市保栄茂	300	大里村西原	319	知念村具志堅	338	東風平町友寄	357	糸満市新垣
263	那覇市大嶺	282	豊見城市高嶺	301	大里村当間	320	知念村山口	339	東風平町小城	358	糸満市名城
264	那覇市宮城	283	与那原町大見武	302	大里村仲程	321	知念村仲里	340	東風平町当銘	359	糸満市喜屋武
265	那覇市高良	284	与那原町与那原	303	大里村真境名	322	知念村上志喜屋	341	東風平町志多伯	360	糸満市石原
266	那覇市具志	285	与那原町上与那原	304	大里村目取真	323	知念村下志喜屋	342	東風平町伊覇	361	糸満市米須
267	豊見城市高安	286	与那原町板良敷	305	大里村高宮城	324	玉城村垣花	343	東風平町東風平	362	糸満市大度
268	豊見城市真玉橋	287	南風原町宮城	306	大里村稲福	325	玉城村仲村渠	344	具志頭村新城	363	糸満市摩文仁
269	豊見城市根差部	288	南風原町兼城	307	大里村大城	326	玉城村百名	345	具志頭村具志頭		

周辺離島(沖縄本島)

364	伊江村川平	368	伊平屋村島尻	372	伊是名村伊是名	376	座間味村阿佐	380	座間味村慶留間	384	久米島町真謝
365	伊平屋村田名	369	伊是名村内花	373	伊是名村勢理客	377	座間味村座間味	381	粟国村東	385	久米島町嘉手苅
366	伊平屋村前泊	370	伊是名村諸見	374	渡嘉敷村渡嘉敷	378	座間味村阿真	382	粟国村西	386	久米島町仲村渠
367	伊平屋村我喜屋	371	伊是名村仲田	375	渡嘉敷村阿波連	379	座間味村阿嘉	383	渡名喜村渡名喜	387	久米島町具志川

宮古諸島

388	平良市池間	405	平良市富名腰	422	城辺町下里添	439	城辺町南加治道	456	城辺町福嶺	473	下地町川満
389	平良市大神	406	平良市地盛	423	城辺町花切	440	城辺町高阿良後	457	城辺町七又	474	下地町ツンフグ
390	平良市狩俣	407	平良市七原	424	城辺町与那原	441	城辺町川底屋	458	城辺町吉野	475	下地町与那覇
391	平良市島尻	408	平良市盛加	425	城辺町最寄	442	城辺町横武	459	城辺町保良	476	下地町上地
392	平良市大浦	409	平良市細竹	426	城辺町砂川	443	城辺町溝原	460	上野村野原	477	下地町洲鎌
393	平良市下崎	410	平良市山中	427	城辺町友利	444	城辺町仲原	461	上野村側嶺	478	下地町嘉手苅
394	平良市成川	411	平良市野原越	428	城辺町長中	445	城辺町箕後	462	上野村上野	479	下地町皆愛
395	平良市西原	412	平良市宮原	429	城辺町北根間地・南根間地	446	城辺町福北	463	上野村屋原	480	下地町棚根
396	平良市福山	413	平良市サガーニ	430	城辺町東根間地	447	城辺町大道	464	上野村名加山	481	下地町入江
397	平良市阿旦岳	414	平良市北増原	431	城辺町吉田	448	城辺町東嶺原・西嶺原	465	上野村宮国	482	下地町来間
398	平良市西添道	415	平良市中増原・南増原	432	城辺町長間底・山底	449	城辺町北川久道	466	上野村山根	483	伊良部町前里添
399	平良市東添道	416	平良市瓦原	433	城辺町イケマヤ	450	城辺町東川久道	467	上野村豊原	484	伊良部町池間添
400	平良市前福	417	城辺町山田	434	城辺町東与並武	451	城辺町西長底	468	上野村西青原	485	伊良部町国仲
401	平良市棚原	418	城辺町山川	435	城辺町西底原・中底原	452	城辺町東長底	469	上野村東青原	486	伊良部町仲地
402	平良市久貝	419	城辺町屋敷原	436	城辺町東底原	453	城辺町大原	470	上野村大嶺	487	伊良部町伊良部
403	平良市松原	420	城辺町越地	437	城辺町比嘉	454	城辺町サジフ子	471	上野村新里	488	多良間村仲筋
404	平良市腰原	421	城辺町更竹	438	城辺町北加治道	455	城辺町新城	472	下地町カツラ嶺	489	多良間村塩川

八重山諸島

490	石垣市平久保	496	石垣市登野城	502	竹富町干立	508	竹富町小浜	514	竹富町仲本	520	竹富町北
491	石垣市安良	497	石垣市平得	503	竹富町祖納	509	竹富町玻座間	515	竹富町東筋	521	竹富町南
492	石垣市伊原間	498	石垣市真栄里	504	竹富町船浮	510	竹富町上地	516	竹富町鳩間	522	与那国町祖納
493	石垣市川平	499	石垣市大浜	505	竹富町網取	511	竹富町下地	517	竹富町冨嘉		
494	石垣市新川	500	石垣市宮良	506	竹富町崎山	512	竹富町保里	518	竹富町名石		
495	石垣市大川	501	石垣市白保	507	竹富町古見	513	竹富町宮里	519	竹富町前		

地図1-1：シマクサラシ儀礼分布図（沖縄諸島）

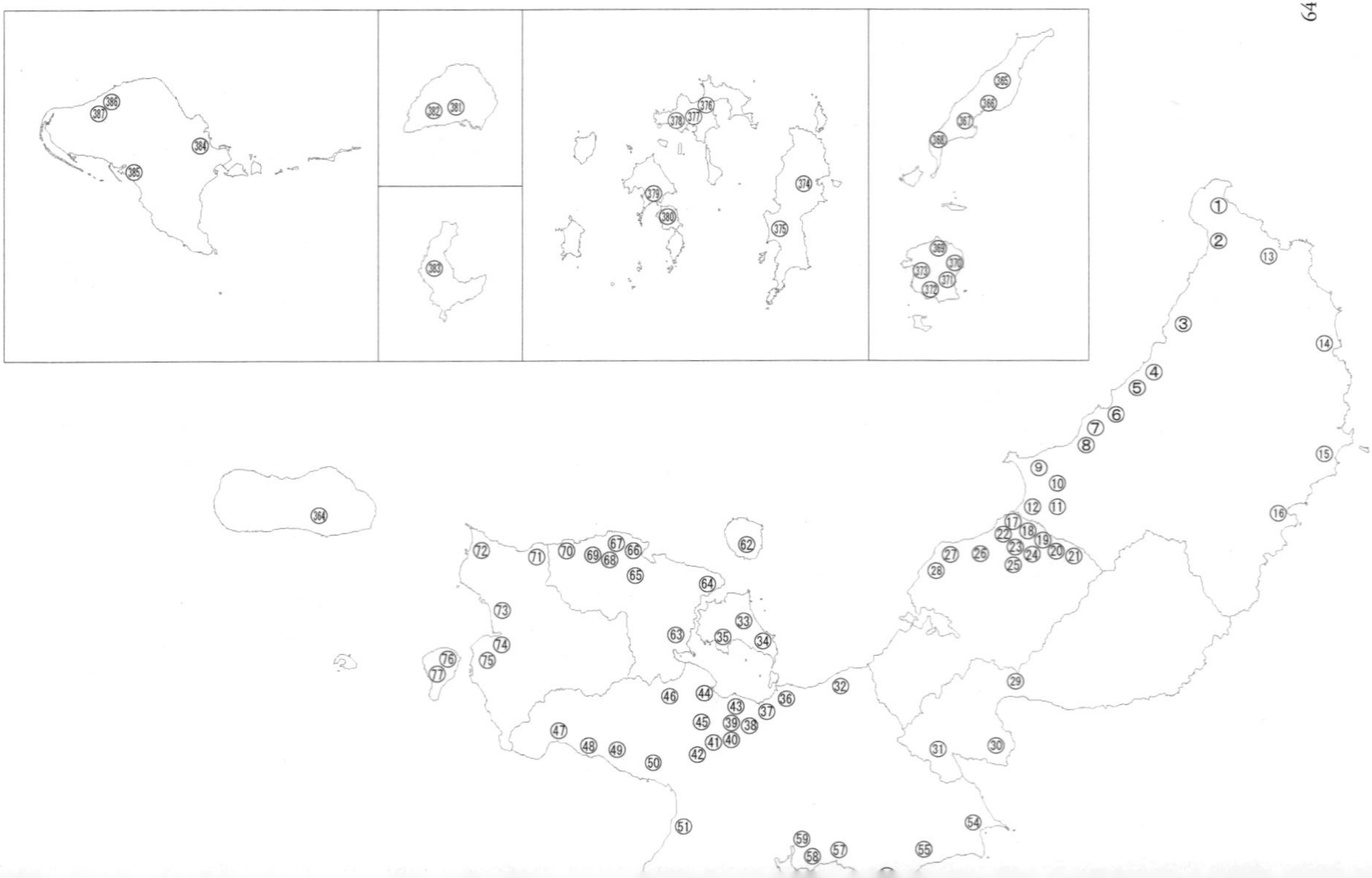

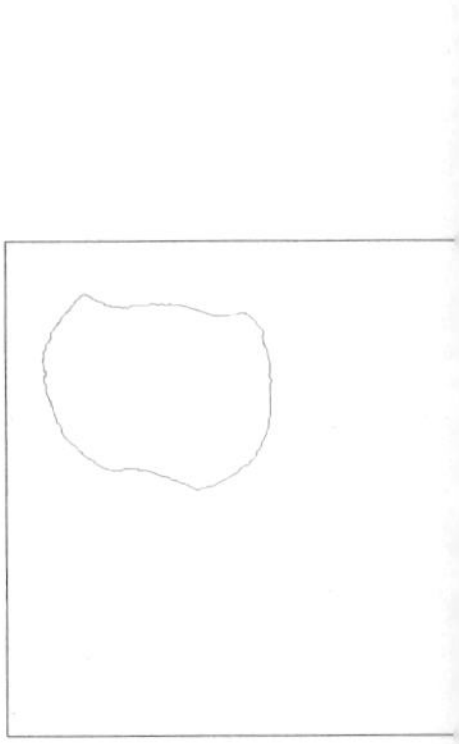

地図1-2：シマクサラシ儀礼分布図（先島諸島）

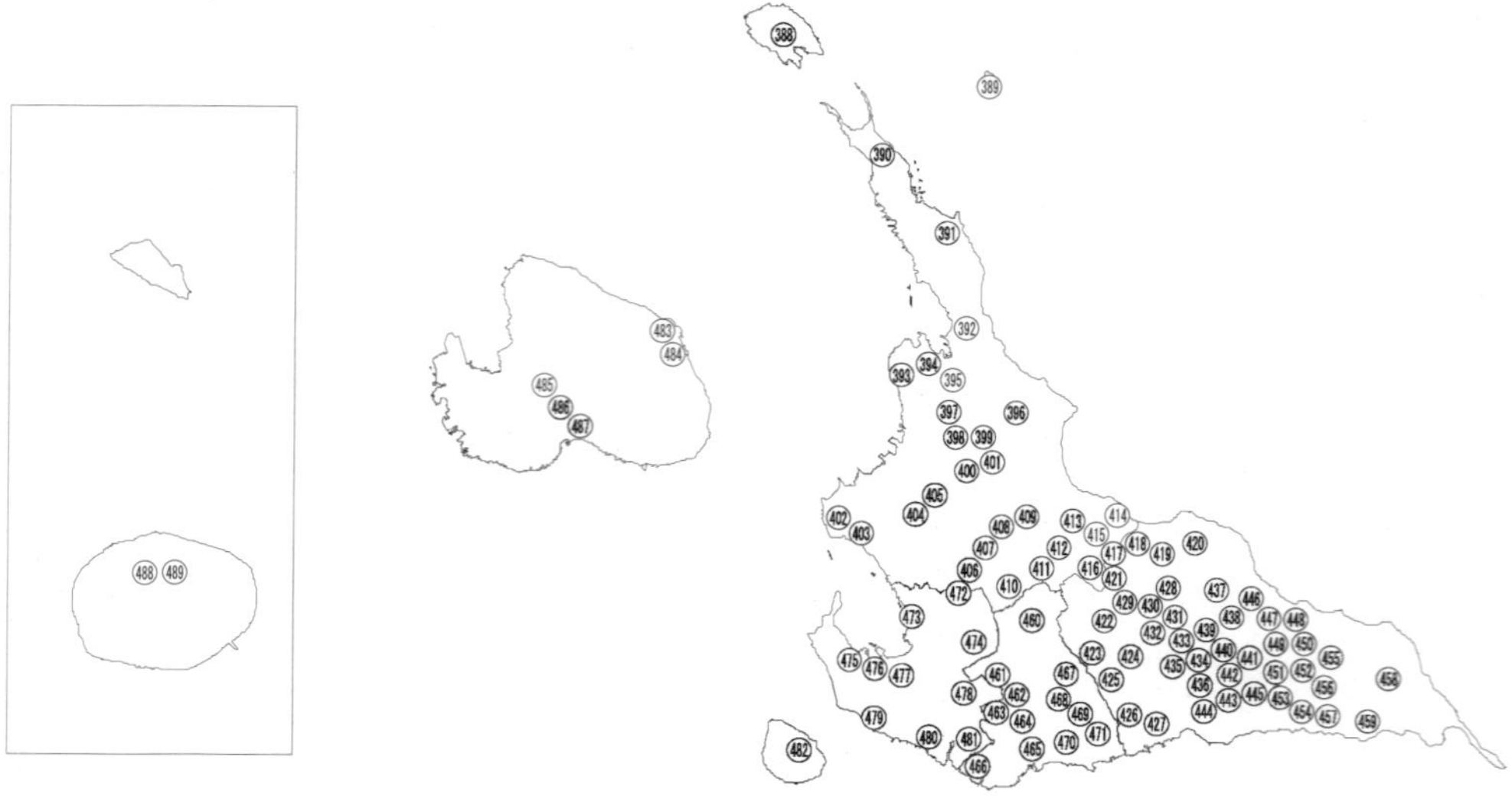

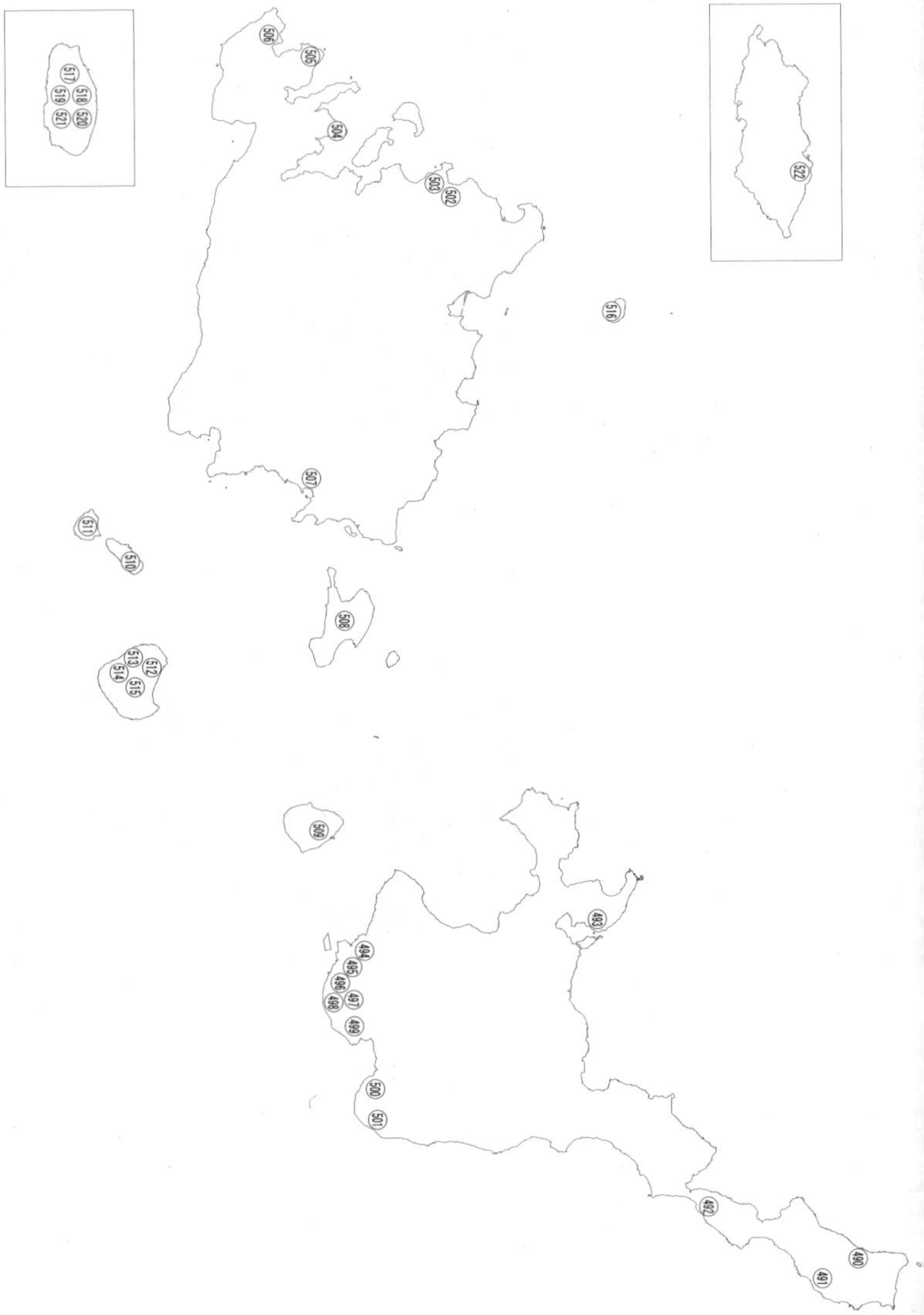
517
518
519
520
521
506
505
504
503
502
522
516
507
511
510
508
513
512
514
515
509
493
494
495
496
497
498
499
500
501
492
490
491

れた。料理は豚の肉と血、昆布などを煮たもので、子供たちにはユウナ（オオハマボウ）の葉を皿代わりにした。配られる肉の量は大人も子供も同じで、一人につき数切れであったという。戦後、ガスコンロを使い料理していたが、現在は隣家の車庫で料理するようになった。現在も儀礼の参加者には料理が振る舞われる。かつて祈願は年輩者の方々が行っていたが、今は区長が行っている。

写真1-28：かつての集落入口（2008年）

写真1-29：モーグヮー（2008年）

東照間集落は、明治の初め頃に主に首里から寄留してきた六、七人の士族から始まったといわれる。東照間の隣には一本の道を境に西照間集落があり、東照間はアガリチンジュ、西照間はイリチンジュと呼ばれる。現在も同様だが、本儀礼にイリチンジュが参加することはなかった[6]。

〔二〇〇八年調査。T（六〇代男性）、H・N（八〇代女性）、H（六〇代女性）、G・E（八〇代男性）、T（七〇代女性）、七〇代女性、H・S（七〇代男性）〕

次に、一般的にシマクサラシ儀礼は、戸数の多少はあれ集落が主体となり行われた。その点、宜野湾市のアガリグミ（東組）は希有な事例と言える。アガリグミは集落名ではない。同市の安仁屋、喜友名、伊佐などの古村の村外れなどに居を構える数軒の家々、計十数戸により構成された団体の俗称である。近隣には他に、ナカグミ（中組）やイリグミ（西組）と呼ばれる団体があった。[7] クミを構成する家の人々はもともと古村出身者ではなく、他所からの移住者が多かった。屋取集落より小規模な、行政上はそれぞれの古村に属する家々から構成された団体が儀礼の主体となる事例は他にない。その儀礼名や祭日、内容から安仁屋または伊佐の儀礼を参考にしたと思われる。

そして、宮古島では添村[8]という歴史的に比較的新しい集落にも儀礼がみられることが多い。[9] 沖縄本島の屋取集落に類することから、他諸島にみられない宮古の特徴であるとともに、そのことが宮古の事例数が沖縄本島中南部に次いで多い理由の一つとなっている。

ところで、なぜシマクサラシ儀礼は琉球諸島に広域的かつ高い密度で分布したのだろうか。理由を考察したい。

このことを言及した研究者は少ない。上江洲均（二〇〇八）は、シマクサラシ儀礼の広域的な分布形態から、「自然発生的に起り伝承したとは考えがたい。政策的な何らかの指導が反映したに違いない」[10]と指摘した。

現在のところ、上江洲の指摘するような、または、ウマチーやアブシバレーといった稲作儀礼のように、首里王府によるシマクサラシ儀礼の奨励、指導等があったことを示す史料は確認できていない。

しかし、逆のことを示唆する史料がいくつかある。

一六六六～七三年の間に王府から通達された文書を集成した『羽地仕置』には、「葬礼の時、牛共殺大酒仕候儀、前々より禁止したりといえども、頃日、猥にこれあり、弥稠敷、申付らるべく候」[11]という条文がみられる。そして、一六九七年に沖縄本島の各間切に布達された文書、『法式』には、「婚礼の時、肴は豚以下であるべきこと、牛は耕作の助けになる為、屠殺して祝儀に用いることは今後禁止する」[12]とある。これらの通達から、王府から各間切に数回にわたって、冠婚葬祭における牛の屠殺に対する禁止令が出されていたこと、にも関わらず続けられていたこと、牛が王府にとって重要な動物であったことがわかる。牛が王府の貴重な税源のひとつであったことは、牛の頭数を把握したといわれる「牛改帳」[13]からもうかがえる。次に、王府が実録風に編集した歴史書である『球陽』（一七四三～五）には、「年浴・柴指・鬼餅等の日を改定す」[14]という条文がある。これは、各地で日を選び行われていた年浴や柴指、鬼餅などの行事を、それぞれ六月二五日、八月一〇日、一二月八日に定めるというものである。

これらの史料から、祝儀における牛の屠殺の禁止、そして、吉日を選んでいた行事の統制化を王府が各間切集落に指導していたことがわかる。

前項で扱ったように、本儀礼は動物の屠殺と切り離すことはできない。五二二例中、その約八六％にあたる四四九例（文献七六例・聞取り三七三例）に動物の屠殺がみられる。このことから、シマクサラシ儀礼は動物の屠殺を伴う儀礼と言えよう。また、実施月は地域あるいは集落により大きく異なり、月による事例数の多少はあるが、すべての月に儀礼を確認できた。日にちは吉日を選ぶことも多く、年に数回または不定期にという事例もある。

さいごに、『与世山親方宮古島規模帳』をあげたい。本資料は、一七六八年（乾隆三三）一二月、首里王府の名で宮古の在番・頭らに布達された文書である。内容は、一七六七年（乾隆三二）三月から一〇月にかけて、王府の命をうけた与世山親方（与世山朝昌）らが宮古の行政状況を視察し、帰任後その結果を王府首脳に報告したものとなっている。百姓の労働力と生産力を増大させ、貢賦の順調な納付を目標として、改善すべき点と対処策が個別かつ具体的に指摘されているという[15]。その中に以下の文がある。

「一、地船漲水滞船之砌、泊くさらし与て上国人数ニ而牛殺、みき・酒相調致物入候由不宜候間、向後可召留事[16]」

訳によると、「地船が張水に停泊する際、『泊くさらし』と称して上国する人々が牛を殺し、神酒や酒を準備して出費しているという。良くないことなので、今後は禁止すべきこと[17]」とある。

文中の「泊くさらし」をシマクサラシ儀礼と断定するにはいくつかの注意点がある。目的が不明な点、骨肉を使った除厄方法がみられない点、また、集落の人々ではなく上国する人々が主体となり行ったようだが、そのような事例は現時点で確認されていない。だが、シマクサラシ儀礼との類似点も多い。確認できた事例群の中に「泊くさらし（トゥマイクサラシと推測される）」という儀礼名はないが、一例のみ、沖縄本島周辺離島の渡嘉敷村渡嘉敷では儀礼をンナトゥクサラシ（港くさらし）と呼んだという。[18] 同類の名称と考えられる。渡嘉敷でも、史料と同じように儀礼には牛が屠られたという。[一九] 史料で屠られた牛も、おそらく上国する人々によって共食されたと考えられる。

これらのことから、「泊くさらし」は、シマクサラシ儀礼そのものか、非常に関連性の高い儀礼と考えられる。そうであれば、現時点でシマクサラシ儀礼の文献上の初見が本資料となる。

ここで注目すべきは、牛の屠殺を伴う儀礼（泊くさらし）の禁止が指示されている点である。文書は王府首脳（摂政・三司官）の許可を得て宮古側に布達されたことから、内容は王府の意向と考えて良いだろう。[19]

次は、儀礼が確認できていない地域に目をむけたい。広域的かつ高密度で分布するのであれば、確認できなかった地域からみえてくるものもあると思う。

沖縄県の四一市町村中、儀礼が確認できなかった市町村は南北大東村の二村のみである。これは両村が一九〇〇年代はじめに開拓された比較的あたらしい地域であることからうなずける。次に各市町村を細かくみてみる。まず、那覇市（沖縄本島南部）では一三集落（文献二・聞取り一一）確認できたが、いずれも真和志間切（七例）と小禄間切（六例）に属していた集落であり、王都であった首里、その港町として発達した旧那覇（那覇四町、久米村、泊村）には確認できていない。[20] 那覇市の周辺市町村（浦添市、西原町、南風原町、豊見城市）に儀礼が高い密度で分布する中、市内のこの一帯だけに儀礼がない。さらに、旧知念村（沖縄本島南部）では、安座真、[二〇] 久手堅、[二一] 知念、[二二] 具志堅、[二三] 山口、[二四] 仲里、[二五] 上志喜屋、[二六] 下志喜屋[二七] など、多くの古村に儀礼がみられるものの、王府時代、国家的聖地とされ国王の参詣も行われた久高島には確認できていない。同島のように距離的に沖縄本島から近い離島の中で、伝統的な集落のある有人島において本儀礼が確認できないのは久高島だけである（伊是名島、伊平屋島、屋我地島、古宇利島、伊江島、瀬底島、瀬長島、奥武島、津堅島、浜比嘉島、平安座島、宮城島、伊計島など、計二七集落で儀礼が確認できる）。久高だけに古くからシマクサラシ儀礼が無かったのだろうか、途絶または他の儀礼に変化、吸収されたのだろうか。後者と考えるのが自然であろう。

まとめると、シマクサラシ儀礼に対する王府の関与については、『羽地仕置』、『法式』、『球陽』等にみられる王府の意図と儀礼の実態が対照的であること、琉球諸島に広く高密度に分布する儀礼が、王都首里一円や王府との関係がとくに深い地域に確認できないこと、そして、『与世山親方宮古島規模帳』では、シマクサラシ儀礼そのものと思われる「泊くさらし」の禁止が指示されていることなどから、儀礼に対する規制や禁止指導があったとしても、奨励されたとは考えにくい[21]。にも関わらず、儀礼が琉球諸島に広域的かつ高い密度で分布した背景には、集落それぞれの自発的な働きが大きく作用したと推測できる。

２　現況

ここでシマクサラシ儀礼の現在の状況と変遷を分析、考察したい。まず、儀礼の現況を整理した表１－１についてだが、ここでの現況は二〇〇二～一〇年を指し、現行は集落レベルにおいて現在も行われている事例数、途絶は途絶えた事例数である[22]。途絶の中には、家庭レベルでは儀礼が継続されている例もある。集落名一覧の表１－２の番号部分が薄い灰色になっている事例が現行の集落、濃い灰色は途絶えた集落、無色は未確認の集落である。

現行集落の合計は二五五例（聞取り二五五）、途絶えた集落は二四六例（文献三例・聞取り二四三）である。地域差はあるが、確認できた範囲では現行集落の方がわずかに多い。

途絶えた時期が確認できた事例群を整理すると、一九四〇～五〇年が六六例ともっとも多く、一九七〇年代の九例と続く。第二次大戦直前や戦後数年間という例が大半を占める。途絶えた理由としては、祭司者である神役の後継者不在、廃村、米軍基地による集落移動など様々だが、もっとも多かったのは生活習慣と意識の変化という答えであった。

『沖縄大百科辞典』（一九八三）には、シマクサラシ儀礼の現況について、「現在、行事は次第に形骸化し、沖縄島では中南部を中心に僅かに残っているようである」[23]とある。だが、表1－1から沖縄本島北部では現行の集落の方が多く、中南部を中心に残っているとは言えない。また、形骸化している集落が多いことは確かだが、沖縄本島で現況を確認できた三五九例中、現行数は約半数の一八〇例で決して僅かではない。

沖縄本島周辺離島や八重山諸島など途絶集落の方が多い地域もあるが、他地域では現行と途絶の数はほぼ同数または現行数の方が多い。本調査から、シマクサラシ儀礼は現在も琉球諸島の多くの集落で行われていることが明らかになった。

では、全体の約半数を占める現行集落では、具体的にどのように儀礼が行われているのか、その変遷過程も含めて考えていきたい。

分析方法として、はじめに、現行の事例群の中で、伝承または戦前の時点で、①動物の屠殺、②集落入口での骨肉や血を使った除厄方法、③骨肉の共食（または分配）、④祭司者の祈願という四つの

表1-3：シマクサラシ儀礼類型別現況一覧表

	往時	2002～2010年現在						
	①②③④	①②③④	②③④	②④	③④	②	③	④
沖縄本島北部	32	0	14	5	8	0	0	5
沖縄本島中部	63	0	13	14	15	0	1	20
沖縄本島南部	44	0	18	4	11	0	0	10
周辺離島（沖縄本島）	1	0	1	0	0	0	0	0
宮古諸島	58	5	17	15	6	10	1	0
八重山諸島	9	1	1	0	0	0	0	7
総　計	207	6	64	38	40	10	2	42

①動物の屠殺　②集落入口での骨肉や血を使った除厄
③骨肉の共食（または分配）　④祭司者の祈願

要素を持っていた事例群に焦点を当てる。このような事例は三五七例あり、事例群全体の約六九％（五二二例中[24]）を占めることから、四要素は儀礼の根幹をなす要素と言える。これら事例群の現況を分析することは、シマクサラシ儀礼の具体的な現況の解明につながるであろう。では、各要素の現況と変遷を分析したい。

①～④の要素を持っていた事例群の中で、約五八％にあたる二〇七例が現在も行われている。内訳は、沖縄本島北部三二例、中部六三例、南部四四例、本島周辺離島一例、宮古諸島五八例、八重山諸島九例である。二〇七の集落における現行の要素を整理し、類型ごとに分けたのが表1－3である[25]。

まず、現行集落の中で、かつてのように四要素を行っている事例は六集落と非常に少ない（①②③④類）。他の類型との違いは要素①がある点である。つまり、全体の約九七％に相当する二〇一の集落で、儀礼に際しての動物の屠殺（要素①）が無くなった。

屠殺が失われた形態が②③④類（六四例）で、全体の約

写真1-30：集落入口での祈願（2008年）

三〇％を占める最多の類型となっている。恩納村塩屋の例を挙げたい。

事例（2）恩納村塩屋（②③④類）〔沖縄本島北部〕

八月二九日、集落へのアクフウゲーシ（悪風返し）、フーチゲーシ（豚の流行病返し）を目的とするカンカーという行事がある。現在、区長などの公民館役員と有志の方々が祈願を行う。カミンチュと呼ばれるノロなどの女性神役は農耕儀礼であるウマチーなどを祭司したが、カンカーに参加することはなかったという。

かつては、カミサギという拝所の前にあるカミサギナー（カミサギ庭）で儀礼に使う豚（カンカーゥワー）を屠った。血は桶に入れて同所に置かれた。各戸からギチチャー（ゲッキツ）を持ってきて血をつけ、魔除けとして自宅の四隅の軒先に挿した。また、約五〇年前まで、二ヵ所の集落入口に豚の生の顎骨を吊り下げたという。うち一ヵ所の顎骨を吊した松の大木をカンカーマーチ（カンカー松。戦後に枯朽）といった。衛生上悪いということで骨を吊ることは無くなり、料理したミミガー（耳皮）やハナガー（鼻皮）を集落入口に供え、祈願後に二、三切れ放つようになっている（写真1-30）。他に線香、白紙、ビンシーも供える。

かつては、豚肉のほとんどは頭割りにして分配され、ナカミ（内臓）やミミガーはカミサギナーで即席の竈を作ってシンメーナービで料理した。食生活の乏しい時代、カンカーの豚肉は貴重なご馳走で、村中の子供がユーナヌファー（オオハマボウ）を皿代わりに料理を食べた。一人分もらうため近所の乳児を負ぶってくる子供もいた。振る舞われる料理をカンカーダマシといった。現在、村中の人が集まることはなく、祭司者の役員と有志の方々が祈願後に公民館で料理を食べるようになった（写真1－31）。

かつては、塩屋から約七〇〇m西南にあるビル（美留）という小規模な集落（廃藩置県後に首里・那覇の士族たちに形成された新村）(26)の人々も塩屋のカンカーに参加した。豚肉の共食や分配に参加、血を使った家庭の除厄も行ったという。

〔二〇〇五、八年調査。M（五〇代男性）、M（五〇代女性）、M・I（八〇代男性）、七〇代男性、八〇代女性、七〇代女性、五〇代男性、M・A（七〇代男性）、Y・T（八〇代女性）〕

写真1-31：祈願後の共食（2008年）

さて、動物の屠殺を意味する要素①だが、現在も行っているのはすべて先島諸島の集落である。宮古諸島五、八重山諸島一の計六例ある。従来通りに宮古は豚、八重山は鶏を屠っている。

ほとんどの集落で屠殺は無くなったものの、今も全体の約七四％を占める一五四の集落で動物の骨肉が使われている。つまり、要素②または③を含んでいる。これらの集落で動物が屠られたのは主に大戦前または戦後しばらくまでで、以来、儀礼に使う骨肉は近隣の商店などから入手するようになっている。

次に要素②について、本要素は集落入口での骨肉や血を使った除厄方法を意味する。要素②を含む類型は、①②③④類、②③④類、②④類、②類の計一一八集落ある。

かつて、要素②の一般的な方法は、集落入口の三～五m頭上に道を遮るように生の骨肉を挟んだ左縄を張り渡すというものであった。

それが、車高の高い車が縄を切るため、縄を結んでいた木が無くなったため、生の骨肉を吊るすのは衛生上良くないという意見が出たため等、種々の理由により大きく変わった。集落によって、手作りであった縄が市販のもの、またはロープやビニール紐に変わり、縄を張り渡さず三〇～五〇cmの木の枝や竹に骨肉を結び地面に突き刺したり、針金やビニール紐で近くの木や電柱に結ぶようになった。また、地面に這わすようになったり、祈願中だけ縄を張り渡す、生の骨肉を皿に乗せ祈願中だけ供えるように変わった。変化した形態として最も多いのが、生ではなく料理された肉を皿に盛り、集落入口に供えるというものである。[27]

宮古諸島は現在も従来通りの除厄方法を行う集落が多い。それは、集落入口に骨肉を吊るすのみとなった②類（一〇例）のすべてが宮古の例であることからもうかがえる。ただ、車高の高い大型車の通行を理由に、頭上ではなく地面に這わせるようになった例も少なくない。

吊す骨肉に関しては、多くは頭や足、肩などの大きな骨や内臓などから、小さく入手しやすい部位へと変わった。血は入手が困難になり、集落入口での散布や張り渡した縄にぬるといった集落レベルでの使用はほとんど見られなくなった。

そして、儀礼で屠られた動物の骨肉のうち、除厄に用いられるのは一部で、ほとんどは汁物や茹でられて集落の人々が食した。これが要素③である。特定の場所で調理し、そこに集まって食べる方法と、生の骨肉を人々に配る方法があった。本稿では、前者を共食、後者を分配としたい。要素③を含む類型は、①②③④類、②③④類、③④類、③類で、計一一二の集落で現行である。

現在、分配という方法をとる集落は非常に少ない。共食と分配が行われていた集落では、共食のみが残ったり、分配であった集落が共食に変わった。分配は生の骨肉を配るのが一般的であったが、それを現行とする集落は一例（沖縄本島北部）のみである。生ではなく肉料理の折詰を配るようになった集落が多い。料理する動物の種類が、入手しやすい、食べやすいという理由から変化した集落もある。

共食を行う場所は、戦前と同じように集落の特定の広場やムラヤーと呼ばれる集会所が多い。変化の大きいのは共食場や料理より食べる人である。かつては主に村中の人々または子供たちが料理を食べた。戦前まで、子供たちは指折り数えて年に数えるほどしか食べられない肉料理の出るシマクサラシ儀礼を待ちわび、儀礼では二人分もらうために他家の乳児を背負って集まる子もいたという。飽食の現代、肉料理を目当てに集まる子供が少ないことは言うまでもなく、村中の人が集まる集落も稀となり、数人から数十人の祭司者や参加者が食べるようになっている集落が多い。

共食場の変化例として特徴的なのが北谷町である。同町では戦後、多くの集落が米軍基地として接収された。儀礼の確認できた九例中七つの集落でも、かつての集落は基地の中となっている。しかし、シマクサラシ儀礼は形を変えながら全集落で現行である。米軍の許可を得て基地内にある集落の拝所を拝んだり、基地外に移った旧家で祈願を行う。共食は旧集落の広場ではなく、新設された公民館または町内のレストランで行うようになっている。

儀礼の根幹をなす要素②と要素③を中心にみてきた。表1－3から、最も多い類型は②③④類（六四例）だが、それから更に要素②または③が消えた②④類（三八例）と③④類（四〇例）の合計は②③④類を上回る。このことから、沖縄におけるシマクサラシ儀礼は、かつての形から、動物の屠殺（要素①）及び集落入口での骨肉を使った除厄方法（要素②）または共食（要素③）を失った状態で存続している集落がもっとも多いと換言できる。②④類と③④類の例を挙げたい。

事例（3）旧城辺町川底屋（②④類）〔宮古諸島〕

スマフサラは昔から続けられている行事である。現在もヤナムヌが集落に入らぬよう、血をつけた豚のナカミ（内臓）を挟んだ手作りの縄を班長が数カ所の集落入口に張り渡す。木の無い場所は路上に這わしている。また、本集落には他にみられるようなツカサと呼ばれる女性神役はおらず、スマフサラのニガイ（祈願）は班長が行う。昔はある場所で豚肉料理を作り、村中の人々に振る舞っていたが今は無い。儀礼に使う豚肉は店から買うようになっているが、かつては集落で屠っていた。〔二〇〇六年調査。T（八〇代女性）、T（八〇代男性）〕

事例（4）旧大里村目取真（③④類）〔沖縄本島南部〕

流行病などの悪いモノが集落に入ってこないことを目的とするシマクサラー、シマクサラシ、シマクサラサーと呼ばれる集落主体の行事が毎年二月一四日に行われている。戦後しばらくまで現公民館の東隣りの道に左縄を張り渡して豚の生の足骨や肉を吊していた（写真1－32）。かつてはカクジ（下顎骨）を吊したという。また、豚の血の入った桶が準備され、人々はトゥビランギー（トベラ）という木またはススキと桑の木で作ったサンという呪具に血をつけて自宅に持ち帰り四隅の軒先に挿した。骨や血を使った方法は衛生上悪いということで同時期に無くなった。

儀礼に用いられる動物は、古く現公民館の北に位置するクシヌモーという広場で屠られたという。戦後直後までは、同所で豚肉料理を作って、集まった村中の人々に椀またはユーナ（オオハマボウ）の葉を皿代わりに料理が振る舞われた。子供たちは我先にと集まり行列を作ったというが、今は祭司者や参加者の計五、六人だけで、共食場は公民館となっている。

現在、公民館役員数人とニーッチュ（根人）という役名の七〇代男性が、肉の串刺し（一三本）、牛汁、ご飯、白紙、ビンシー（祈願用具箱）、線香などを供物にかつての共食場などを拝む。串刺しは豚肉と牛肉を交互に挿したものである（写真1－33）。約一〇年前まで、ヌーワター（牛の内臓）も串刺しに加えていたが現代の人々の口に合わない、また狂牛病問題などの理由から省かれた。

〔二〇〇三、五、八年調査。M（八〇代女性）、七〇代女性、八〇代女性、T（五〇代女性）、O（五〇代男性）、O（六〇代男性）、七〇代女性、O・S（七〇代男性）、N（五〇代女性）〕

写真1-32：かつての集落入口（2008年）

あと②④類と③④類について、両者の合計はほぼ同数であるが、沖縄本島では若干③④類が多く共食が残る傾向にある。しかし、宮古諸島では②④類が③④類の事例数の二倍以上あり、要素②と③の合計もほとんどの諸島でほぼ同数である中、宮古だけは要素②を行う集落の方が一八例も多い。宮古では共食（要素③）より骨肉を使った集落入口での除厄方法（要素②）が残る傾向にある。それは、共食や祈願の欠落した②類（一〇例）が、宮古諸島にしか見られないことからもうかがえる。

写真1-33：豚肉と牛肉の串刺し（2008年）

では次に、祭司者の祈願を意味する要素④だが、沖縄で祈願は御願《ウグワン》や拝《ウガミ》み、願《ニガイ》いといい、シマクサラシ儀礼では集落の入口や聖地、旧家などで行われる。表1－3から、要素④を含む類型は、①②③④類、②③④類、②④類、③④類、④類と多く、合計の一九〇例は全体の約九二％にあたる。ほとんどの類型に付随する儀礼に重要不可欠な要素である。

逆に、要素④を含まない、集落入口での除厄のみという②類（一〇例）、または共食のみという③類（二例）の数は非常に少ない。このことから、シマクサラシ儀礼は祈願無しに存続することが難しい、または祈願を失うと同時に途絶えると言えよう。儀礼の根幹をなす骨肉を使った除厄と共食という要素（要素②、③）が失われてもなお、祈願のみを行う④類が全体の約二〇％（四二例）を占めることも、それを裏付けている。

祈願のみとなった④類の多さは儀礼の形骸化を意味する。本類がみられない宮古諸島や沖縄本島北部では儀礼が従来通り行われていると言える。地域別に見ると、沖縄本島中部と八重山諸島では④類が最多の類型となっており、中部では全体の約三割、八重山は約八割に相当する。

本島中部における儀礼の形骸化は他の類型からも見えてくる。まず、動物の屠殺（要素①）のみが失われた②③④類の全体の割合が、北部と南部では約四割であるのに対し、中部は約二割と少ない。儀礼の根幹をなす要素②と③を行う集落数が全体を占める割合も沖縄諸島で最少である。なぜ、沖縄本島の中で特に中部で祈願のみとなった例が多く、形骸化が目立つのか。他地域に比べ市街化が顕著なこと、米軍基地に接収された集落の多いこと（読谷村、沖縄市、嘉手納町、北谷町、宜野湾市など）も原因の一つと推測されるが、理由は集落により様々で一概することは現時点では一概には言えない。

八重山諸島では、形骸化の一因となった出来事をいくつかの集落で聞くことができた。それらの集落では戦後しばらくして、集落の財政負担の軽減や村人の意識改善を目的に、集落が主体となる年中行事の見直しが行われたという。当時の観点から不必要と判断された年中行事が廃止され、そこにシマクサラシ儀礼が含まれていたという。八重山諸島では全体の約八割（九例中七例）が④類で、その割合は琉球諸島でもっとも高い。

また、沖縄本島の④類の事例には、骨肉を供えるが集落入口を拝しない例（五例）、集落入口を拝むが骨肉は供えない例（九例）などがある。かつてのように除厄を目的とし集落入口で骨肉を使うことは無くなったが、その名残が垣間見える。対して、八重山諸島の④類はすべて、動物の要素も集落入口での除厄という要素も失われている。つまり、八重山では廃止されずに継続している場合でも、他地域に比べて内容が大きく簡素化されている。同じ先島諸島でも④類が無い宮古諸島とは対照的である。

本儀礼の祈願は、女性または男性神役や由緒ある旧家の代表者、年輩者、集落の役員などによって行われていた。現在も従来通りの集落もあるが、神役の高齢化、後継者不在、旧家の絶家や移住等の理由により、祭司者が変わった例が著しい[28]。

祭司者の変化した例としてもっとも多いのは、行政的な仕事を主な業務とする集落や地域の代表者である区長や自治会長、または公民館役員の方々である。沖縄では、公民館や自治会が何らかの形で集落の伝統的な年中行事に関わっている場合がほとんどで、シマクサラシ儀礼に関しても、祈願、除厄方法の準備と実施、供物の調達、共食の料理などを公民館役員が行うようになっている。前述したように、かつては村あげての大きな行事であったが、現在は区長一人または役員数人で行う集落もある。「大昔から続けられてきたという儀礼を私の任期中には途絶えさせたくない」と一人で儀礼を行う区長や自治会長、公民館役員らの言葉が印象的であった[29]。ちなみに、神役の断絶や区長の代行という事例は先島諸島より沖縄諸島に顕著なように思う。

祈願のみとなった④類の例をあげたい。

事例（5）旧石川市嘉手苅（④類）

一二月八日に行われるヤナモノを払うアクヨケ（悪除け）の行事をカンカームーチーやカンカー、またはムーチーという。戦前まで、二カ所の集落入口に左縄《ヒジャイナー》を張り、魔除けの水字貝とムーチーガーサ（月桃の葉）を十字にしたものを吊した。

かつては、集落役員らが部落事務所（旧公民館）の前でシンメーナービ（大鍋）で豆腐や昆布の入った豚汁を作り、夕方頃から集まった子供たちに無償で振る舞ったという。食べ物の乏しい時代、多くの子どもたちが喜んで集まった。古く、儀礼には牛肉を使ったと伝えられる。その肉は屠るのではなく、同じ日に同様の儀礼を行い牛を屠っていた山城集落から買ったといわれる。

家庭では魔除けとして、ムーチーガーサに豚肉の煮汁をつけて左縄に挟んで門に張ったり、ムーチーの煮汁を屋敷に撒いたりした。各戸では仏壇にムーチーと豚肉料理を供えた。煮汁を使った家庭の魔除けや仏壇への祈願は家によっては現行という。

戦前から、本儀礼は神役ではなく集落役員（ムラガシラなど）が祭司していた。現在も公民館役員が共食場であった場所を拝んでいる（写真1－34）。

〔二〇〇七、八年調査。六〇代男性、I・S（八〇代男性）、I（八〇代女性）、五〇代女性〕

写真1-34：かつての共食場（2007年）

さいごに、かつての儀礼形態（①②③④類）はどのように変遷し、現在の形になったのだろうか。聞取り調査で、具体的な変遷過程を明らかにすることは容易ではなかったが、以下のように図示できよう。

「①②③④類→②③④類→②④類 or ③④類→④類」

まず、大戦前後またはしばらく後に、ほとんどの集落で動物の屠殺は無くなり、儀礼の形態は①②③④類から②③④類へと変化した。さらに、要素②または要素③が失われ、②④類や③④類となり、動物の要素が消え、④類となった。現在のところ、図示した変遷過程を逆戻りした例、つまり、一度廃止した要素を復活させた例はほとんどない。そして、すべての事例がこの変遷過程を辿ったわけではなく、①②

③④類や②③④類から一気に④類になったり、途絶えた集落も多い。
シマクサラシ儀礼は現時点では②③④類、②④類、③④類が多いが、図示にみる変遷、また祭司者の現況や内容の簡素化が進行している集落が多いことなどを鑑みると、それらの事例群は骨肉を使った除厄や共食の要素を失い、④類（祈願のみ）または途絶えていく過程とも考えられる。

まとめ

これまで悉皆調査で確認できたシマクサラシ儀礼の事例群を整理し、その分布形態と現況を中心に分析検討してきた。要点と課題をまとめたい。

二〇〇二〜一〇年の調査で、三九市町村五二二集落にシマクサラシ儀礼を確認することができた。地域間の事例数の差は集落数の差と言えるほど、儀礼は琉球諸島全域に広くかつ高い密度で分布していることがわかった。沖縄において同様の内容と各称で、これほど広域的に多くの集落にみられる集落レベルの年中行事は類をみないと考える。

儀礼が確認できたのは、いわゆる古村がほとんどで新村にみられることは稀である。ただし、宮古島では比較的歴史の新しい多くの小規模集落にも儀礼がみられる。

儀礼が広域的かつ多くの集落に分布した理由を考察した。王府の政策的指導があったという仮定に対して、それを示唆する史料は現在のところ確認できていないが、逆のことを示す史料がある。

まとめると、儀礼に対する王府の関与については、一七〜八世紀の三点の史料にみられる王府の意図と儀礼の実態が対照的であること、王都首里一円や王府との関係がとくに深い地域にみられないという分布形態、そして、『与世山親方宮古島規模帳』（一七六八）では、シマクサラシ儀礼である可能性の高い「泊くさらし」の禁止が指示されていることなどから、儀礼に対する規制や禁止指導があったとしても奨励されたとは考えにくい。にも関わらず、儀礼が広く高密度に分布した背景には、各地域や集落の自発的な動きが大きく作用したと考えられる。今後、儀礼の伝播した年代やルートなどが課題となる。

現況（二〇〇二～一〇年）を確認できた事例群を整理すると、現行集落は二五五例、途絶えた集落は二四六例ある。シマクサラシ儀礼は琉球諸島全域の多くの集落において、現在も行われていることが明らかになった。

現行の二五〇集落が、具体的にどのように行われているのかを分析した。現行の事例群の中で、伝承または戦前の時点で、①動物の屠殺、②集落入口での骨肉や血を使った除厄方法、③骨肉の共食（または分配）、④祭司者の祈願という儀礼の根幹をなす四要素を持っていた事例群に焦点を当てた。

かつて①～④の要素を持っていた現行の二〇七例の中で、現在も四つの要素を行っている事例はわずか六例である（①②③④類）。ほとんどの集落で儀礼に際しての屠殺（要素①）が消失したことになる。屠殺の失われた②③④類（六四例）が全体の約三〇％を占める最多の類型となっている。

ほとんどの集落で屠殺は無くなったが、今もなお全体の約七四％を占める一五四集落で動物の骨肉が使われている。その骨肉は商店などから入手するようになった。動物の屠殺や骨肉の入手方法は、沖縄の他の動物供犠も同じような変遷を辿り、同様の現況となっている。現在も実際に屠殺を行う集落が先島諸島に多い点も他の動物供儀とシマクサラシ儀礼で共通している。

要素②は、集落入口での骨肉や血を使った除厄方法のことで、一般的な方法は集落入口において生の骨肉を挟んだ左縄を頭上に張り渡すというものであった。だが、種々の理由により、方法が大きく変わった例が多い。変化した形としてもっとも多いのが、肉料理を集落入口に供える方法である。

要素③は共食である。集落の人々が屠られた動物の骨肉を食べることで、その場所は現在も従来と同じことが多い。しかし、食べる人は村中の人々や子供たちから、数人または数十人の祭司者や参加者に変わった集落が多い。あと、かつて行われていた生の骨肉を各戸に配るという方法はほとんどみられなくなった（一例のみ）。現在、分配を行う集落は肉料理を配るようになっている。

祈願である要素④を含む類型は一九〇例ある。全体の約九二％にあたり、本儀礼にとって不可欠な要素と言える。また、④類は沖縄本島中部と八重山諸島で最多の類型となっているが、これは両地域で儀礼の形骸化が進行していることを意味する。

本儀礼の祈願は、集落の神役、旧家の代表者、年輩者や役員らによって行われてきた。現在も従来通りの集落はあるが、神役の断絶などの理由により区長や自治会長が代行している例が多い。

今回の調査で見えてきた公民館役員らによる祭司の代行は、本儀礼に限ったことではなく、他の年中行事に関しても言えることである。地域差はあるが琉球諸島における祭司者の現況とも言えよう。祭司者の問題に関する更なる分析は稿を別にして扱いたい。

これまでの分析の結果、現在シマクサラシ儀礼は、かつての形態から動物の屠殺を失った状態（②③④類）、あるいは更に集落入口での骨肉を使った除厄方法または共食を失った状態（②④類または③④類）で行われている事例が多いことが明らかになった。

類型化した事例群の変遷過程は以下のように図化できる。「①②③④類↓②③④類↓②④類or③④類↓④類」。現況として、②③④類・②④類・③④類が多いことが分かったが、図示にみる変遷や内容の簡素化、祭司者の現況などを鑑みると、それらの事例群は④類または途絶えていく過程とも考えられる[30]。

以上、沖縄におけるシマクサラシ儀礼の分布形態と具体的な現況の詳細が明らかになった。本稿で扱った現況と変遷は、分析した集落の数と広域性が示すように、シマクサラシ儀礼に限ったことではなく、祭司者・動物の屠殺・骨肉の入手・共食など、沖縄における他の動物供犠や年中行事とも重複していると言える。

今後、残された研究課題と儀礼の持つ多様な要素を分析し、その実態と構造を明らかにしていきたい[31]。

また、シマクサラシ儀礼に類似する動物の屠殺を伴う集落の除厄儀礼について、奄美諸島の事例が山下欣一（一九六九）、小野重朗（一九七〇）、さらに、ラオス・タイ北部の事例が川野和昭（二〇〇〇）によって報告されている。シマクサラシ儀礼を奄美や日本本土、中国や東南アジアの類似する儀礼と比較し、広い視野の中で捉え位置づけていくことも重要な課題となるであろう。

註

（1）五二二例の内訳は、文献のみで確認できているもの四五例、聞取り調査によって確認できたもの四七七例である。

以下、前者を文献、後者を聞取りと表記した。

（2）沖縄の市町村名は近世来の間切名を踏襲している場合が多い。シマクサラシ儀礼の名称、期日などの特徴は、市町村ごとに共通していることも少なくないため、本稿では市町村名を合併特例法以前の旧名のまま扱った。石川市・具志川市・与那城町・勝連町（現うるま市）、大里村・佐敷町・知念村・玉城村（現南城市）、東風平町・具志頭村（現八重瀬町）、平良市・城辺町・上野村・下地町・伊良部町（現宮古島市）。

（3）田里友哲「沖縄における開拓集落の研究」『琉球大学法文学部紀要』第二三号

（4）『比謝矼誌』比謝矼誌編集委員会　比謝矼公民館　一六四頁

（5）本稿で扱う期日はすべて旧暦である。

（6）西照間での調査でシマクサラシ儀礼を確認することはできなかった。〔二〇〇八年調査。H・U（九〇代女性）、八〇代女性〕

（7）ナカグミは未調査で、イリグミの調査では本儀礼は確認できなかった。

（8）『沖縄大百科辞典』　沖縄大百科事典刊行事務局編　沖縄タイムス社　中巻六二二頁

（9）添村は小規模な集落が多く、少ないところでは戸数十数という集落もある。

（10）上江洲均『沖縄の祭りと年中行事』　一二九頁

（11）「羽地仕置」『沖縄県史料』前近代一　沖縄県教育委員編　一六頁

（12）「法式」『沖縄県史料』前近代一　沖縄県教育委員会編　六一頁

（13）前掲書　沖縄大百科事典刊行事務局編　上巻八八〇頁

（14）『球陽』鄭秉哲〔等〕原編・球陽研究会編球陽研究会編　角川書店　三一三頁

（15）前掲書　沖縄大百科事典刊行事務局編　下巻八〇七頁

（16）『与世山親方宮古島規模帳』宮古島市教育委員会文化振興課編　宮古島市教育委員会発行　七二頁

（17）同上書　七二頁

（18）『渡嘉敷村史』資料編　渡嘉敷村史編集委員会　一二三三頁

（19）本資料は宮古島に対する政策意向を示す文書であるが、儀礼が宮古島だけで禁止されていたとは考えにくく、沖縄諸島や八重山諸島でも同様であったと考えられる。

(20) 那覇市首里の平良と末吉集落には、西原町や与那原町のシマクサラシ儀礼に類似する点を持つ儀礼が確認できた。ウスメークルバシー（平良）、ワンニンウンチュー（末吉）と呼ばれる芋の豊作祈願である（『那覇市史』資料篇第二巻中の七 那覇の民俗 二五〇頁）。除厄儀礼や境界儀礼の要素を持たないものの、他地域のシマクサラシ儀礼と比較できる興味深い事例である。

(21) これらの史料以降（一八世紀半ば以降）または以前（一七世紀半ば以前）に儀礼を奨励していた可能性はあるだろうか。そもそも、動物の屠殺を伴う儀礼を奨励したのなら、王府にはどのような目的と利益があったのか、という疑問が残る。

(22) シマクサラシは集落が主体となり行われる儀礼である。ただ唯一、豊見城市与根の事例だけは本儀礼は古くから家庭レベルの儀礼であったといわれる（二〇〇三、八年聞取り。七〇代女性、A（七〇代女性）、K・K（五〇代女性）、A・H（八〇代女性）、N・S（八〇代男性）、A・K（八〇代男性））。

(23) 前掲書　沖縄大百科事典刊行事務局編　中巻三二七頁

(24) 前稿で述べたが、シマクサラシ儀礼の内容は集落によってバリエーションが豊富である。要素②または③を持たない事例や、要素①、つまり供犠の要素がみられない事例もみられる。これらは残りの約三〇％に含まれるが、詳細な分析は稿を改めたい。

(25) 二〇七例のうち、表1－3に含まれていない事例は現行は確認できているが、その詳細が未確認の事例（宮古諸島四例）、また、儀礼名は残るものの、儀礼日に集落の除厄祈願や動物供犠の要素などが失われ、役員の会合を開く日となっている集落である（沖縄本島南部一例）。

(26)『沖縄国頭の村落』下巻　津波高志他編　二五一頁

(27) 骨肉を挟まず縄のみを張るようになった集落や、縄を張ることも骨肉を供えることも無くなったが祈願だけを行っている集落がある。このような、集落入口に骨肉を吊るしたり、供えなくなった事例は、本稿では要素②を失った例として扱った（沖縄本島南部一例）。

(28) 祭司者の断絶がシマクサラシ儀礼の途絶に直接つながった例がある。

(29) かつて神役が祭司していた集落では、区長または自治会長は「新たな集落のカミンチュ（神役）がウマレル（誕生する・覚醒する）まで代行しているだけ」と説明されることが多い。

(30) 戦後六五年という月日が過ぎ、社会生活や観念が大きく変化した現在でも、沖縄の多くの集落で目には見えない災厄の集落への侵入を防ぐことを目的とし、骨肉を用いる儀礼が行われているのは事実である。また、今回の調査中に儀礼の復活が確認できた三例が、儀礼の形骸化が顕著な沖縄本島中部と八重山諸島の事例であった。根拠の弱い推測であるが、シマクサラシ儀礼をはじめ、失われた年中行事が見直され、復活するという集落が増えることもあり得るのかもしれない。

(31) 現行集落は約半数に上るが、残りの集落の多くが大戦を境に途絶えた。それらの集落では六〇代以下の方々にはほとんど伝承されていない場合も多い。また、大正末から昭和初期に途絶えた例も少なくなく、八〇代半ば〜九〇代の話者の方からしか聞くことができない集落もあった。伝承の断絶や文献が限られている点を鑑みても調査を急がねばならない。

聞取り調査

(一) 前原。二〇〇八、O(九〇代女性)、T・K(七〇代男性)、七〇代女性

(二) 喜瀬武原。二〇〇五、八、一〇、H(五〇代男性)、八〇代女性、八〇代女性、七〇代女性、七〇代男性、U(八〇代男性)、H・G(八〇代男性)、H(八〇代女性)、O・Y(八〇代女性)、K・Y(七〇代女性)、T(六〇代男性)

(三) 太田。二〇〇五、八、T(五〇代女性)、八〇代女性、T・T(八〇代男性)、H・S(九〇代男性)、H(六〇代男性)、八〇代男性、八〇代女性、七〇代男性、N(八〇代男性)、七〇代男性

(四) 宇加地。二〇〇五、八、T(五〇代女性)、T(六〇代男性)、N・S(九〇代男性)、N・T(八〇代女性)

(五) 熱田。二〇〇八、N・H(八〇代女性)、M・C(八〇代女性)、六〇代女性、S・A(八〇代男性)、七〇代男性

(六) 馬場。二〇〇八、Y・S(八〇代男性)、S・A(九〇代男性)、S(六〇代男性)、N・K(八〇代女性)、N・A(九〇代女性)

(七) 赤崎。二〇〇八、T・H(九〇代女性)、T・H(八〇代女性)

(八) 屋嘉田。二〇〇八、T(七〇代女性)、七〇代女性、N・Y(八〇代男性)、N・Y(九〇代男性)、N(八〇代女性)、S・H(八〇代女性)

（九）アジマー。二〇〇八、H・S（八〇代男性）、H・C（八〇代女性）、M・Y（八〇代女性）N・K（八〇代女性）、S・B（八〇代男性）、A・H（八〇代女性）
（一〇）寺原。二〇〇八、H・T（八〇代女性）、H・S（八〇代男性）、H・C（八〇代女性）、I・A（九〇代女性）
（一一）上間・垂川。二〇〇八、M・S（八〇代男性）、U・K（八〇代男性）、M・H（七〇代女性）、M・H（八〇代女性）
（一二）都屋。二〇〇四、八、H（五〇代女性）、A（五〇代男性）、七〇代男性、H・U（九〇代女性）、I・S（八〇代女性）、S・C（九〇代男性）
（一三）砂辺ヌ前。二〇〇八、T・T（八四代男性）、S・S（七〇代男性）、S（七〇代女性）、A・H（八〇代男性）、A（八〇代女性）、T・H（八〇代女性）、T（八〇代男性）
（一四）東照間。二〇〇八、T（六〇代男性）、H・N（八〇代女性）、H（六〇代女性）、G・E（八〇代男性）、T（七〇代女性）、七〇代女性、H・S（七〇代男性）
（一五）桃原。二〇〇三、五、五〇代男性、五〇代女性
（一六）池味。二〇〇三、五、五〇代男性、M（五〇代男性）
（一七）鏡水。二〇〇四、八、五〇代男性、A・S（九〇代男性）、A（五〇代女性）、T・K（七〇代男性）
（一八）与根。二〇〇三、八、七〇代女性、A（七〇代女性）、K・K（五〇代女性）、A・H（八〇代女性）、N・S（八〇代男性）、A・K（八〇代男性）
（一九）渡嘉敷。二〇〇五、六年聞取り。Y・K（四〇代女性）、八〇代女性、八〇代女性、八〇代女性
（二〇）安座真。二〇〇三、八、九、G（五〇代男性）、A・S（九〇代男性）、Y（八〇代男性）、八〇代男性、Y・T（九〇代男性）、七〇代女性、N・S（九〇代男性）、N・N（八〇代女性）
（二一）久手堅。二〇〇三、六、九、G・S（六〇代男性）、G・S（八〇代男性）、A・K（八〇代女性）、S・Y（八〇代女性）、H・Y（九〇代男性）
（二二）知念。二〇〇三、四、八、八〇代女性、N（八〇代女性）、八〇代男性、M・E（五〇代男性）、M・S（六〇代男性）、六〇代男性、七〇代男性、N（九〇代女性）、七〇代男性、I・G（九〇代男性）
（二三）具志堅。二〇〇三、五、八、K・K（六〇代男性）、七〇代男性、A（八〇代男性）、H・Y（九〇代女性）
（二四）山口。二〇〇三、五、八、六〇代女性、M（四〇代男性）、O・T（八〇代女性）、八〇代女性、M・K（九〇代女性）

（二五）仲里。二〇〇八、H・Y（九〇代女性）、O・S（九〇代男性）
（二六）上志喜屋。二〇〇七、N・H（八〇代男性）
（二七）下志喜屋。二〇〇三、五、六、七、N・Y（六〇代男性）、O・H（八〇代女性）、G（五〇代男性）、N（五〇代男性）、O（五〇代女性）、O（五〇代男性）、O・C（九〇代女性）、O・K（八〇代男性）

調査にあたり多くの方々に御教示を賜りました。心から敬意と感謝を表したいと思います。ありがとうございます。

参考文献

上江洲均『沖縄の民俗と生活』榕樹書林　二〇〇五
小野重朗「肉と餅との連続－供犠儀礼について－」『日本民俗学』第七一号　日本民俗学会編　一九七〇
川野和昭「奄美・沖縄とラオス・タイ北部の少数民族の動物供犠―比較民俗学と民俗の地域性―」『黎明館調査研究報告書』一三　鹿児島県歴史資料センター黎明館　二〇〇〇
田里友哲「沖縄における開拓集落の研究」『琉球大学法文学部紀要』第二三号　琉球大学法文学部　一九八〇
津波高志〔ほか〕編著『沖縄国頭の村落』下巻　新星図書　一九八二
山下欣一「南島における動物供犠―心覚えとして―」『南島研究』第一〇号　南島研究会　一九六九
山下欣一『南島説話生成の研究―ユタ・英雄・祭儀―』第一書房　一九九八
『沖縄県市町村別大字・小字名集』沖縄県土地調査事務局編　一九七六
『沖縄大百科事典』　沖縄大百科事典刊行事務局編　沖縄タイムス社　一九八三
『球陽』鄭秉哲〔等〕　球陽研究会編球陽研究会編　角川書店　一九七四
「羽地仕置」「法式」『沖縄県史料』前近代一　沖縄県教育委員会編　一九八一

『与世山親方宮古島規模帳』宮古島市教育委員会文化振興課編 宮古島市教育委員会発行二〇一〇
『那覇市史』資料篇第二巻中の七 那覇の民俗 一九七九
『渡嘉敷村史』資料編　渡嘉敷村史編集委員会　一九八七
『比謝矼誌』比謝矼誌編集委員会　比謝矼公民館　一九九五

第二章　ハマエーグトゥと沖縄の動物供犠

原田信男

Ⅰ　招福儀礼としてのハマエーグトゥ

1　はじめに

もともと肉食文化が盛んな沖縄においては、動物の食用は日常的なことで、とくにブタとヤギを食用家畜として飼っていた。序論で述べたように、東アジア・東南アジアでは人糞を利用してブタの飼育を行ってきたが、人間のトイレとセットとなったブタトイレは、これらの地域では広く見られ、沖縄にもフールと呼ばれるトイレに隣接したブタの飼育場があった。それゆえブタの解体は、より身近なもので、一般的にはウヮークルシーと呼ばれる正月ブタの屠殺が広く知られている。

沖縄の正月にはブタ肉料理が欠かせず、その血を用いて作った血イリチーを仏壇に供えたりする。これも広義には祖先崇拝に伴う動物供犠の変形と見なすことも可能であろうが、あくまでも各家庭レベルのもので、特別な祭祀や儀礼を伴うものではない。ただ非日常的な儀礼としては、前章でみたシマクサラシがあるが、これとは別に、沖縄にはウシヤキなどと称する動物供犠も行われていた。現在では、沖縄本島北部の名護一帯に、わずかに継承されており、名護博物館が記録した『プーミチャーウガーミ 屋部のウシヤキ』といった調査例があり、五年に一度催されているほか［名護博物館編・一九八九］、同市世冨慶でも七年に一度の割合でウシヤキが執り行われる。

これらについては、後に改めて論ずることになるが、南部の旧知念村志喜屋では、同様にウシ一頭を屠殺してニライカナイに捧げるハマエーグトゥが毎年行われている。このハマエーグトゥは、一般に門中が行う浜での祭りであることから、豊漁祈願と考えられている。しかし、祭りの主体である門中に漁業を主要な生業とする者はなく、むしろ筆者には稲作儀礼と関連する要素が強いように思われる。そこで本章では、さまざまな角度から、ハマエーグトゥと稲作儀礼との関係を検討してみたい。

ちなみに、ハマエーグトゥは浜の祝い事の意であり、名義的には沖縄中南部に見られる浜御願に近いが、これは海で亡くなった霊の鎮魂を龍宮に祈願する祭りで、内容はかなり異なる。むしろ浜御願よりも、奄美・沖縄諸島で旧暦三月三日などに行われる浜下りに近いところがある。この浜下りには、浜で不浄を払って健康を祈るほか、餅などを祖先に供えたり浜で飲食したりする行為が伴う。しかも浜下りは、日本本土にも広まっていた行事で、農耕儀礼的な要素も認められることから、これとハマエーグトゥとの関係についても触れてみたい。

いずれにしてもハマエーグトゥには、さまざまな儀礼的要素が含まれており、この祭祀の性格についての解明は簡単ではないが、あくまでも本章では動物供犠と農耕儀礼という観点からの分析を試みたい。この場合、農耕といっても、とくに水田稲作との深い関係が想定されることから、志喜屋の立地条件と、ここにおける水田開発の問題を概観しておく必要が生じる。そこでハマエーグトゥの解明に入る前に、志喜屋の地理と歴史について検討しておこう。

なお志喜屋の属する旧知念町は、地域的には沖縄のなかでも水田稲作が盛んな地域の一つであると同時に、歴史的にも稲作発祥の地とされる受水・走水や知念大川の付近に位置し、沖縄のなかではとりわけ米の価値が高い地域でもある。そうした意味においても、沖縄における水田稲作儀礼に、動物供犠がどのように関わるかを検討するのには、極めて興味深い事例と考えられる。なお、このハマエーグトゥの儀式については、中国の陰陽五行説が深く関与していることが、次章の前城の論考で明らかとなり、中国との関連も考えねばならないが、その詳細については、以下検討していくこととしたい。

2　志喜屋の立地と概略

旧知念村志喜屋は、現在の南城市字・志喜屋で、明治四一（一九〇八）年の島嶼町村制施行以前には知念間切に属した志喜屋村にあたる。沖縄本島南部東海岸の知念半島南部に位置し、太平洋に面する半農半漁の村である。地形的には、地内北部は石灰岩台地で、南部はその急崖地となり、海岸線に向けては傾斜する低地部が広がる。

志喜屋付近には、志喜屋（上志喜屋＝カンチャ）村・下志喜屋（シチャ）村と山口（ヤマグチ）村・仲里（ナカントゥ）村・鉢嶺（ハチイー）村、および前城（メーグスク）村の六集落があったが、このうち前城村は明治初年に下志喜屋村の一部となった。さらに一九〇三年の土地整理事業の際に、下志喜屋村は志喜屋村に編入されて志喜屋となり、山口村・仲里村・鉢嶺村は合併して山里となった。

志喜屋については、一八世紀初頭の『琉球国由来記』に「フルマ根所　志喜屋村」「根所　下志喜屋村」と見えることから、村落としては志喜屋村と下志喜屋村とがあったが、もとは志喜屋といえば、上志喜屋を意味したことが窺われる。これに関して同書には、下志喜屋村の稲二祭などの祭祀は、「志喜屋巫」が司っていたことや、一七世紀前半の「琉球国高究帳」の記載には、「志きや村」のみで下志喜屋が見えないことから、かつては上志喜屋が中心で、ここから下志喜屋村が分村したものと思われる。

確かに、志喜屋村と下志喜屋村は、一八世紀には行政的にも生活単位としても、それぞれ独立した別村として扱われていた。シマクサラシなどの祭祀も別個に行われていたが(宮平盛晃の御教示による)、現在では上志喜屋と下志喜屋の総称としても用いられている。小稿では、こうした事情を考慮して、志喜屋村とする時は上志喜屋村を指すが、単に志喜屋とする場合は、上志喜屋・下志喜屋を指すものとして使用することとしたい。

志喜屋地内には、その中央部を東西に流れ、やがて現在の国道付近から南北に曲がって太平洋に流入するナビグムイ川(現・ハマダ川：以下ハマダ川と表記)があるが、志喜屋は、このハマダ川によって、台地部山寄りの上志喜屋と、同じく低地部沿いの下志喜屋とに分かれる。

また上志喜屋の台地崖には、紀元前三三七〇～八〇年頃と推定される沖縄考古編年前Ⅳ期の熱田原貝塚がある。この熱田原貝塚の立地条件としては、かつて魚貝類の採取地として恵まれたことばかりではなく、石灰岩台地からの湧水は豊富で、水の確保が容易であったことが挙げられている。

これに関して、『知念村史』第二巻「知念村の自然」は、かつての水源調査報告書などを根拠に、志喜屋では、ミンナグチ湧泉・下志喜屋の泉・親川ガー・カンチャ大川（上志喜屋大川）を、豊富な水量を有する湧水点として紹介している。このうちミンナグチ湧泉とカンチャ大川とが上志喜屋にあり、下志喜屋の泉と親川ガーは、下志喜屋地内に属する。

とくに水量が豊かなミンナグチ湧泉および下志喜屋の泉は、ハマダ川の水源となるもので、親川ガーが飲用水などとして利用されるほかは、全て水田用水として使われている。このほかにも、下志喜屋には、後述の志喜屋城趾のチヂンガーなど、いくつかの湧水があるが、これらの湧水と水田の関係については、志喜屋における稲作という観点から、改めて第四節で論ずることとしたい。

さらに志喜屋には、熱田原の台地上に上志喜屋城（カンチャグスク）、ハマダ川南岸に下志喜屋城（シチャグスク）がある。このうち下志喜屋城は、志喜屋中央部の石灰岩丘上に立地し、東・西・南の三面が数メートルの絶壁をなすほか、野面積みの石垣が、幅六〇〜一五〇センチメートルほどの規模で残っている。またグスクの北部や東部つまりハマダ川周辺の畑地からは、土器や青磁などを表面採集することができる。

なお『沖縄県歴史地図 考古編』では、上志喜屋城を高地性集落としているが、『知念村史 第一巻』には上志喜屋城の記載はない。上志喜屋城については集落背後の台地部突端に、その伝承地を残しているが、現在では確認が難しく、かなり時代を経たものであることが想定される。むしろ下志喜屋城の方が、グスクとしての形状を伝えており、『古流球 三山由来記』に「古流球城跡一覧」として挙げた「志喜屋城跡 知念間切志喜屋村」とは、おそらく下志喜屋城のことと考えられる。それゆえ以下、下志喜屋城を志喜屋グスクと表記する。

この志喜屋グスクには、ハマエーグトゥの拝所となる親川ガーとチヂンガーがあり、前者はグスクに南接し、後者はグスク内部に位置している。さらにグスク内には、拝所もあり、ここには毎年旧一月一六日に、下志喜屋の親川殿内が拝みに行くという報告がある［琉大歴史研究会編：一九六六］。志喜屋城と親川殿内との間に、系譜的関係があったか否かは難しいが、大屋門中の元屋である親川家は、下志喜屋開発の祖とされている。

下志喜屋の大屋門中については、後に触れることとして、その前に、まず上志喜屋から見ていきたい。上志喜屋は、当地域における古くからの中心的集落で、先の『琉球国由来記』に登場する「フルマ根所」を祀る古間門中が主体となっている。古間門中は、正月にミンナグチの湧泉を拝んでから、上志喜屋大川の泉を拝むという。

しかし上志喜屋で古間門中よりも古いのは、ウブガンチャという家であるが、現在は子孫が出てしまって上志喜屋には居ないという。ウブガンチャの祖先は、むかし崖内の洞窟から現れて、当村を開いたとされている。ウブガンチャの跡は、現在空き地で公園となり、拝所だけが残っているが、古間門中宗家のさらに東北上方の高台に位置し、近くに上志喜屋大川がある。この上志喜屋大川の泉を水源とする浅い谷田は、志喜屋でもっとも古い水田と考えられる。現在は古間門中のものとなっているが、かつてはウブガンチャの所有であったといい、彼らは古間門中よりも古く、以前には上志喜屋に勢力を持つ重要な集団であったものと思われる。

これに対して下志喜屋を構成するのは、大屋（ウフヤー）門中で下志喜屋全体の九〇％を占めるといい、それぞれ親川・仲里・玉城・具志堅といった名字を有している。下志喜屋の集落のはずれには、大屋門中の門中墓があり、二〇〇所帯ほどが入っている。墓は四つからなり、一二年毎の寅年に、三つの墓を空にして、大屋墓と呼ばれる大きな墓に、甕を取り払って入れ一つにするという。

下志喜屋の大屋門中については、『琉球国由来記』に聖地として「根所火神」が見え、「三日祟之日ヨリ、祭之日迄、日ニ二度宛、敷屋大屋子ヨリ、巫・根神、賄仕也」とあって、大屋門中が祭祀に深く関与していたことが知られる。この根所火神は、現在の公民館の前の平地の片隅にあり、そこに建てられた殿（トゥン）の内部に祀られている火の神で、この部分はかつて殿山（ツンチヤマ）という高台であった。

大屋門中のうちでも親川本家は、元屋と呼ばれる宗家で、殿の広場を臨む公民館の横、つまり集落内の中心部に占地している。この大屋門中については、先の『琉球国由来記』のほか、『古流球 三山由来記』にも登場する。とくに後者は、東江長太郎が明治末年以降に、各地を歩いて資料や伝聞を収集した『通俗琉球北山由来記』と「琉球歴史資料聚」を基に編纂し直した資料集である。

内容的にも『古流球 三山由来記』の史料的信頼性は、必ずしも高くはなく、そのまま史実とは認められないが、地域的な歴史伝承という観点からすれば、参考には価するものと思われる。ただ同書に収められた「琉球三山万案録」という系図では、「下敷屋大屋子」は「具志堅大屋子」の息子で、勝連城主の流れを汲むとされているが、同家での聞き取りでは、これを確認することはできない。むしろ下志喜屋の年中行事で、大屋門中との関係を強調されるのは、旧玉城村仲村渠にあるミントン城である。

アマミキヨが最初に築いたという伝承のあるミントン城は、今帰仁城などとともに、沖縄で最も古いグスクの一つとして知られている。ここは磨製石斧や櫛目文土器の破片などが出土する貝塚時代後期前半の遺跡で、英祖王統四代の玉城王が即位以前に居城としていたとする伝承がある。また斎場御嶽での聞声大君の即位儀礼であるお新下りの巡拝地にあたっており、琉球史のなかでは重要な位置を占めるグスクとされている。

先の『古流球三山由来記』では、このミントンを免武登能と表記するが、明東とも書くとしている。同書の収められた「免武登能城主の系図」によれば、城主の孫にあたる免武登能按司の四男に免武登能子が見え、その注記に「子孫ハ知念間切下志喜屋村大屋、大前、親川」とある。この系図の信憑性については不明で、「琉球三山万案録」との関係は分からないが、大屋門中に伝わる話と符号する点が興味深い。

なお免武登能按司については、『久高島由来記』に、玉城按司の長男免武登能の娘が、旧玉城村百名《ひゃくな》の白樽と夫婦となり久高島に住み着いたとする伝承が見え、玉城・知念一帯では、その系譜に属することに大きな意味があったことが窺われる。とくにハマエーグトゥの際に大屋門中では、ミントン城からきた祖先の香炉を祀るほか、清明祭には仲村渠のミントンの墓へ詣でるとされており、大屋門中とミントン城との関係には密接なものがあったと考えて良いだろう。

ちなみに大屋門中を構成する主要四家（四元）については、元屋である長男家が親川（エーガー）、次男家が大前（ウフメー）、三男家が前（メー）、四男家が大屋（ウフヤー）と呼ばれる。エーガーは殿およびウタキの管理、ウフメーは鏡の丘（チヂンモー）と神酒（ウンサク）の管理をし、メーは鍛冶を務め、ウフヤーが墓の管理をするという。

またメーについては、『球陽』外巻にあたる『遺老説伝』巻三に、「往古、本国未ダ鉄匠有ラズ。下志喜屋村ニ、免之大親ナル者有リ。七次、私自ニ中国ニ至リテ交易シ、終ニ兵乱ニ遭ヒ、留在スルコト七年。始メテ鉄匠ヲ学ビテ帰ル」とあり、三男家の伝承と重なる。この「免之大親」が免武登能按司にそのまま繋がるかどうかは別としても、大屋門中は下志喜屋村開発の祖とされており、同村の運営や祭祀の指導権を握っていたことは確実である。

3　志喜屋のハマエーグトゥ次第

この大屋門中が行う祭祀に、ハマエーグトゥがあり、志喜屋区の年中行事とされているが、その費用については独立採算制で行われている。基本的に志喜屋の年中行事には、区から補助金が支出されるが、ハマエーグトゥが例外であるのは、かつて門中祭祀と見なされたことが主な理由と考えられよう。しかし祭祀自体は、現在ではほぼ志喜屋集落規模で行われており、門中の異なる上志喜屋も参加していることから、単なる門中祭祀ではなく、地域的な要素を抱え込んだ祭祀となっている点に留意しておきたい。

ハマエーグトゥは、現在は旧暦二月一〇日から一五日までの吉日を選んで催される。前日に前御願を行い、当日の早朝にウシを引き回した後に、ウシを屠殺して解体し料理を作って共食する。その後、四家を中心とした大屋門中の拝所を回り、最後に浜に降りて、ウシの左足を捧げるという本祭を行って再び共食をする。ただ先にも述べたようにハマエーグトゥは、龍宮の神への豊漁祈願だとされているが［沖縄タイムス社編：一九九一・親川：一九九三］、エーガーのニーチュで主催者となる親川仁寛も、何故このような祭をしているのか、よく分からないという。

このハマエーグトゥについては、すでに鳥越憲三郎がギリシャアテネの〝牡牛殺し〟に比して、年ごとの太陽と生命の復活の祭りと位置づけている［鳥越：一九六五］。また小島瓔禮は、シマクサラシとの関係からウシを食べる文化の存在を強調し、ハマエーグトゥでは豊漁と豊作や人々の健康が祈願されるとしている［小島：一九九九・二〇〇三］。なお親川家には、戦後に大田徳盛がまとめた「浜御拝ミ由来記」なる記録がある。ただ虫損が著しく、現在は一二の断簡となっているが、貴重な記録でもあるので、これを示しておこう。（なお文中の』印は残存する各行ごとの最終部分＝改行を示す）

Ⅰ「浜御拝ミ由来記　　昔免殿按司ノ二男志喜屋浜遊ビニ来ラレタ時天地龍宮ノ神三神揃ッテ」

Ⅱ「海神祭リハ一九四九年度ヨリ上志喜屋モ共□一諸ニ御祭スルコトトナリ」

Ⅲ「毎年旧二月十五日』　当日』　御拝ミノ□』　米一斗反別』　米一斗ハ前拝ミ□□当』　四前拝ミノ時御盆□』　酒□』」

Ⅳ「七、当日牛殺ス時』　取ッテシバキノ葉』　八、当日□□（御供カ）』」

Ⅴ「□（左）ノ前足ヲ切リ』　共ニ祭ルコト」

Ⅵ「米九合（カ）』　2ヌジ御盆カ□御盆』　3サシミ九飾リ』　4ダーグ九飾□』　5クリ肉三』　6ウンサク《五合》水』　7□茶アレンパ』　〈8〉□□三飾』　9ムチ一升五合（』　ムチノ御祭リハ□』マデトス」

Ⅶ「10チリ肉御重ノ三（注・抹消して二）飾リ』　九、当日ハ皿一杯ノ肉ヲ元屋ニ御祭リスルコト』

一〇、当日肉一斤血一皿根屋ニチーイリチーヲ御祭リスルコト」
Ⅷ「ク五合分)』四元トガタハ川」
Ⅸ「御祭リスルコト』　ハ元々ノ屋ヲ」
Ⅹ「ニ浜拝ミ」
Ⅺ「割当テル□」
Ⅻ「仲里《ナカント》へ上ゲル)」

こうした断片的な文書のため、ここから全体像を窺うことは難しいが、龍宮や海神祭などとあることから、海に関する儀式である可能性が示唆されている。このため理由は不明としながらも、豊漁祈願だとする見方が生まれたものと思われる。なお本文書の冒頭で、免殿按司(『古流球三山由来記』ではミントン城の「免武登能按司」)の次男が浜遊びに来たことを強調しているが、後に述べるように、これを龍宮神とする話もある。これは先に触れた浜下りの儀礼を想像させるもので、ハマエーグトゥに浜下りの要素が見られることと深く関係しよう。

またハマエーグトゥは、もともとは下志喜屋が主体であったが、一九四九年から上志喜屋と一緒に行うことになったことが明記されている。さらに、かつては旧二月一五日の祭りであったことも分かるほか、ウシの肉と血および血イリチーが重要な供物とされていることが窺われる。そこで次に、先の記録のほか、これまで(二〇〇五・〇六・〇七年)の調査成果や、親川久子・大田徳盛両氏からの聞き取り調査および現地調査と付き合わせつつ、ハマエーグトゥの次第を概観しておきたい。

まず、この祭を主催するのは五人のカミンチュで、このうち元屋の息子が、その中心をなすニィーチュ（根人）となる。ニーチュ以外のカミンチュには、エーガーの娘・分家であるマチニーの娘・イームトの娘など血縁の娘がなる。いずれもオナリ神的な存在で、全て男系の娘という形で継承され、女系に引き継がれることはない。

ただし現在では、カミンチュはおらず、カミーから選ばれた四名の男性が、その代りを務めている。今のシステムでは、カミーは、下志喜屋を構成するクダから選ばれる。下志喜屋は、①東クダ（大屋門中四家が集中する）、②二番クダ、③三番クダ、④後クダ、の四つのクダに分かれるが、これに⑤字山里の大屋門中が加わり、ここから輪番（チネーマール）でハマエーグトゥのカミーを務めることとなっている。

本祭の前日に、午後三時から前御願が始まる。親川本家の離れにニィーヤ（根屋）があり、そこには火の神を祀る三石炉のほか、祖先であるミントン按司関係の二つの香炉と、ニーチュを含む五人のカミンチュが拝む香炉が並べられている。まずカミンチュが、これらを拝んだのちに、ニーチュと四人のカミンチュ用に捧げられた五つの膳を共食する。この膳には、魚のテンプラとウブク（米の御飯）が載るが、テンプラは魚であれば何でもよいという。以上が前御願で、この後に浜を掃除し、テントや大鍋などを準備しておく。

翌日の本祭では、その当日の早朝（五時半～六時頃）、下志喜屋の始祖となった四家に、供犠されるウシが引き回される。ただし現在では、ウシの民間における屠殺が禁止され検査が必要なことから、ウシの引き回しは、本祭の早朝に実施することができず、食肉センターに基本的な解体を依頼する前に行っており、二〜三日間のタイムラグが生じている。

このため今は、引き回しと定めた日の早朝に、ウシの引き回しが始まる。かつてはモトヤ（元屋＝エーガー長男家）から、ウフメー（大前＝次男家）・メー（前＝三男家）・ウフヤー（大屋＝四男家）の順で巡り、それぞれの家のヒンプンを七回左回りに回して鳴かせたが、現在では、ウシを回すのはモトヤ（エーガー）だけとなっている。この後、ウシは浜に連れて行かれる。

この時に、昔は回って来た道をもどって、それから浜へ向かうが、現在では、トラックを使ってウシを運んでしまう。そして、浜につくと海を拝ませてから、本祭を行う振舞の場で、先とは逆の右回り引き回し、本来であれば、ここでカミーによって屠殺されることになる。なお海を拝ませるのは、ニライカナイの神へ捧げるためであり、龍宮城へ送ることを意味するという。

昔は、本祭の日の午前中に、ウシの四本足をしばり麻袋をウシに被せて、ハンマーで気絶させ、首にナイフを刺して血を抜き、木に吊して解体していた。しかし現在では、屠殺を依頼した食肉センターから、供物用の爪が付いた左足だけを残して解体された部位が、血や内臓ともども運ばれる。まず、ここで最も重要なウハチ（御初）として、蹄をつけたままのウシの左前足を、シバ木（ヤブニッケイ）で覆い、足先を艫の方へ向け、三艘のうち真ん中のサバニの船首に置く。ちなみに左前足は、心臓に一番近いところだからという。

なお現在では、解体されたウシの部位が届くと、男たちが切り分けて、精肉から脂身を落とし、クリ肉（塊肉）をチリ肉（切肉）とし、集落内の希望者に頒布する。これは犠牲とするウシの費用を、回収するためでもあるが、ここで買った肉は、それぞれの家々で仏壇に供してから、夕食で食べるとい

図二一一：ハマエーグトゥの参拝場所と順序図

①エーガー（親川の根屋）
②ウフメー（大前）
③メー（前）
④トゥン（殿）
⑤ウフヤー（大屋）
⑥メーグシクガー（前城湧泉）
⑦メーグシクヌヤマ（前城山）
⑧チチンジャー（湧泉）
⑨エーガーガー（親川湧泉）
⑩ウブガー（産水＝湧泉）
⑪イーメーダカー（上前田湧泉）
⑫チジンモー（鎮の岡）
⑬シードーガー（根田の湧泉）
⑭浜（儀式の場）

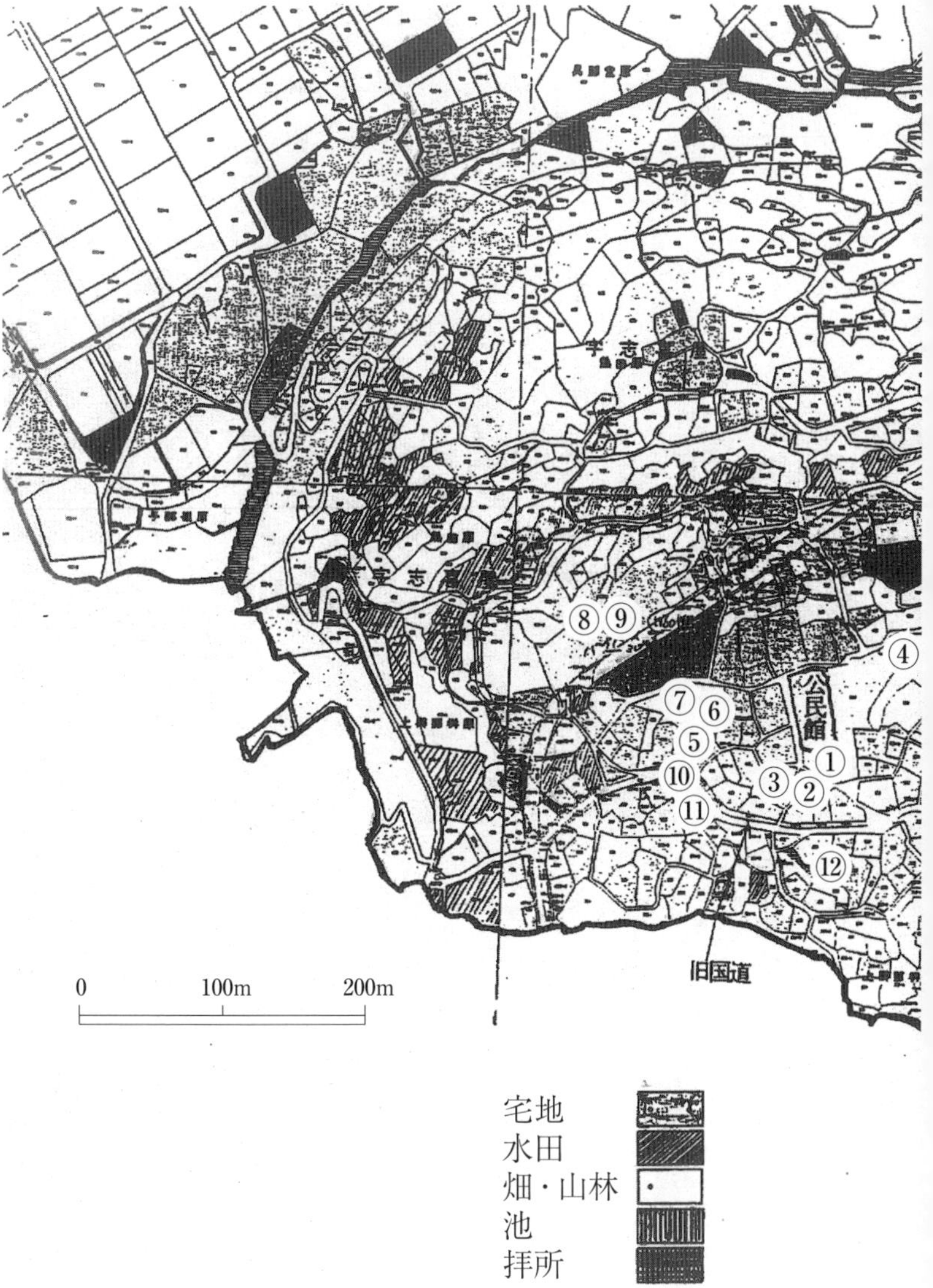

⑧⑨
④
⑦⑥
公民館
⑤
①
⑩
③②
⑪
⑫
旧国道
0
100m
200m
宅地
水田
畑・山林
池
拝所

い、供犠したウシの肉を、集落規模で共食することに、大きな意味があると考えられる。

男たちによる肉の切り分け作業に平行して、女たちによる料理の準備が始まる。血は、現在では食肉センターで捨ててしまうが、下志喜屋の場合は、祭礼用として特別に許可をえて入手している。まずウシの血を供え、野菜入りのチーイリチー（血汁）にして、昼に共食する。こうした祭礼においてウシは、血、骨、肉の順で大切にされるという。ちなみに現在では、屠殺後の血の利用が禁止されており、その確保はかなり困難で、料理屋などでは血イリチーを作る時は、大阪などから冷凍で購入しているという事実がある。

この時に中身汁も作るが、これは夕方の饗宴用となる。ただし昼は、エーガーの根屋にウシの血と肉を別々に調理したものが供えてあり、まずエーガーでニーチュが祖先に供えた上で食べてから、浜で全員の共食となる。この供物には、精肉のほかに、内臓（レバー・ハツ・タン・テール・ナンコツ）が供えられるほか、血を用いた内臓汁もあるので、ウシ一頭を象徴するものとなっている。

三時になるとエーガーの根屋でオガミが行われ、拝所巡りが始まる。カミンチュは、それぞれ酒（泡盛）と米と盃の入った併子（ビンシー）を持ち、各所で焼香台に酒をかけ、生米を供えて拝む。全部で、一三カ所の拝所を回るが、このうち四カ所が四家の祭壇で、ほかに領主の象徴とされる殿と、水源である井や泉が御願の対象となっている。この拝所の位置と順序を示したのが、下志喜屋を中心とした図二－一である（補注）。

このうち①～③・⑤が門中の旧家で、先に説明した下志喜屋の始祖の直系にあたるとされる四家で、それぞれ祖先と火の神を拝む。これらは全て太平洋を望む高台に立地するが、なかでも④の殿（トゥン）は、公民館前の広場の一角にあり、もとは殿内山（ツンチヤマ）と呼ばれた山で、かつては御嶽であったという。この山を広場にしてからは、殿には、火の神のほかに入り口の神も祀られ、その隣には、ユタが御願にくるニライカナイの拝所とされるクバの下の神が祀られている。ここではクバの下の神・火の神・入り口の神の順で三つを拝む。ちなみに、この広場では農耕の豊凶を占う綱引きが行われる。

なお⑦のメーグシヌヤマ（前城山）と⑫のチジンモー（鏡の丘）は、それぞれ高所であるが、⑦はウフヤーの横のメーグシヌガー（⑥前城湧泉）とセットをなし、門中が管理する山であった。また⑫は海を臨む小高い丘で、ここで村芝居が行われたり、十五夜のための鐘や太鼓の練習場になったりしたといい、集落の憩いの地でここも御嶽であった。

これ以外の⑥・⑧〜⑪・⑬の六ヶ所は、全て川か湧泉で、とくに⑨のエーガーガーは、正月に若水を汲むところだというが、先の『知念村史 第二巻』「知念村の自然」に収められた水源調査報告書によれば、半透明で洗濯にしか利用しないとしている。また⑩のウフガーは、子供の産湯用の水を取り、⑪のイーメーダヌガー（上前田＝伊前田湧泉）は、女性が湯浴みをするところだという。しかし⑪の南方下方には低地が広がり、そこ一面に展開する水田の湧水となっていることは、注目に値するものといえよう。

また⑧のチヂンジャーガーは、ハマダ川上流部では唯一の下志喜屋の谷田の水源となっており、そこでの水田稲作に、重要な役割を果たしている。しかも、ここの水田はエーガーの分家であるマチニーの所有となっている。なお、ここにはニーブ（柄杓）があり、これを取るのが、ウフメーが務めるニーブトゥイの役目である。この水から神酒（ウンサク）を造るが、ウマチにはウブメーが造り、ハマエーグトゥの神酒はエーガーが造った。

さらに留意すべきは、⑬のシードーガーで、ここの水が下志喜屋のニィーダ（根田）をはじめミフーダーという水田の用水源となっており、水量が豊富だという点である。ここが最後の拝所で、九個の餡餅（もとは白餅で一五個だったというが、いずれにしても奇数）を供えて祈るが、ここでは全員で餅を食べ尽くしてしまい、浜へ持っていってはならない。このニィーダは、親川エーガーつまり草分け家の所有で、下志喜屋における最も重要な第一級の水田となっており、一九四一（昭和一六）年に献穀田に指定され、ここの米が天皇に捧げられたという。

以上で御願の拝所巡りを終え、浜に集まる。浜には、サバニ三艘の舳先を海に向けて並べ、その上に板を敷いて祭壇を作り、そこに九種類の九皿（ククヌチカザイ）をお供えする。Ⅰ 米九合（クンゴーバナ：九合花＝金剛花）、Ⅱ ヌジ御盆九皿（御飯を半球型に型抜きし、中心部を上として二重に重ねたもの）、Ⅲ サシミ九皿（ウミンチュが持ってくる魚の刺身）、Ⅳ ダーグ九皿（米粉の丸団子）、Ⅴ クリ肉三塊（精肉の塊）、Ⅵ ウンサク五合（神酒）、Ⅶ 浮茶九つ、⑧アレンパナ九つ（洗米）、⑨チリ肉御重三（精肉の切肉料理、ただし鳥越はチリ肉ではなくチーイリチーとしており［鳥越：一九六五］、これは『浜御願ミ由来記』の記述と一致する）と九皿を、海に向かって均等に配置する。

なおサシミを提供するウミンチュ（海人）については、一般に遊び好きな人がなるというが、昔は半農半漁で、ウミンチュをしながら農業もするのが現実であった。ただし四家ではウミンチュを業とする者はいない。なお神酒は、先にも記したように、チヂンジャーからの水で造りドブロクとした。

この神酒は、ウマチの時には、集落の各家々からコメを集めたが、ハマエーグトゥの場合は、四家が三合ずつ出し、一升二合の米で造った。

本祭では、まずニィーチュを含むカミンチュが、それぞれビンシーを置き、テンジカビ〔天使紙、ただし鳥越はこれを紙銭とする［鳥越：一九六五］〕と呼ばれる御幣を三本立てて、海に向かって祈願を行い、テンジカビを三本合わせて燃やし、これを泡盛で消す。その後、カミンチュたちは、サバニの祭壇の後ろに座り、献饌を下ろして、神酒を飲んでから膳を食べる。これらの儀式が終わると、浜のテントで、中身汁とチーイリチーと御飯の共食となる。

最後に、後御願が行われるが、これには浜でサバニの祭壇に捧げたクリ肉のうち、二つを親川エーガーに、一つはナカントゥ〔山里〕の伊元へ、一～二合のお酒とともに供える。そして浜からのウサンデー〔供物〕のチリ肉を一皿ずつ、ムートゥヤである大前・前・大屋へも分ける。エーガーの根屋で、無事済みましたと報告して内臓料理と御飯を供え、その後に共食を行う。なお、昔は後御願を本祭の四～五日ないし一週間後に行っていたが、最近では、その日にやってしまい、ウシの代金の計算が中心となっている。

4　志喜屋の稲作とその位置

沖縄における農耕文化は、日本本土に較べるとやや遅れて展開が始まった。とくに生産性が高く食味豊かな稲は、成育条件に大きく左右される繊細な植物であることから、稲作にはさまざまな儀礼が伴う。そこで、こうした儀礼構造を有するハマエーグトゥが、どのように稲作儀礼に関係するのかを

図二ー二：志喜屋の水田

論じる前に、志喜屋における水田開発の様相を見ておく必要があろう。

志喜屋の位置する旧知念村一帯は、詳しくは本章Ⅱで論ずるように、沖縄における農耕発祥地と目されており、詳細は別としても、最初に稲作を行った地とされていることを念頭に置く必要があろう。このことは、志喜屋における稲作の意味を考える上で、重要な前提になるものと思われる。ちなみに志喜屋は、沖縄の祭祀を司る最高の司祭者・聞声大君の所領で、しかも根田である親川エーガーは、その中心的な水田の一つとされていた。

かつて知念一帯には水田が広がっていたが、今日ではサトウキビ畑などに変わり、以前の面影はない。しかし知念ターブックヮは、国頭の羽地ターブックヮ・奥間ターブックヮと並んで、沖縄三大水田地帯として知られていた。確かに図二―二に明らかなように、大正八（一九一九）年に陸軍が作成した二万五千分の一の地形図「大城」からは［地図資料編纂会：一九九九］、下志喜屋北東部および南西部の低地が、悉く水田となっていることが分かる。さらに下志喜屋に献穀田が設定されていたように、戦前には当地域が沖縄としては優秀な水田群の一つでことが窺われるが、この間の事情は単純ではなく、近世初期から水田優位の耕地状況が形成されていたわけではない。

まず明治三六（一九〇三）年の土地整理時の沖縄県統計資料「民有地其一」によれば、知念間切全体でも、水田四七町一三反余・畑地四六一町二三反余と、それほど水田比率は高くはなかったことになる。これに関しては、一八七三年の「琉球藩雑記」（『知念村史第二巻』）に、知念村・志喜屋村・下志喜屋村・前城村・久高村など一二か村からなる知念間切の田畠反別として、田四五町六反余・畠八一町三反余とある。近世末期から近代にかけての耕地の開発は、ほとんど畑地だけであり、知念一帯における水田開発は、近代も二〇世紀に入ってからのことであったことが分かる。

もともと沖縄は、北海道と同じく水田面積が少ないという特徴がある。北海道が気候上の問題に帰因するのに対して、沖縄は地形的な要因、つまり石灰岩地帯で河川が少ないためであった。慶長検地時（一六一一年）に、水田二六六二町余・畑地六一一八町余（水田率三〇％）であったが、土地整理時（一九〇三年）には水田八九五三町余・畑地五四・五八五町余（水田率一四％）となる。それぞれの増加率は、水田三・三六倍・畑地八・九〇倍となるが、このことは、水田可耕地が限られていたため、開発が進むほど畑地が増加するという結果を招いた[原田：一九九三]。

こうしてみると、もともと沖縄の農耕は畑地が主力で、農耕儀礼のなかでも畑作に比重があったことは確かであるが、このことは必ずしも水田の価値が低かったことを意味しない。近世に入って琉球王府は、薩摩藩による検地を通じて、米を基準とした石高制を受け容れたが、とくに羽地仕置と呼ばれる日本化路線を選択したことから、日本同様に水田志向が高まった。それゆえ近世以降の沖縄においては、水田適地が少ないだけに、逆に水田そのものを有することの意義は、かなり高かったことになる。

すなわち一七四五年に完成して以後も書き継がれた『球陽』などには、井泉を開いたり河川を改修したりして水田開発に尽力した者に、王府から褒美や爵位をもらったとする記事が散見する。また先にも述べたように『琉球国由来記』に、五・六月の稲二祭について詳しく記され、餅や米および神酒など、米に関わる供物が中心となっていることに留意すべきだろう。

5　志喜屋における水田の状況

そこで次に、志喜屋の水田について、現地調査と文献史料から、その概略を見ておきたい。まず先の一九〇三年の「民有地其二」(『沖縄県史 第二〇巻』)では、志喜屋村の水田はわずか八町一一反余で、畑地は五一町五反となっている。村高が分かる最古の史料で、一六三五〜四八年の成立とされる「琉球国高究帳」(『沖縄県史料 前近代1』)では、知念間切のうちに「志きや村・中里村」が見え、二九一石一斗一升六合うち田方一一六石二斗七升三合・畠方一七四石八斗四升三合で、反別面積は不明であるが、おそらく、やや畠地が多い程度であったことが分かる。

また『琉球国由来記』には、稲二祭における供物として、志喜屋村は「神酒半宛」とあるが、下志喜屋村については「麦神酒半宛」と記されている。この記述からすれば、上志喜屋の神酒が米であるのに対し、下志喜屋は麦であったことになり、下志喜屋においては畑作が主体であったことを窺わせる。これは志喜屋における水田の開発と関わるもので、地形的に見ても、近世の技術および労働力編成の下では、下志喜屋には水田を開くことが難しかった。そこで、まず先の図二―二をもとに、志喜屋における水田の展開について考えてみたい。

志喜屋には、水田可耕地すなわち耕土を有し、かつ水源からの引水が可能なところが四カ所ある。i)上志喜屋のカンチャ大川から東へ延びる浅く狭い谷田、ii)ミンナグチおよび下志喜屋の湧水を源とするハマダ川が形成する浅く狭い谷田、iii)下志喜屋の台地西南部に広がる低地部分、iv)下志喜屋の台地東南部に広がるハマダ川下流の低地部分で、これ以外には考えられない。

このうち最も古いのは上志喜屋のi)とii)で、iii)は志喜屋の台地部からの湧水があれば水田が可能となる。ⅰ)とⅱ)については、文献史料があるので、次に検討するが、ⅲ)に関しては、ハマエーグトゥの拝所となっているイーメーダガーとシードーガーの湧水によって、古くから部分的に水田が営まれたことが窺われる。しかしⅳ)は、短いハマダ川の沖積作用が考えられないため、そのまま水田とはならず、高度な用水技術と労働力の大規模編成が水田化の前提となろう。

確かにⅳ)には、かつて水田だったと思われる部分が一面に広がっており、まさしく知念ターブックヮの一部を形成したものと思われる。しかし志喜屋における先の水田と畑地の面積規模からすれば、技術と労働力とからみても、明治期以前の段階では、ⅳ)は畑地であったと考えるべきだろう。もちろんハマダ川の下流部分では、一部に水田が存在したことに疑いはないが、海岸に近い部分では、沖縄一般がそうであるように、塩が入って水田化が難しい状況になる。少なくともⅳ)は、下志喜屋の主力水田ではありえず、近世には畑地がほとんどであったと推定される。

これに関しては、『球陽』尚灝王一二(一八一五)年条に、「知念郡は原、海辺に属して土地痩磽、近来以来屢〻稼穡登らざるに遇ひ……況んや志喜屋・鉢嶺・知名の三村其困疲を極む……各村の百姓遂に年貢を欠き身を鬻ぐ者多し」と見え、農業生産力的には、かなり厳しい状況にあった。これは志喜屋を初めとする知念間切には、水田可耕地が少なかったためとしか考えられず、それゆえ志喜屋においても、わずかな水田は、きわめて貴重な存在だったのである。

そこで、志喜屋で最も古い水田であるⅰ)とⅱ)について、地形と文献から確認しておこう。まずⅰ)の水源となるカンチャ大川は、標高一〇〇メートルの石灰岩基底部から流出する洞窟泉で、すでに知念村指定史跡となっている。『球陽』尚泰王一四(一八六一)年に、「知念郡志喜屋村北辺に、原、一井有り。泉強くして水大。村民皆汲みて以て用を為す……其の附近に素、産米二石起の田有り。其の下面より岩石長さ二十一間・横三尺許りを砍除し水道を決排して、其の水を産米三石五斗七升起の田に注入して、以て耕種を為さん」と記されている。

ただ、この開削では思うように水が回らず、水田が枯渇するため、さらに新たに泉の所から岩石を掘削して用水を設け、やっと二つの水田が潤った旨が、続けて記されている。この事業には、志喜屋村のほか同じ知念間切の前城村・知念村・安座真村の者などがあたったが、自らの資材をなげうって、この井泉を完成させたことで、王府から爵位を得たとしている。

これは洞窟泉を掘削して、用水を整備したものであるが、すでに『球陽』尚敬王三九（一七五一）年条にも、「知念郡志喜屋村の真刈前城は、生質篤実にして、能く老母を養ふ……本村井有り、四囲荒穢し、其の水已に濁る。而も修を加へず、只其の水を用ふ。自ら財資を出して以て修葺す」とある。この省略部分には、彼が農業にも熱心で閑地を開いたことが記されていることから、これもカンチャ大川に関わる可能性が高い。おそらく、この湧泉が形成する浅い谷田が、灌漑条件は良好ではなかったものの、志喜屋で最も古い水田であったと思われる。いずれにしても、すでに近世前期の段階から、ほぼ二～三反程度の水田が、小規模ながら形成されていた、と見なすことができる。

次にⅱ)に関しては、「毛氏家譜」（『那覇市史・家譜資料（二）』／『知念村史第一巻』）に興味深い記述がある。それは知念間切志喜屋地頭となった志喜屋親雲上安屋の長兄で、毛姓七世にあたる野村親雲上安孝の事績に関する部分である。安孝は、乾隆五（一七四〇）年二月に、決川奉行職に任じられると、相次いで各地の河川改修に着手し、「八月知念間切に赴き知名川・志喜屋川を決修」したとされている。

この志喜屋川は、上志喜屋と下志喜屋を分かつハマダ川のことで、上流部ではこれに並行して浅く狭い谷田が存在している。おそらく一八世紀中期では、先にも見たように下流部の水田化は困難であることから、上流部の水路を改修したものと考えられる。

すでに第三節でも述べたように、ハマダ川の水源となるミンナグチと下志喜屋の湧泉は、互いに隣接するが、ともに標高一〇〇メートルの石灰岩基底部から、豊富な水量を流出させている。それゆえ、その周辺の東西に広がる浅く小規模な谷戸は、岩盤が突起せず耕土さえあれば谷田となる。ただし、そのほとんどは志喜屋グスク付近の北部一帯にあたるハマダ川北岸、つまり上志喜屋にあり、ここの谷田は上志喜屋の村人の所有にかかる。

このためミンナグチの泉については、上志喜屋の古間門中が正月に拝んだという。また上志喜屋には、下志喜屋も兼任する巫つまりノロがいたことは、『琉球国由来記』に見た通りであるが、そのノロ田がミンナグチの付近にあり、その水で灌漑していた。最も象徴的な位置に、ノロ田があったわけで、このハマダ川北岸における谷田が、上志喜屋の重要な水田であったことが分かる。おそらく、ここも初めは小規模な谷田であったが、一八世紀における志喜屋川の改修で、その水田化が促進されたものと思われる。

これに対して下志喜屋では、下志喜屋の泉を水源とした水田が、志喜屋グスク北西部の一部に存在するにすぎず、この ii)においては、下志喜屋の所有する水田が、決して多くはなかったものと思われる。ただ志喜屋グスク北部のハマダ川南岸にも、浅く小さな谷田が存在するが、これはハマエーグトゥの拝所であるチヂンジャーガーを水源とするものであった。

このii)における小さな水田を、大屋門中の親川分家であるマチニーが所有していたことは、繰り返し強調しておきたい。さらにiii)には、下志喜屋の根田でエーガーが所有する献穀田（図二―二の★印）があり、その水源となるシードーガーが、ハマエーグトゥ拝所回りの最後の重要な場所で、ここでだけ餅を共食することは、深い重みを持つものと思われる。すなわちハマエーグトゥと水田稲作が、何らかの関係を有していた可能性も充分に考えられよう。

確かに志喜屋を含む旧知念村では、近代までは農耕における水田の比重は、必ずしも高くはなかった。ただ大正期に入ると、甘藷栽培も盛んであったが、下志喜屋台地下の低地部ほぼ一面に、水田が広がるようになった。いずれにしても水田稲作発祥の地を付近に控える志喜屋としては、とくに明治期以前においては、数少ない水田は貴重な存在であったことが窺われる。そこで次節では、動物供犠を伴うハマエーグトゥを、稲作祭祀という観点から見直してみたい、と思う。

6　ハマエーグトゥと稲作儀礼

志喜屋における水田の位置については、前節で見たとおりであるが、次に志喜屋における他の祭祀との関係を見ておこう。また第二節でも触れた同じ動物供犠であるシマクサラシについて、宮平盛晃の調査では、つい近年まで、下志喜屋では殿内山北部のT字路などで行われていたという。なお鳥越憲三郎によれば、志喜屋では旧一一月末の吉日に、ウシの骨を左綯りの注連縄の真ん中に吊ったものを、村の入り口の道路に張り、そこには、御神酒と牛肉のほか、小枝の葉先にウシの血をつけたものを供えたという［鳥越：一九六五］。

また宮平の教示によれば、国頭の大宜味村大宜味や南風原町津嘉山などでは、シマクサラシに豊作祈願が伴うことがあるという。ただ、この場合は、拝所で豊作祈願を行うが、ここでは肉は供えず、集落の入り口のみに肉を供えるといい、防災除厄と豊作祈願とが結びついた事例といえよう。基本的にシマクサラシは除厄儀礼であるが、ハマエーグトゥの性格については、不明な点が多い。確かにシマクラサシが別に行われている以上、ウシを屠って食べていても、ハマエーグトゥを除厄儀礼とすることは難しいだろう。

これまでハマエーグトゥは、龍宮祭りとして、海の安全祈願とされている。沖縄においては、龍宮祭りは、ニライカナイ信仰との関連が深く、さらにニライカナイからは、さまざまな神々が村々に訪れて、その地に豊穣をもたらすとされている。おそらくハマエーグトゥは、豊穣儀礼という観点から見直すべき必要があるように思われる。これについては、後で触れることとして、まず農耕儀礼の問題をみておきたい。

沖縄の村落レベルにおける祭祀、なかでも農耕儀礼に詳しい『琉球国由来記』には、稲・麦・粟・芋などに関する祭祀が記述されている。しかし同書は、基本的には首里を中心とした稲作に記述の関心があり、民間行事の実際につては不明な点が多く、稲の収穫についても地域によって差異が大きいことが指摘されている[鎌田：一九六七]。確かに一七一三年に王府の調査をもとに編纂された同書は、記載も画一的な部分が多く、下志喜屋のハマエーグトゥには一言も触れていない。

さらには津波高志が明らかにしたように、同書には、近年まで行われていた祭祀についての記載が圧倒的に少ないことからも［津波：一九八一］、村々における祭祀の実態を反映したものとは考えられない。しかも動物供犠あるいはその肉などを供える儀礼は、名護周辺のウシヤキなどのように、他にもさまざま存在するにも関わらず、『琉球国由来記』には一切登場しない。米を重視し肉を否定した日本化路線の下で作成された同書には、農耕儀礼が当時の現実以上に重視された形跡があり、極めて表面的なものと判断してよいだろう。

また沖縄の稲作儀礼に関しては、すでに伊藤幹治の体系的な考察によって、田植儀礼が弱い上に、播種儀礼と収穫儀礼が一緒になっており、旧暦二月に行われることが比較的多いと指摘されている。さらに特徴的な点として、沖縄の農耕儀礼が決して稲作を優越させるものではなく、これに畑作や漁撈・狩猟的な要素を含まれるという［伊藤：一九七四］。

それゆえ鎌田が強調するように、農耕儀礼の供物には地域的変化が見られ、稲穂祭に粟の穂を捧げたり、稲の大祭に麦の御神酒を供えるなどしており［鎌田：一九六七］、米以外のものが供されることが広く行われた点が重要である。

先にも述べたように近代以前には、上志喜屋とは異なり、水田が少なかったと考えられる下志喜屋でも、麦の御神酒を供えていたという事実がある。しかし第四節でみたように、ハマエーグトゥでは、供物に米が重要な役割を果たしており、白米のほかに米の飯をわざわざヌジ御盆という形で捧げられたり、米の御神酒や餅などが供されている点に注目すべきだろう。

このほか前御願や御願の拝所巡り、さらには浜での供物にも、必ず米が登場しており、むしろ魚類は、前御願のテンプラと本祭のサシミ程度にすぎず、あくまでも添え物という印象が強い。肉を除けば、米に関わる供物の方が多い点からは、稲作儀礼としての性格を窺うことができる。

また御願の拝所巡りのうち、とりわけ湧泉が多いことに留意する必要がある。もちろん水田稲作に限らず、水の乏しい沖縄においては、井戸や泉に対する信仰が強く、そのために拝所となっていることに疑いはない。しかし第五節の最後でも強調したように、チヂンジャーガーやシードーガーなど、ハマエーグトゥを主宰する大屋門中の所有にかかる中心的な水田の水源が、重要な拝所として組み込まれている点に注目すべきだろう。

そうした観点から、ハマエーグトゥの拝所と、現在、志喜屋で行われている五月の稲の初穂祭と六月の稲の大祭、つまりウマチにおける拝所について考えてみたい。上志喜屋と下志喜屋は、現在では一地区扱いであるが、そのコミュニティセンター（公民館）が下志喜屋に置かれていることに象徴されるように、かつてとは異なり、現在では下志喜屋が中心的な役割を果たしている。これは近代以降に、下志喜屋台地下の北東部と西南部の低地が水田化し、経済的にも下志喜屋の方が優位に立ったためと思われる。

このことは、上志喜屋・下志喜屋の共同で五月・六月に行われる稲作祭礼のウマチにも反映している。そこでハマエーグトゥの拝所と、五月と六月のウマチの祭礼における拝所を、第三章の図三―一に示した拝所の番号で比較してみよう。公民館で五月・六月の御願次第を保管する書記のメモによれば、その順序は、①前城カー、②前城山のカー、③チヂンジャーカー、④エーガーカー、⑤ウブカー、⑥伊前田（上前田）の前のカー、⑦チヂンモー、⑧水道（シードー）カー、⑨公民館のクバの下の神、⑩殿の火の神、⑪入口の神、⑫ウフガンチャとなっている。これらの拝所を廻って拝むことがウマチの内容であり、それによって豊年満作を祈ることになる。

このうち、⑫のウフガンチャについては、上志喜屋のものであるから、これを別とすると、全てこれらは、ハマエーグトゥの四家を除いた拝所に相当する。すなわち第三章の別図と対比させれば、①＝⑥、②＝⑦、③＝⑧、④＝⑨、⑤＝⑩、⑥＝⑪、⑦＝⑫、⑧＝⑬となり、⑨、⑩、⑪はすでに④に組み込まれていることになる。①②③⑤の四家と④の殿を除けば、村単位の稲のウマチで回る順序も、ハマエーグトゥの拝所と全く同じだという結論になる。このことは、明らかにハマエーグトゥが、門中による稲作祭祀であることを意味しよう。

またハマエーグトゥの最後の儀礼は、浜で三艘の船を浮かべて海に祈るものであり、浜という場所が名称ともども重要な位置を占めるところから、豊漁のための龍宮祭りという印象を強める。確かに浜から海の西方にある龍宮を拝むことは、まさにニライカナイそのものへの御願と考えるべきだろう。

これについては、ハマエーグトゥの起源に関する伝承のうちに、極めて興味深い物語がある。それは下志喜屋に遊びに来ていた龍宮の神が、あまりに咽が渇いていたところ、シードーガーで水を飲ませたことが縁となって、ハマエーグトゥの始まったというものである。豊穣をもたらすはずの農耕神つまり龍宮の神を、ニライカナイに置き換えてみれば、シードーガーの水は、稲作に不可欠な用水の象徴という位置を持ちうることになる。

『琉球国旧記』『琉球国由来記』によれば、もともとニライカナイは、アマミキョが稲穂を伝えてくれた世界で、日本で言えば高天原にあたる。基本的にニライカナイは、豊饒の神でもあるから、農耕に限らず漁業なども含めて、さまざまな幸や恵みをもたらせてくれるが、そこに水田稲作が深く関与していると考えて間違いはないだろう。

それゆえ浜でのウシの屠殺と供犠は、その捧げ物と見なすことができる。またカミンチュは、現在は男だけとなっているが、かつては女性であった。すでに沖縄の稲作儀礼の特徴としては、女性司祭者が主要な役目に関わることが指摘されているが［伊藤：一九七四］、ハマエーグトゥの場合も、沖縄の儀礼の事例に漏れない。

また志喜屋の北部三・五キロメートル弱の地に位置する旧佐敷町新里では、ハマエーグトゥと同じ日に、海での祭りが行われ、チナシティつまり綱捨てと称して、雌綱と雄綱を海に流す行事がある［小島：二〇〇三］。この夜には、各家を回って悪霊を追い出すことも行われ、防災的な要素も窺われるが、もともと綱引きは、稲の豊作を祈るための行事で、沖縄のみならず稲作が盛んな東南アジア・東アジアに広く見られる。

さらに注目すべきは、ここで雌綱・雄綱を流す時に、西の島に行くようにカミンチュたちが唱えるという点である。ハマエーグトゥと同じ日に、同じように浜で西の島つまりニライカナイに豊穣を祈るという行事が催されることから、双方とも稲作儀礼を強く意識したものといえよう。

7　ハマエーグトゥとウシヤキ

こうしたハマエーグトゥに見られるようなウシの供犠は、志喜屋のみならず沖縄の他地域において、今日でも行われている。とくに沖縄本島北部の名護市周辺は、国頭の山間部に谷田、あるいは沖積地に水田などを要する村々が多く、羽地田圃・北谷田圃などと並ぶ一大美田地帯であった。そして、この一帯にはウシヤキと称するウシの供犠が、五年あるいは七年・九年といった間隔をおいて行われている。ただウシに代わってブタを用いたウヮーヤキ（ブタ焼き）やウヮークルシ（ブタ殺し）が行われる場合や、これをヤギで代用する場合もある。

こうした名護市および今帰仁村・本部町周辺で行われているウシヤキについては、すでにいくつかの報告が行われているほか、市町村史にも若干の記述がある。また八重山諸島にも、似たようなウシの供犠があるので、これらを概観しておきたい。なお以下の記述のうち、名護市周辺の事例に関しては、宮平のご教示を得て現地調査を行い、独自に資料の収集しえたほか、名護市世冨慶《よふけ》では七年マウルのウシヤキを実検することができた。

名護市屋部

名護市屋部《やぶ》は、名護湾に南面して北部に山地部を擁する集落で、屋部川・西屋部川が流れ、丘陵部・沖積地が広がる。一七世紀中期頃の「琉球国高究帳」では、田三二石余・畑九石余であった。ここにはプーミチャーウガーミがあり、この集落を構成する比嘉姓を名乗る大一門と、岸本姓のフグーヌタックイ一門との共同墓をプーミチャーと呼び、これを拝む時にウシの供犠を伴うことがある［宜保：一九八一・山下：一九八二・名護博物館編：一九八九・名護市史編さん室：二〇〇三］。

この御願は例年行われるが、とくに五年ごとにウシヤキと称して、ウシを屠殺して捧げる儀礼が催される。これは先祖の墓にウシを捧げ、これを門中で共食するところに意義がある。これは旧一一月九日に行われるが、屋部の場合は、本家の屋敷の南隅にあるハミヤ（神屋）に、ウシを一晩繋いで、その前で左回りに三回廻させる。その後、ウシは祖先の共同墓の前へに連れて行かれ、御願の後に左回りで七回廻り、松の木の下で屠殺される。これを木に吊して解体し、ウシを門中の人々で共食する。

ただし、このプーミチャーウガーミの目的については、願文も不明確で司祭者の間でも意識されておらず、はっきりしないという[宜保一九九七]。それゆえ稲作儀礼との関係については未詳であるが、共同墓の前の広場が儀礼の中心となることからも、祖霊信仰としての性格が強いように思われる。ただ残念ながら農耕との関係は明かではないが、屋部が古くから水田優位の村であったことには留意すべきだろう。

なお屋部には、ウシヤキを行う門中のほかに、ウヮーヤキすなわちブタヤキを行う小規模門中がある。これらはもともと大一門であったが、明治初年に費用などの件でトラブルがあり、独自に日取りを定めてブタヤキを行うようになったという[宜保：一九八一]。

名護市安和

また名護市安和《あわ》も、名護湾に南面して北西部に安和岳を抱え、安和与那川・安和前川・穴窪川などが流れ、付近の屋部と同様な地形をなしている。同じく「琉球国高究帳」では、「あわ村・山によは村」として田一四石余・畑四石余とある。ここにも、九年マールという形で、旧九月九日に行われる牛焼き御願がある。

これも現在では、村の行事として村人全員で行うが、大城門中が深く関与しており、村の最も聖なる拝所フバヌウタキの近くのメーガー（前井）で屠殺される。この時にはメーガーでウシを三回廻して、必ず啼かせてから屠殺し、これを村人が共食をする［山下：一九八二・名護市史編さん室・

二〇〇三]。この祭祀は、村人全員の安全と健康、豊穣および部落発展・子孫繁盛・平和の祈願だとするが[宮平による聞き取り調査]、ウシを焼くことの目的は不明とされている[宜保：一九八一]。

なお安和では、戦後の「御願行事簿」には、戦後でウシがいなかったため昭和二二（一九四七）年にはイルカで代用したが、結果が思わしくなかったため、翌二三年から牛御願が復活したという[宮平による聞き取り調査]。ただし安和では、五月五日には五年毎の、そして七月七日には七年毎のウヮーヤキ（ブタ焼き）も行われ、これらは作物の祈願とされている。このほか海難者の供養として、龍宮へヒージャー（ヤギ）を屠って祀るという[宜保：一九八一]。

この安和では、二〇〇七年の調査時に、同地区の公民館で書記が保存する二〇〇三年一〇月四日（旧九月九日）の「九年廻る牛御願」を拝見する機会を得た。同書は祭礼の次第を伝える簡単なメモではあるが、九年マールのウシヤキの際に、村のフクギヌシチャ（福木の下）でウシ一頭を屠殺しており、そこでは「頭・足四本・尾」が供えられたという御願要領の記事を確認することができた。

区長からの聞き取りでは、現在はウシの頭と尾だけであるが、かつては足を供えていたという。すでに最後のカミンチュもなくなっており、どのような形でウシの足が供えられたかは不明である。なお安和ではウシの足四本のほかに頭と尾が供えられており、志喜屋の事例からすれば、この四本の足が踏耕と関連するとも考えられるが、ウシ一頭の象徴である可能性もあり、ここでは判断を控えたい。

名護市数久田

名護市数久田《すくた》は、名護湾に西面し南部に久志岳などの国頭山地を擁して、数久田川が形成する谷戸に位置する。地名は、シッタすなわち湿田の意で、数久田川沿いには谷田が多く、かつては稲作が盛んであった。「琉球国高究帳」では、「すくた村・よふけ村」として、田六〇石余・畑一石余とみえる。

ここには、七年毎のウシヤキがあり、寅年と申年には旧四月二九日と旧九月二九日の二回行われ、ウシを供犠して、これを区民が共食する。なお四月はウシヤキモーで、九月は福地原ティシンドゥクルの拝所で行うが、ウシヤキの時には、ウシを福地原からポージン山へ至るミー道を、供犠を行う地点まで歩かせるという[名護市史編さん室：二〇〇三]。

これは祖先への恩返しともいうが[名護市史編さん室：二〇〇一a]、古島とされるティーチダキを遙拝するもので、先祖への感謝と五穀豊穣の祈願が目的だともされる[名護市史編さん室：二〇〇三]。ただし近年では、ウシの代わりにヤギを供えるようになった[津波：一九八二]。

名護市世冨慶

また名護市世冨慶《よふけ》は、数久田の北部に位置し、地形条件も数久田とほぼ同様で、世冨慶川が形成する谷戸に谷田があり、山つきの狭い丘陵部に集落がある。田畑の石高比率については、数久田村に述べた通りで、近世初頭には水田が多かった。

ここでは七年に一度、丑年と未年のいずれかの年にウシヤキを行い、旧暦の九月吉日に実施する。二〇〇三年には一〇月一二日に行われ、二〇〇九年には一一月一一日に催されており、「世冨慶区牛祭七年祈願祭プログラム」が作成されている。このうち二〇〇九年のウシヤキを実検することができたので、名護市史編さん室による民俗調査報告などを参考にしつつ[名護市史編さん室：二〇〇三]、簡単な報告を試みておきたい。なお調査者のノートと、これまでの民俗調査報告との間には、微妙なズレもあるが、これらの異同については、敢えて調整を取らなかった。

この行事は、以下のような順で村内の拝所を回るもので、このうち現在の公民館にあたるオーヌヤマ（奥武山）で、ウシを七回左回りに引き廻し、そこの神前で供犠が行われたというが、現在は食肉センターで屠殺するため、以前に公民館の広場で、七人のカミンチュを中心にウシの引き回しを行い、当日は朝九時から御願が始まる。祈願祭の中心となる公民館を出発して、午後一時過ぎ頃までいくつかの拝所を廻る。

先のプログラムに添えられた「牛祭七年祭行事の御願記録」や「世冨慶区七カ所拝所一覧表」などによれば、世冨慶には主要な御願の際に廻る拝所七カ所として、一覧表には、村火の神・根神屋・元水川・アサギ堂・大和川・親里森・川之神・産川・奥武（オーヌ）山・区長の火之神・陸龍宮・名幸按司（兼久田屋）などが記されるほか、七年マールの牛祭には、Ⅰミージャミ屋（仲村家）、Ⅱアサギ、Ⅲ世冨慶大家（安里家）、Ⅳアガニ屋、Ⅴウシヤキモーが加えられるとしているが、その数ははるかに七カ所を超え、重複と思われるものもある。

いずれにしても一七カ所の拝所を廻ることになっているが、ここでは二〇〇三年のウシヤキの事例を記しておきたい。①まず裕福家として知られる安里門中のウフヤー（大屋）の祭壇に、紙銭・線香とともに牛肉が捧げられる。牛肉は生肉のほか、七個の肉を串刺ししたものを七本供える。以下の拝所でも、ほぼ同様に牛肉は形だけ供されるが、とくに仲村家・大屋（安里家）・兼久田屋の三家については、ウサンデーとして収められる。なお安里家は、屋号をハマバタといい、水田をたくさん有していたという[名護市史編さん室：二〇〇三]。

②次がミージャミの仲村家（サンバヤ）で、同じ肉と供物を捧げるが、ここでは三味線・太鼓で踊りが披露され、「メデタイ・メデタイ」の歌詞が唄われる。なお仲村は安里からの別れだという。③国番のニール神とされるアガニヤーで、区長と一緒にカミンチュが拝むが、昔は根神のカミンチュが中心となった。④井戸のある兼久田屋一門の拝堂で拝む。なお兼久田屋は草分けの比嘉姓で、世冨慶の旧家七家とされ、ナコーアジ（名幸按司）ともいうニーヤー（根屋）で、たくさんの畑地を有していたという。

⑤アシャギと呼ばれる柱のない拝堂で拝み、カミンチュが四ッ竹とセンスの踊りを奉納する。なお拝堂の中心には三つの石が置かれ、三石炉を思わせる。⑥ムラヒヌカンと称する村火の神を拝むが、この傍らにはかつてチンガー（掘り井戸）とガジュマルがあり、ムラヤーが置かれていたといい、ここにも三つ石がある。⑦ネガミヤーつまり根神屋で、ここも三つ石がおかれている。

火の神が続いた後には、水の神に移り、⑧ハンニーと呼ばれる古い井戸を拝む。現在は枯れているが、もとは泉で重要な水元であった。昔、山の上に済んでいた先祖が、現集落に下りてきて、最初に水を飲んだところと伝える。⑨下アサガーは、村の共同井戸でかなりの水量を有する。⑩下アサガーよりも古い山側の上アサガーを拝む。⑪上アサガーの横の親里森に拝所があり、ウトウシオガミとして、山の上にあった旧集落を遙拝する。ここでは水七つ・酒三つ計一〇個を捧げるが、七つの水は七つのウタキへのものだという。⑫これらの横の霊樹のところで、天下りの龍神・龍王を拝む。

集落の中心部から、もと畑地であった公民館へ戻って、⑬公民館の敷地内にある村の御願所で拝むが、ここはオーヌヤマと呼ばれた。現在は、ここでウシの調理が行われている。その後に谷戸を上って、⑭大和川原でヤマドゥガーウタキを拝む。ここは世冨慶川が形成する沖積地で、この一帯の谷田の水量豊富な水源にあたり、ここでは泡盛ではなく日本酒が供えられる。

⑮村最北部で砂浜に面した海の神様リューグシン（龍宮神）を拝む。これはアギ（陸）リューグとも呼ばれ、村の入り口ともなっている。ここにはもと大きなガジュマルがあり、この広場でエーサーが行われるなど村の聖地でもある。⑯同じく入り江付近の世冨慶橋で拝む。⑰世冨慶橋付近にある村墓の前で浜に面したところに、昔からの龍宮が祭られており、村の入り口の重要な神とされている。

この⑰の龍宮での拝みが終わると、供物を下ろして、公民館で共食となり、余興として唄や踊りが披露される。ただし昔、カミンチュたちは、最後に西海岸にある龍宮から、山を登って大和川のところまで行ったという。現在ではウシヤキモーは谷戸の広がるメーブックの一部にあるが、かつては山の上の方にあり、ウシヤキの塚もあったが、現在では龍宮からウシヤキモーを遙拝して済ませる。なおウシヤキモーでは、八〇年近く前には殺したウシの血を播いたという。この血は、魔物を近づけないためだとされるが、この点については後述したい。

二〇〇三年の牛祭行事プログラムに添えられた「区長あいさつ」では、ウシヤキの起源について、今からおよそ二百数十年前のことで、村に伝染病が発生したため、ウシを祭って厄払いの祈願をしたことに因んだという話が載せられているが、根拠は乏しい。確かにウシヤキの際に血を播くのは、魔物を近づけないためだいう説明は、シマクサラシ的な除厄儀礼の要素が強く、「区長あいさつ」ウシヤキ起源話も、これが除厄儀礼であることを窺わせる。

しかし宮平によれば、隣の数久田ではシマクサラシが行われていたが、世冨慶には、その痕跡が認めらないという。この指摘は極めて重要で、ここではウシヤキにシマクサラシ的な除厄儀礼の要素が加わり、両者の著しい混同があるように思われる。また牛御願の際にも、アギリューグのように村の入り口で御願が行われ、除厄儀礼のようにも見えるが、それ以外の入口では行われてはおらず、シマクサラシ的な要素は薄いことになる。

さらに世冨慶が、数久田とともに水田の卓越したところであることと、水田の水口と思われる大和川が、ウシヤキ御願の対象となっている点に注目すべきだろう。その上で先に見たウシヤキモーで播く血の問題を改めて考えてみたい。この血をどう考えるかは難しいが、これは農耕儀礼として田に鹿の血を播いたという『播磨国風土記』に見える話を彷彿とさせる[原田:二〇一二]。この点からすれば、世冨慶のウシヤキには、農耕儀礼としての性格が強いように思われる。

また現在、世冨慶のウシヤキは、現在は区民全体で行われ、区の基金で運営がなされている。そして公民館での共食では、ウシの肉汁が振る舞われるほか、ウシの肉は各戸へ配られるが、拝所巡りでは特定の家が重視されている点に注目すべきだろう。むしろ先に見たように供えられたウシの肉は、ウサンデーとして安里・仲村・比嘉の各家に供されることからも、もとは世冨慶を構成する有力な一門の行事であったと考えられる。

さらに村内の主要行事で廻る七つの拝所とは別に、ウシヤキの際には、古くから多くの水田を擁していた安里家と、そこから分かれた仲村家が加えられている点が興味深い。これは志喜屋のハマエーグトゥで、祭祀の中心となる大屋門中が、村内の主要な水田を有していたことと関連するものと思われる。

　これまでの名護市の事例を総合的にみれば、ウシヤキが残る屋部や安和および数久田でも、基本的にウシは祖先への供犠であり、これらの行事は祖先の供養祭としての意味をもつとされている点が重要である［名護市史編さん室：二〇〇三］。おそらく世冨慶の場合には、ある段階でハマエーグトゥ的な豊穣儀礼と、シマクサラシ的な除厄儀礼とが混合したと考えられるが、ウシヤキそのものには、門中の豊穣儀礼としての性格を読みとるべきだろう。

今帰仁村と本部町

　こうしたウシヤキは、名護市周辺の今帰仁村や本部町においても、その形跡が認められる。現在では行われてはいないが、近年までは実施されており、人々の記憶に残って町史・村史類に記録されている。まず今帰仁の例から見ていこう。

『今帰仁村史』によれば、今帰仁村謝名にはウシを屠って御願をする祭祀がある。ただ、その由来については、昔、カミンチュたちの間に争いがあり、一人のカミンチュが他のカミンチュの衣装を焼き払ってしまったために、そのお詫びとしてウシを屠って御願をする行事が始まったという口碑を載せている。

　この「ウシヤチモー」に関しては、供犠の場所は真栄（前）田原から前原に通ずる道路の右側にあり、前原の集落の入り口にあたるところに人々が集まって牛汁を食べたといい、一九四一、四三（昭和一七、一八）年頃まで行われたという［津波：一九八二］。なお真栄田原・前原は、地形的には山麓部の低地で［今帰仁村歴史文化センター：一九九七］、水田が設けられていた可能性が高い地域と判断される。

また同天底《あまそこ》では、宮平の調査によれば、かつては八月一〇日に、集落から離れたところにあるウシヤキモーで、ウシを潰して料理する行事があったという。これらの事例では、毎年なのか数年おきであったのかも不明であるし、謝名の場合は開催日も分からない［宮平による聞き取り調査］。もちろんウシヤキの目的についてもはっきりしていないが、この地域でもかつてウシヤキが行われていたことが明かである。

また本部町浜元でも、ウシヤキが行われていたことが知られている。『本部町史　資料編2』によれば、公民館には「氏神年中行事」と題した記録があり、「旧八月十日牛肉祭」として、殿内の供えに大切りの牛肉一対と、小切りの牛肉およびウシの血を入れた汁七碗を捧げる旨が記されている。なお『本部町史通史編上』にも、年中行事の一覧として「八月十日　牛肉（血）祭」という記述があるが、その内実についての記載はない。

これに関して宮平によれば、ウシマツリもしくはギュウニクマツリとして、八月一〇日か一一日に、牛肉のお汁を供えた。昔は、ウシヤキモーという場所でウシをつぶしていたが、今はウシヤキモーに行って拝むことはないという［宮平による聞き取り調査］。昔がいつかは明確にはしがたいが、数十年前と考えて間違いはあるまい。なお浜元は、現在は東シナ海に面する集落であるが、近世には具志川と称する台地部の農業集落であった。

さらに本部町健堅《けんけん》でも、『本部町史　資料編2』には、「健堅区一班之負担御願料」という記録に「旧九月九日牛焼の御願　五ヶ年一回、牛肉二斤……お金は各戸で割当る」とあり、五年マールで集落全体によるウシヤキが行われていたことが分かる。また「健堅区之負担本字御願」も載せられているが、これにはウシヤキの記載がない。

これらの記録は、一班つまり健堅本字《あざ》のもので、双方とも組長が所有するがカレンダーの裏面に記されている。二つのカレンダーの記録は、米軍票B円使用期とドル使用開始期のものであることから、一九五八年を挟む時期の記録と判断される。ただ「牛焼の御願」の部分は、もともと両記録にはなく、一九六五年の日付のあるノートによって加筆された旨が、『本部町史 資料編2』に記されている。すなわち古くからの健堅本村部では、少なくとも一九五〇年代後半から六〇年代中期には、ウシヤキが行われなくなりつつあったことが窺われる。

ちなみに『本部町史 通史編上』には、健堅区の現在の主な年中行事として、「(旧)九月九日　拝井泉御願(駈ヶ原、石川原)」が挙げられており、ウシヤキが拝井泉御願に代わったことが知られる。このことは健堅のウシヤキが、水に深く関わるものであったことを物語るものといえよう。健堅は東シナ海にも面して、浜崎では漁業が盛んではあるが、駈ヶ原は農業と漁業の双方で、健堅本区と石川原は農業が主な産業であった。

これまで、今帰仁村と本部町におけるウシヤキの事例をみてきたが、ほとんど一九四〇～六〇年代には行われなくなっていたことが窺われる。その目的についても、いずれもはっきりとした事例はなく、旧八月一〇日か旧九月一〇日という時期で、ウシヤキモーでウシの供犠が行われて、牛汁などの共食が催される点が共通する。本部町浜元では「氏神」、同健堅では「井泉」との関係が窺われるが、いずれも集落単位で催され、シマクサラシとは別個の儀礼であったと考えてよいだろう。

そこで除厄儀礼とは異なるという前提から、この地域における近世初頭の農業事情を見ておこう。近世初期の「琉球国高究帳」では、今帰仁村謝名で田六〇石余・畑二四九石余、天底で田一三石余・畑八石余、また同帳段階では本部町浜元・健堅は登場せず、代わりに具志川と辺名地とが見える。このため近世における村落変遷を考慮して、浜元を具志川とすれば田四八石余・畑一三三石余、同じく健堅を辺名地とすれば田二二石余・畑七八石余となる(『沖縄県史料 前近代1』)。天底では水田が畑地を上回るものの、謝名・浜元・健堅では、畑地が水田の三、四倍ほども優越した田畑比率となっている。

基本的に、近年までウシヤキを行ってきた村々の近世における田畑比率を見た場合、名護市においては、畑地よりも水田の比率が高いが、今帰仁村・本部町の村々は、水田よりも畑地の方が多かったということになる。また本部町の浜元・健堅の場合は、東シナ海に面して漁業も行っているが、ウシヤキが行われたと考えられる古い集落は、畑地優越ではあるが、農業村落であったことに間違いはない。

これまで見てきてように、ウシヤキの目的については必ずしも明確ではないが、祖先への感謝と豊穣への願いという理由が挙げられている。その背後には農耕と関わりが見え隠れしているが、とくに稲作と畑作との関連について検討しておこう。現在ウシヤキの存在を確認できる村々のうち、名護市の数久田・世冨慶では水田率が高く、今帰仁村と本部町の村々の場合には畑地の方が卓越していたことは、すでに指摘した通りである。この二地域だけを見るのであれば、結論は見えてこないので、視点を広げて、この一帯の特色を考えてみよう。

沖縄全体の水田と畑地の比率については、『名護市史 資料編・4 考古資料集』が、「琉球藩雑記」と「琉球国高究帳」を分析して詳細な検討を行っている［名護市：二〇〇八］。「琉球藩雑記」は一八世紀段階のもので面積比率を知ることができ、「琉球国高究帳」には一七世紀の数値が示されているが、石高での比較しかできない。史料の性格に微妙な違いはあるが、総合的にみれば、石灰岩台地が多い中頭・島尻地方では、石高で田方六〇パーセント以下となり、畑作中心の村々がほとんどであった。ところが国頭地方では、羽地・名護・国頭などの間切を中心として、同じく石高で八〇パーセントを越える水田稲作地帯が広がっている。基本的に沖縄本島北部には水田地帯が広がり、南部にはサトウキビを主体とした畑作地帯が展開していたと考えて良い。つまりウシヤキが残る国頭は、今帰仁間切のみを別とすれば、水田稲作の比重が沖縄のなかでも群を抜いて高い地域であった。

またハマエーグトゥが行われている志喜屋の水田については、すでに見たとおりで、知念間切は畑地の多い島尻に属している。確かに一七世紀においては、水田比率が高いとは言い難いが、先にも述べたように、知念大川や受水・走水さらには久高島など、水田稲作に関わる聖地が多い。やがて国頭の羽地・奥間とともに、沖縄の三大美田地帯の一つとして知られたところであり、石灰岩台地はなく、同じ島尻でも豊見城・南風原・玉城・佐敷などとともに水田志向が高い地域と判断される。

そもそも田畑比率の現実と水田志向の強弱は別問題で、必ずしも水田よりも畑地が多いから、水田志向が低いとすることはできない。水田の設定は地形と水源の有無に左右されるもので、確かに国頭においても、今帰仁・本部地区では畑地が卓越するが、それを取り巻く地域一帯に水田志向が強く根付いていたことが重要だろう。その意味において、国頭に広く残るウシヤキの背景に、水田稲作との関連を想定してよいものと思われる。

八重山諸島

八重山諸島のウシヤキに類する事例については、山下欣一の報告に詳しいが［山下：一九八二］、いくつかの民俗誌に、その記載がある。まず八重山島石垣市の川平《かびら》の事例から見ていくが、ここは石垣島西北部の川平湾に面する農業村落である。この川平では、旧暦八月の壬の子・寅・午、癸の酉の日に催されるキツイグワン（結願）の行事に、牛の供犠が伴っている。これは九月の「世の初願い」で行われる一年間の願い事に対して感謝する日で、この御願は川平の四御嶽すなわち群星《んにぶし》（稲干）御嶽・山川御嶽・赤イロ目宮鳥御嶽・浜崎御嶽で催される。

なかでも群星御嶽は、村の最初の御嶽で、もっとも中心的な御嶽とされている。しかも群星とはスバルを指し、かつてはこれを目安に農作物の季節を定めていたという。また群星が中天にさしかかった時に、霊火が群星と地上とを昇降し、その場所に白米の粉の印があったとされるなど、農耕のうちでも稲作との関連が深いことを窺わせている［川平村の歴史編纂委員会：一九七六］。

この群星御嶽で行われる村のもっとも重要なキツイガンについては、一九七〇年の宮良賢貞らの詳しい調査報告があるので、以下、これによって概要を見ておきたい［宮良：一九七九］。

このキツイガンは、先にも述べたように一年の願ほどきの祭りで、豊作は起願に依ってもたらされるから、これは満願に対する御礼と考えられており、収穫祭としての要素が認められる。このために神々に供える生贄として大牛を屠り、その肉が供えられるとされている。その中日にあたる三日目に、早朝からウシの屠殺役に選ばれた人々は群星御嶽にお参りをし、そこでウシを解体して調理が行われる。その後、群星御嶽に村の長老や司が参って、牛肉・肺臓・肝臓・心臓・ニンニク・塩のほか、神酒・米・甘藷が供饌として捧げられ、願いが行われる。その上で、山川御嶽・赤イロ目宮鳥御嶽の順で朝の神参りをし、最後に浜崎御嶽で礼拝が終わった後に、群星御嶽に戻って神人共食が催される。

なお川平では、このキイツガン祭と節祭には、獅子舞が演じられるが、これによってイノシシや鳥類害虫や天災などの被害が減り、村人は健康で豊作が続いたという。しかも、この獅子舞には弥勒行列が伴っており、獅子舞自体は唐人が伝えたとされている。もともと獅子舞は、一五世紀に中国から首里に伝わり、そこから琉球各地に広まったとされている。

しかし川平の場合では、直接に中国から伝わったとする伝承があり、福建省のものに近似することが指摘されている。ウシの供犠そのものについては、判断に慎重を期す必要はあるが、ここでは川平のキイツガンに、中国からの影響が大きい点に注目しておきたい。

一九〇三（明治三六）年の「民有地其一」によれば、川平は水田四〇町歩余・畑地八六町歩余の耕地を有しており、隣接する崎枝とともに高い農地面積を誇っている（『沖縄県史 第二〇巻』）。この数値だけからすれば、水田比率が低いように見えるが、水田稲作への期待は決して小さいものではなかった。

むしろ先の宮良報告によれば、一九六九年の段階では、戸数一一七・人口六一七を数え、水田約四五〇〇アール・畑地約一六〇〇アールと水田が卓越しており、古くから人頭税との関係で、特に稲作が盛んであったという。このことは川平に強い水田志向があったことを物語っている。ただ、いずれにしても農耕との関連が深いという点が重要だろう。

このほか竹富島においても、ブタとウシの供犠儀礼が見られる［上勢頭：一九七六］。まずブタについては、春秋の節入りした時の壬戌の日に龍宮祭が行われ、大供物として小豚四頭を屠殺して捧げられる。竹富島は四方が海に囲まれるために、この祭では、島の東西南北の浜で、海に向かって祭りが行われる。このブタは、やがて改められてニワトリとなり、さらに鶏卵に変わったほか、一九五二年までは部落行事であったものが、その後は個人行事となったとされている。

また九月大願いでは、甲または戊の日を願日と定め、島の諸作物と人々への加護を御嶽の神に祈願する。この時には、ウシを殺して肉を供え、村内の西塘・清明・幸本の三御嶽で夜通し祭りを行い、翌日には部落の有志たちで二二カ所の拝所を回る。また竹富の龍宮祭については次節で述べるが、基本的には航海・海産物などへの感謝とされている。しかしウシを捧げる九月大願いでは、農耕との関連が強く意識されており、ウシヤキとの共通性が窺われる。なお竹富には水田はなく、島内は畑地ばかりであるが、西表島に出向いて稲作を行っており、人頭税賦課基本台帳（八重山博物館蔵新本家文書）によれば、人口三一一人に対して米二九石余が科せられていたという［角川地名：一九八六］。

ハマエーグトゥ・ウシヤキとシマクサラシ

以上、沖縄の各地に残るウシヤキについて見てきたが、ハマエーグトゥはウシヤキと共通する点が多い。ただハマエーグトゥにしてもウシヤキにしても、ウシを捧げることの理由はほとんどが明らかではない。しかし共に、もともと門中の儀礼としてあったものが、現在は村単位で行われている。その目的が、基本的に門中の繁栄、引いては村全体に幸福をもたらす点にあることに疑いはない。すなわちウシを捧げることで、神々に招福を願う儀式というところに本義があると考えてよいだろう。

従って、同様にウシの肉などを集落の入口に掲げて、悪霊などが集落に入り込むことを願うシマクサラシとは、根本的に異なる儀礼と判断される。シマクサラシは、第一章の宮平論文に明らかなように除厄儀礼で、ハマエーグトゥあるいはウシヤキのような招福儀礼とは別の系譜に属するものといえよう。もちろん除厄儀礼も招福儀礼も、人々の安穏や幸福を追い求める点に変わりはない。それゆえ、世冨慶のウシヤキのように、両者が混同するケースもあり得たと考えられる。

ただシマクサラシとハマエーグトゥ・ウシヤキとの残存度をみれば、前者の方が圧倒的に高い。後者の儀礼や伝承が残る事例は極めて少なく、その本来的な意義については、ほとんど不明な状況にある。その理由については、明確な回答を提示することはできず、推論に留めるほかはないが、いちおう次のような仮説が考えられる。シマクサラシの場合は、集落全体を守るものであるのに対して、ハマエーグトゥとウシヤキは門中主体であり、集落全体での開催へと移行できなかった場合には、その継続が難しかったものと思われる。

またシマクサラシもハマエーグト・ウシヤキも、実際にはウシではなくブタやヤギを用いるケースも少なくないが、とくに後者においては、第三章の前城論文でも指摘されるように、ウシであることが、最も望ましかったという事情も考えられる。ブタやヤギに較べて、ウシの値段が高価であることも大きかったが、それ以上に近世を通じて、琉球王府がウシの屠殺を禁じてきたことに、その衰退の理由が求められよう。

尚貞王二九（一六九七）年一〇月に、王府布達として出された『法式』は、琉球全体の地方行政に対する基本方針を示したものであるが、そのうち「田舎衆中婚礼之事」には、次のような一条がある（『沖縄県史料　前近代1　首里王府仕置』）。

一、同時（注・婚礼振舞時）肴者、可為豚以下事、前々者依進退牛共殺祝儀為仕由候得共、牛ハ耕作之佐ニ成者候間、向後禁上（止）可申付候

この『法式』は、摂政として琉球王国の国政を任された向象賢が、薩摩侵攻以来、親日政策を表明した羽地仕置の方針を継承したもので、一七世紀以降に日本的な米中心の価値観が強まり始めたことになる。しかし肉食を長い伝統としてきた琉球で、これを完全に否定することはできず、ブタについては許容するが、ウシに関しては農耕との関連から、その屠殺・食用を禁じようとしたことが窺われる。

さらに『球陽』にも、尚敬王一七（一七二九）年の記事として「牛を宰し猪を屠り、赤飯の宴を設けて、以て葬礼を行ふことを厳禁す」とあり、「是に于て、始めて罰法を立て、厳禁す。此れより陋俗乃ち変ず」という注記がなされている。近世以降の日本化路線の下での風潮として、動物の屠殺を罪悪視し、これを処罰すると定めていることを考えれば、一八世紀にはウシやイノシシなどの屠殺は減少しつつあったことが窺われる。

あくまでも首里王府は、薩摩藩から課せられた石高制システムの下で、日本的な水田稲作を重視し、これに大きな役割を果たす牛馬の屠殺・食用を禁じようとした。さらに一八五七年に首里の評定所から発布された「翁長親方八重山規模帳」（『石垣市史叢書七』）に、ウシの屠殺禁止の付則として

表二－一：ハマエーグトウ・ウシヤキ一覧

村名	自治体名	農耕儀礼	先祖供養	シマクサラシ	期日(旧暦)	備考
志喜屋	南城市	△	○	別に行う	2月10～15日	ハマエーグトウ
屋部	名護市	—	○	儀礼未確認	11月9日	
安和	名護市	○	○	期日未確認	9月9日	豚御願：5月5日・7月7日
数久由	名護市	○	○	別に行う	4月29日・9月29日	
世冨慶	名護市	△	○	△	9月吉日	
謝名	今帰仁村	—	—	同日に行う	—	
天底	今帰仁村	—	—	儀礼未確認	8月10日	
浜元	本部町	—	—	別に行う	8月10日	
健堅	本部町	△	—	別に行う	9月9日	泉御願
川平	八重山	○	—	別に行う	8月	
竹富	竹富島	○	—	別に行う	9月	

△は、その要素が強いと考えられるもの

「村々牛改帳仕立置、売買之時双方噯役人証文差出、則々右帳ニ記置」とあるように、牛改帳などの帳簿を作成し、徹底的に管理しようとしたことから、とくにウシの屠殺は厳しく制限されるところとなった。

おそらくは、こうした王府の政策の下で、ハマエーグトゥ・ウシヤキあるいはシマクサラシなどの伝統行事が、村々で催されにくくなっていた状況があったものと思われる。第一章の宮平論文は、シマクサラシには、ウシのほかにもブタやヤギあるいはニワトリが用いられる事例が多かったことを指摘しているが、これはそうした状況下で、供物がウシ以外のものに変わっていったためと考えてよいだろう。

そしてシマクサラシの場合は、肉を集落の入口に吊して、悪霊を追い払うことに目的があったが、ハマエーグトゥ・ウシヤキは、ウシの供犠を行った上で、神々に捧げて門中同士あるいは村人が共食を行うことに主眼が置かれた。そのウシの屠殺が禁じられ、帳簿類によって頭数が管理されることとなると、これらの祭りは必然的に衰退へと向かわざるを得なかったと判断される。これらの祭儀におけるウシの代替えは、シマクサラシのようには簡単にはいかなかったものと思われる。

『島尻郡誌（続）』には、志喜屋のハマエーグトゥに関する短い報告が載せられており、次のように紹介されている。

浜から約百メートル沖にある「アドッチ島」の両端に白い旗が見え、龍宮の神が牛のシルを欲しがるのが、神人たちにはわかるそうである。……買ってきた牛を大屋、メー、ウフメー、親川根屋の順で連れて歩いて、祭の報告をする。この時、牛は龍宮の神が導いてくれるというので、牛のたづなは誰がとってもよい。報告した後、部落中の人が集まって浜で牛をつぶす

ここからは、龍宮の神とウシとが密接な関係にあることが窺われ、他のブタやヤギではハマエーグトゥが成り立たないことは明らかであろう。

それでは何故、ハマエーグトゥとウシヤキについては、ウシでなければならなかったのであろうか。それは次章の前城論文でも指摘されるように、ウシは農耕儀礼に不可欠の存在であったことと関係しよう。まさにウシは家畜のうちでも、乳を出し良質な肉を提供するとともに、労働力としても大きな効力を発揮するところから、最も有用な動物であった。ある意味では最高の価値を有する家畜であり、財産であったがゆえに、大切なウシを神に捧げて、農耕の豊穣を祈ったものと思われる。

本節で検討してきた儀礼を整理すれば、表二－一の如くなるが、ハマエーグトゥおよびウシヤキはシマクサラシとは別系統のもので、それらの背後には、先祖供養と農耕の存在が見え隠れしている。すなわち両者は、もともとは門中組織の招福儀礼で、それがそれぞれの村全体へと広がったと考えられるが、基本的には農耕の豊穣によって、集団の幸福が得られる点が重要で、その感謝と祈願に本質があるといえよう。そこで次節では、やや角度を変えて、ハマエーグトゥと農耕との関連について検討してみたい。

8　ハマエーグトゥと浜下り・踏耕

このハマエーグトゥの名称および祭祀場所から思い浮かぶ民俗事象に、九州から沖縄にかけて見られる浜下りがある。これは人々や御神体・御輿などが海岸に出て、海水などを浴びる行事で、南島のみならず東北から九州の太平洋岸に広く分布する。この浜下りには、さまざまなバリエーションがあり、必ずしも志喜屋のハマエーグトゥと類似するようには見えないが、こうした儀礼が浜で行われることの意味を考えておく必要があろう。

そこで、とりあえずハマエーグトゥの問題を措いて、浜下りそのものについて見ておきたい。これに関しては福島県いわき地方などを対象とした事例が知られている。宮城県・福島県・茨城県の太平洋岸の村々では、旧暦四月八日を中心に浜下りが行われるが、お盆の時期や九月などに催されることも少なくない。浜に下りる神々はさまざまであるが、これらの地域では作神系のものが産土神系よりも多いことから、農耕儀礼としての要素が強いことが指摘されている［岩崎一九六三］。

なお福島県いわき地方では、作神的な要素とともに、祖霊神的な要素も強いことや［大迫一九七二］、臨時に行われる場合には雨乞いを目的とすることが多いほか［岩崎一九九七］、春の農耕開始にあたって田の神を迎える行事とも考えられるとされている［佐々木一九九七］。なお福島県、いわき地方一帯における農耕神事は、やはり水田稲作に主眼はあるが、畑作における麦も重視されている点に注意すべきだろう［岩崎一九六九］。

いずれにしても東北・関東における浜下りには、農耕儀礼的な要素が濃いことが認められるが、同時に産土神や祖霊神を祀っていることにも留意しておきたい。とくに奄美・沖縄では、海で亡くなった霊を慰めて浜で龍宮に祈る浜御願という祈願祭のほか、浜に出て海遊びを行う浜下り儀礼が、年中行事として広く行われている。

こうした浜下りを、仲松弥秀は渚の民俗として扱い、①ニライカナイにいる祖先と子孫たちが浜で団欒するもの、②海での遭難死を避けるためや凶を逃れるために行う物忌み的なもの、③旧三月三日の大干潮の時に潮干狩りをする遊興的なもの、という三つのパターンに分け、水平の海の彼方から来訪神が去来する場所としての浜を重視している［仲松：一九九三］。ただ、この説明はかなり平板な分類に止まるものといえよう。

むしろ奄美の例ではあるが、徳之島の徳和瀬で行われる浜下り儀礼について、松山光秀は、祭祀の場である浜と集落そのものの構造に着目し、両者を比較検討した上で、儀礼そのものを村落の生産活動に関連させている。もともと浜下りの儀礼は、古くは漁業を中心としたものであったが、やがて農耕のうちでも畑作に比重がおかれ、最終的には水田稲作のためのものへと変化し、水稲の収穫儀礼を意味するようになったとする興味深い指摘がなされている［松山：二〇〇四］。

松山の説は、完全な実証を伴ったものとは評し難く、古くは漁業を中心としたとする根拠は明らかではない。しかし全体的には、かなりの説得性があるとともに、一族の祖霊との関係についても指摘しており、浜下りの本質を考える上で示唆に富む。また、この奄美の浜下りには、志喜屋のハマエーグトゥを考える上で、興味深い要素が多い。同じく徳之島の調査事例では、浜下りが、奄美本島では三月三日か五月五日に行われるのに対して、旧暦七月の盆過ぎに催され、これには先祖祭の性格が強いとともに、新米を捧げて収穫感謝と豊作祈願という要素も大きいとされている［北見一九五五］。

また沖永良部島の知名村徳時では、毎年五月五日にフーミセと言って、稲が初めて穂を見せた時に、若い者がその一つを取って、これを浜に出て海に流すという行事があり、これを浜下りとも称したという。同じく黒貫では、浜下りにあたるムケモノ（迎えもの）があり、芭蕉で作った舟に百姓の作物を乗せて海に流したという［上井：一九七三］。黒貫の場合が稲であったかどうかは不明であるが、徳時の事例は明らかに稲作を意識したものといえよう。

さらに伊波普猷は、「沖縄考」において、「久米仲里旧記」に採録された「作物のため浜下れ之時比屋定村志村の……祝詞」とある例を紹介しており［伊波：一九四二］、『南島歌謡集成 第一巻』には、久米島仲里間切に伝わる九例が収録されている。これらは全て浜下りに関するオタカベ（お崇べ）と称する祝詞で、「田数　まし（枡）数　さしう（植）へる　のきう（植）へる　いしきよ（石清）ら　ほさつ（菩薩）のふ（稲）」と唄った上で、害虫駆除の祈願が唱えられており、「作物ため」つまり農耕しかも水田のための神事であった。

これらのオタカベ九例は、仲里間切のうち比屋定・真謝・比嘉・島尻・儀間といった村々に伝わり、それぞれで浜下りが催されてきたことが分かる。しかも、これらの村々は、いずれも古くから畑地よりも水田が卓越する地域であり、久米島における浜下りは、水田稲作と深く関係するものであった。ちなみに「久米仲里旧記」は、康熙四二（一七〇三）年以前に成立したもので、農耕儀礼としての浜下りが一七世紀には行われていたのである。

こうして見ると浜下りには、さまざまな神事要素が伴っているものの、祖霊信仰と農耕儀礼という目的が重要な位置を占めていたと考えることができよう。それゆえハマエーグトゥに大屋を中心とした門中祭祀つまり祖霊信仰という側面が強く、門中および村人の招福儀礼という性格を併せ持っている点に留意すべきだろう。しかも招福は豊作によって保証されるから、ハマエーグトゥと浜下りは、祖霊信仰と農耕儀礼という点で共通することになる。

ただ浜下りには動物供犠が伴ってはいないが、これは日本的な特徴であることだけを指摘しておきたい。沖縄のみならず広く日本の海辺の村々では、浜が集落行事にとって重要な場所とされている点が重要である。おそらくハマエーグトゥも、門中祭祀つまり祖霊信仰という関係から、浜下りと同じような選地が行われたのであろう。しかもハマエーグトゥでは、浜下りが持つ農耕儀礼に〝沖縄〟的な要素として、これにウシの供犠という最大のイベントが加わり、その祭祀の中心に据えられたものと考えられる。

そしてハマエーグトゥの最も重要なウハチ（御初）として捧げられるのが、ウシの左前足であったことに注目しておきたい。その意味については、前足に蹄が付いている点が重要であろう。しかもサバニの祭壇に供される際には、蹄が海ではなく村に向いている点が注目される。すなわちニライカナイ側から、ウシの足が差し出された形となる。これはウシがもたらす恩恵を意味するもので、ウシの足のメリットとしては牛耕が考えられる。それもウシの牽引力を利用した鍬耕ではなく、足そのものが象徴するのは踏耕であろう。

この牛耕に関する文献史料としては、一八世紀初頭に成立した『琉球国由来記』巻四「事始　人事門」に「牛耕」が見え、「当国牛犂用事、何世始乎、不レ可レ考矣。通二中華一後、漸次用レ之成哉」とあり、現在用いている牛犂は、中国との交流によって、ようやく用いるようになったとしている。しかし先に述べた『琉球国由来記』の史料的性格から、全てが牛犂に代わったとすることには無理があろう。

むしろウシによる耕作として、もっとも一般的であったのは踏耕で、『李朝実録』成宗一〇年（文明一一年・一四七九）条には、朝鮮済州島の漂流民が琉球国から帰国した報告文が収められている。金非衣たち漂流民は琉球の島々を訪れたが、本島の農耕について、「水田は則ち十二月の間、ウシを用いて踏み播種す」「水田・陸田相半ばす。而して陸田稍々多し。水田は則ち冬月播種し、五月に稲皆熟す。収穫し訖れば、又牛を以て之を踏ましめ、更に播種す」と記しており、沖縄では古くから踏耕が行われていたことが分かる。

また沖縄考古学に詳しい安里は、出土遺物や文献の詳細な検討から、グスク時代におけるウシの骨の遺物を、水田稲作と結びつけ、ウシによる踏耕の存在を指摘しているが［安里：一九九八］、ウシを重要な畜力として耕作に用いた踏耕は、民俗学的にもさまざまな事例が確認されている。

沖縄の稲作儀礼を長年にわたって調査してきた伊藤幹治は、かつて伊波普猷が島尻郡真和志村識名で慶応二年生まれの老人から採取した天つ御田（神田）の歌謡を［伊波：一九七四］、沖縄の稲作栽培過程を示す史料として紹介している。そして、そのなかに「泉口かなおろち／角高かねおろちくんちゃこはみぎ浮けて／真綿原またうたう」とある部分を、「水口から水を田に引いて／牛を田に引き入れて　イホを溶かし込んで／田面が真綿のようにきれいになった」と訳している［伊藤：一九七四］。

さらに伊藤は、西表島西部地方で行われるパーリャ（舟漕ぎ競争）に関する民俗調査も行っており、そのなかで東組の男子が唱える「ルッポー」の一部に、「この牛の踏んだり切ったりする田の中に、一番米を一本植えれば一万本、二本植えれば二万本、三本植えれば計算ができない」とある箇所を紹介している［伊藤：一九七四］。

これらは、いずれもウシによる踏耕の事例を示すもので、その効果が非常に大きいと認識されていたことを物語っている。こうした踏耕は、島嶼部東南アジアの東海岸部を中心に広く分布するもので、日本でも南西諸島では、与那国島から八重山・宮古諸島、沖縄諸島の島々、さらには奄美諸島・トカラ列島を経て、種子島や南九州の一部にまで及ぶことが知られている［渡部：二〇〇三・佐々木：二〇〇三］。

しかも先に紹介した奄美徳之島の稲作祭祀を伴う浜下りは、御盆後の丙・丁・戊の三日が当てられるが、最後の三日目には、「田ワク始め」の儀式があり、ここでウシの踏耕が行われる。夕方、ウシに鞍をかけて苗代田へ行き、そこにウシを引き入れて、時計とは反対回りで三回引き回し。稲株を踏み込ませるという［松山：二〇〇四］。

なお古くから水田の多い国頭村の奥間では、四月の浜下りの際に牛馬を連れて行くが、そこに行けない牛馬のために、浜の砂を持ち帰って踏ませるといい［宮城：一九五四］、踏耕の重要性を示唆する民俗例がある。また同じ国頭の安田では、旧七月一二日に行われるシヌグ祭りからも、踏耕の重要性が窺われる。この安田に、すべての農耕儀礼と年中行事を伝えたという大里里之子（ウファ）が、忍んでやってきたことを祝うための祭りがシヌグだという。

これは隔年の行事で「大シヌグ」と称するが、ほかの年にはウンジャミ（海神祭）が行われ、これを「小シヌグ」と呼んでいる。厄払いという側面もあるが、豊作を祈願し、村落の繁栄を祝う祭りで、田草取りの模擬やウシデークなどを演じて、神酒と花米を捧げるという典型的な農耕儀礼である［賀数ほか：一九六一］。ここで歌われる「田の祝いのクエナ」には、「畦型を分かして／なりが型を分かして／足高〈牛〉も踏み降ろして／角高〈牛〉も踏み降ろして／白土もこねておいて／赤土もこねておいて」という表現があり［島村：二〇〇〇］、踏耕が沖縄の水田稲作に重要な役割を果たしていたことが分かる。

さらに与那国などでは、近年までウシの踏耕が行われており、当然のことながら、かつては志喜屋の水田も踏耕によっていたとしても不自然ではなく、そうしたウシを儀礼に用いたと考えることができよう。まさに屠殺されたウシの左前足が、こうした踏耕の象徴として、ニライカナイに捧げられたものと思われる。ちなみにウシの四足のうち、左前足が重視されるのは、左に高い価値観をおく中国思想の伝統を引くものと考えられる。

こうした事例については、広く東南アジアや東アジアなどでも検出される必要はあるが、ハマエーグトゥにおけるウシの足の供犠を、踏耕の象徴とみなすことは可能かと思われる。旧知念村下志喜屋におけるハマエーグトゥは、基本的には大屋門中の繁栄を目的とするもので、それをニライカナイに願うものである。そして、その繁栄のために水田稲作用の水源を祀り、強い生命力と畜力をもつウシを浜で供犠して、踏耕の象徴である蹄の付いたウシの足を捧げるハマエーグトゥには、動物供犠による稲作儀礼的要素が強く認められるとしてよいだろう。

9 おわりに

こうしてみると、かつては広い範囲でハマエーグトゥあるいはウシヤキのようなウシの供犠が行われていたことが窺われる。その目的については、先祖供養・除厄儀礼・農耕儀礼などとの関連が推測されるが、いずれも決定的な論拠はない。しかし、これらの事例を丁寧に分析していけば、一定の見通しを得ることは可能と思われる。

まず除厄儀礼との関連で言えば、宮平が沖縄全島に及ぶ調査で、その広汎な存在を明らかにしたシマクサラシとは別系統のものと考えられる。すなわち志喜屋の場合では、ハマエーグトゥとは全く別に、シマクサラシが行われていたことが重要だろう。もちろん世冨慶のように、ウシヤキとシマクサラシとが混同されている事例もいくつか存在するが、もともとは別個の儀礼であったと思われる。

例えば竹富島の場合にも、農耕のためにウシを捧げる九月大願いのほかに、壬の日を願日とする魔祓いという行事があり、これにはヤギの血が用いられている。この魔払いがシマクサラシであることに疑いはなく、志喜屋と同様に農耕儀礼と除厄儀礼とが、明確に区別されている。むしろハマエーグトゥ・ウシヤキ系の儀礼は、先祖供養と農耕儀礼との関連が高いことを、これまでの検討例からも指摘することができる。

しかも基本的に先祖供養は、子孫繁栄を願うもので、災いを防ぐというよりも、より積極的に富の享受を目的とする。そして富の基礎は、食料の安定に求められるところから、農耕の成就・永続が必要となる。すなわち先祖供養と農耕儀礼とは、同一レベルの要素をもち、シマクサラシという除厄儀礼とは異なるものと見なすべきであろう。このことは、とりわけ志喜屋のハマエーグトゥの事例に明確で、これが現在は村規模となってはいるが、基本的には大屋一族の門中儀礼であった点に注目する必要がある。

もともと先祖供養は、門中の繁栄を願うもので、これは富＝食料の安定によって保証されるところから、農耕との関連が高いと見なすことができる。志喜屋のハマエーグトゥをはじめ、ウシを供犠することの目的がはっきりしないケースが多いが、その背後には、稲作を中心とする農耕の影が見え隠れしているように思われる。そうした視点から最後に、沖縄における農耕とウシとの関連について検討し、ウシを供犠することの意味についてかんがえてみたい。

初めて本格的にウシの供犠を伴うハマエーグトゥを調査した鳥越は、同じく下志喜屋のシマクサラシでブタの骨や肉が用いられることを指摘しており、これらの動物献供儀礼の前段に、ギリシャのアテネで、真夏に新年を迎えるにあたって行われたという牡牛殺しの話を引いている［鳥越：一九六五］。こうしたウシの供犠儀礼を、新たな生命誕生のために饗宴を行うという位置づけを試みているが、これは余りにも唐突にすぎよう。

むしろ本稿では、ハマエーグトゥの意義を究明すべく、農耕儀礼という視点から、祭儀の内容について具体的な検討を行った。さらに同様の内容をもち名護市一帯に分布するウシヤキ、および沖縄に残るシマクサラシ以外の動物供犠の事例についても検討を試みた。またハマエーグトゥが行われる場所の問題から、東北・関東地方の沿岸部にも広がる浜下りにも注目してみた。加えてウシの供犠に左足が添えられるという点から、南島に広く見られた踏耕との関連についても言及してみた。

これまでの検討を通じて、第一章で宮平が分析したシマクサラシが、集落レベルでの除厄儀礼であるのに対して、ハマエーグトゥが門中を主体とした招福儀礼であることを明らかにした。具体的には、集落の浜辺でニライカナイに祈って行う祖霊祭祀で、ウシを犠牲として捧げるとともに、その肉や肉汁の共食を行うという構造をもつ。基本的には、門中の祭祀であったが、現在では集落規模で行われるようになっている。

その目的については、浜で行われ、龍宮神を祀るとされることから、豊漁祈願ともみなされてきた。しかし龍宮神はニライカナイであり、豊穣をもたらす神という点を重視すれば、農耕神としての性格を読みとるべきだと考えられる。それは、主体となる門中に漁業を営む者はなく、むしろ彼らが村内に優秀な水田を擁して、その水口を拝んで回ることを考えれば、やはり農耕儀礼とみなすことが妥当である。

ただ、ここで農耕儀礼をそのまま水田稲作に結びつけて良いかどうか、という議論が必要となろう。この点については、志喜屋のハマエーグトゥよりも、似たような動物供犠を伴うウシヤキの場合に、いくつか畑作の優越地域で催される事例が見受けられるからである。しかし畑作が優越する村にも、水田への強い志向が存在した可能性は否定できない。水田と畑地との比率に問題があるのではなく、どちらが重要視されていたかが問われねばならない。むしろ、類似の儀礼が、知念・羽地・奥間といった沖縄の三大美田地帯付近に、わずかながらも今日まで伝えられたという事実に何よりも注目すべきだろう。

すなわち招福儀礼においては、生活安定のための食料確保が不可欠であり、いきおい農耕の豊穣が中心的位置を占める。なかでも高い生産性と豊かな栄養価・食味が期待される水田稲作は、農耕儀礼のなかでも重視されるところとなる。それゆえハマエーグトゥのように門中繁栄を願うためには、水田稲作を核とした農耕儀礼が重要な位置を占めた者と思われる。そして、そのためには財としての価値が高いウシを、犠牲として神に供えることが何よりも必要だったのである。

こうしたハマエーグトゥは、名護市一帯に残るウシヤキと極めて類似する構造を有しており、両者は豊穣への感謝と祈念を基本とするものであった。さらに浜辺における祖霊信仰という点からすれば、これは浜下りとも共通する。ただ浜下りには、動物供犠の痕跡が認められないが、祖霊信仰つまり門中祭祀という性格に、豊穣という観点から農耕儀礼が強く意識され、ウシヤキ的な供犠が加わったものと考えられる。

さらに浜下りにしばしば伴う踏耕は、農耕儀礼のうちでも、とくに水田稲作の問題と関連する。牛馬による踏耕は、水田の敷床を固めるための重要な耕作過程であり、ハマエーグトゥにおいてウシの左足をニライカナイに捧げるのは、その象徴的供犠と解釈されよう。こうしてみると、ハマエーグトゥは、門中祭祀としての招福儀礼のなかに、ウシヤキ・浜下り・踏耕など、さまざまな要素が取り入れられて成立したものと考えられる。確かに、その意味では、志喜屋のハマエーグトゥは独特の動物供犠という評価も可能かもしれない。

もちろん、これは他に類例を見ないという意味においては独自かも知れない。しかしハマエーグトゥは、ウシヤキなどの存在を想起した場合、かつては沖縄に広く見られた動物供犠の一形態を伝えるものと判断すべきだろう。同じような動物供犠であるシマクサラシについては、第一章の宮平論文に明らかなように、南島全体で広く行われていたことが確認されている。これに対して、ハマエーグトゥは一例のみで、ウシヤキも本章で紹介した程度に止まっている。

この理由については、前節で述べたように、同じ犠牲獣でもシマクサラシの場合には、北部ではブタ・南部ではウシが多く〔宮平：二〇〇四〕、ウシに固執しなかったという経緯がある。また名護市周辺のウシヤキについても、ウシからブタやヤギに変えられた事例も存在する。これはウシが高価であったという理由もあるが、それ以上に、先に指摘した如く首里王府が牛馬の屠殺を禁止したことから、近世を通じて徐々に、そうした民俗が失われていったものと思われる。ウシヤキの事例でも、戦後の高度経済成長期頃までは行われていた形跡が窺われるが、その後、急速に姿を消していった。

そうした時代の流れのなかで、志喜屋のハマエーグトゥは、古い形式を伝えて良く残ったが、今日、その意義については不明な状況にある。この祭りは、沖縄における動物供犠の古層を考えるのに、極めて豊富な素材を提供してくれている。それは、この祭祀を懸命に伝えようとした大屋本家の努力によるところが大きい。しかし供犠の古式は、現代の衛生観念や法の整備などによって、その伝承を危うくしている。

もはやウシの屠殺は食肉センターで行わなければならず、狂牛病の検査のために、屠殺前のウシの引き回しの日程も変更を余儀なくされている。さらに重要な供物であるウシの左足を、そのまま一本用いることや、牛汁に重要な血についても、現在では保健所から特別な許可を得て、かろうじてハマエーグトゥを行い続けているのである。また近年では、高価なウシの費用を捻出し、祭りを維持するために、その肉を希望する村人に実費で分けている。これは祭りに参加でなかった村人へも、供物の共食に機会を与えようとする配慮でもあり、こうした工夫によってハマエーグトゥが伝承されているという現状を忘れてはなるまい。

補注：図二－一は平成一四年三月知念村役場作成の知念村地籍集成図を用いた。

参考文献一覧

安里進　一九九八　『グスク・共同体・村――沖縄歴史考古学序説』榕樹書林

伊藤幹治　一九七四　『稲作儀礼の研究――日琉同祖論の再検討』而立書房

伊波普猷　一九七四　「南島の稲作行事について」（一九三五・三六の講演および原稿による）『伊波普猷全集 第五巻』平凡社

伊波普猷　一九七四　「沖縄考　三　おきなはの嶽を中心として」（『沖縄考』創元社　一九四二）『伊波普猷全集 第四巻』平凡社

岩崎敏夫　一九六三　『本邦小祠の研究』岩崎博士学位論文出版後援会（覆刻版・名著出版、一九七六）

岩崎敏夫　一九六九　「農耕神事の一形態」『東北学院大学東北文化研究所紀要』創刊号

岩崎真幸　一九九七　「浜下りの祭日と周期」『福島県立博物館学術調査報告書 第28集　福島県における浜下りの研究』

福島県立博物館
上井久義　一九七三『民俗社会人類学』創元社
上勢頭亨　一九七六『竹富島誌 民話・民俗篇』法政大学出版局
沖縄タイムス社編　一九九一『おきなわの祭り』沖縄タイムス社
小野重朗　一九七〇「肉と餅の連続——供犠儀礼について」『日本民俗学』七一号、日本民俗学会
小野寺正人　一九七一「宮城県における浜降り神事について」『東北民俗』六輯
親川正雄　一九九三「ハマエーグトゥ」私家版（謄写本）＊親川久子（昭和五年生）・大田徳盛（大正一〇年生）からの聞き取りを元に、ハマエーグトゥについて簡単に解説した小冊子
賀数基栄ほか　一九六一「国頭村安田部落 シヌグまつり調査報告」『民俗』四号　琉球大学民俗研究クラブ（復刻版『沖縄民俗』全五冊　第一書房　一九八八）
角川地名　一九八六「角川日本地名大辞典」編纂委員会編『角川日本地名大辞典 48 沖縄県』角川書店、
川平村の歴史編纂委員会　一九七六『川平村の歴史』川平村公民館
鎌田久子　一九六七「『琉球国由来記』にあらわれた農耕儀礼の諸相」にいなめ研究会編『稲と祭儀 新嘗の研究 第三輯』協同出版
北見俊夫　一九五五「奄美諸島の稲米儀礼と先祖祭——主として本島・徳之島について」『鹿児島民俗』七号、鹿児島民俗学会
宜保栄治郎　一九八一「牛を焼く祭りについて」『沖縄民俗研究』三号、沖縄民俗研究会
宜保栄治郎　一九九七「名護市屋部の「牛焼き」行事について」『沖縄県の祭り・行事』沖縄県文化財調査報告書第一二七号、沖縄県教育委員会
小島瓔禮　一九九九『太陽と稲の神殿』白水社
小島瓔禮　二〇〇三「琉球諸島の食文化——日本本土との比較を軸に」國學院大學日本文化研究所編『日本の食とこころ』慶友社
佐々木高明　二〇〇三『南からの日本文化（上）』ＮＨＫブックス
島村幸一　二〇〇〇「八重山歌謡の展開」『沖縄八重山の研究』法政大学沖縄文化研究所沖縄八重山調査委員会　相模

書房
高宮広土　一九九八　「植物遺体からみた柳田国男《海上の道》説」『民族学研究』六三巻三号
地図資料編纂会編　一九九九　『大正・昭和 琉球諸島地形図集成』柏書房
津波高志　一九八一　「『琉球国由来記』記載祭祀の性格づけに関する予備的考察」『沖縄民俗研究』第三号、沖縄民俗研究会
津波高志他　一九八二　『沖縄国頭の村落』上巻・下巻　新星図書出版
鳥越憲三郎　一九六五　『琉球宗教史の研究』角川書店
仲松弥秀　一九九三　『うるまの島の古層――琉球弧の村と民俗』梟社
名護市史編さん室　二〇〇一ａ　『民俗Ⅰ民俗誌』名護市史・本編九　名護市
名護市史編さん室　二〇〇一ｂ　『民俗Ⅱ自然の文化誌』名護市史・本編九　名護市
名護市史編さん室　二〇〇三　『民俗Ⅲ民俗地図』名護市史・本編九　名護市
名護市史編さん委員会　二〇〇八　『考古資料集』名護市史・資料編・4　名護市
名護博物館編　一九八九　『プーミチャーウガーミ屋部のウシヤキ』名護博物館
浜田泰子　一九九二　「南島の動物供犠――境界祭祀シマクラサシを中心に」赤坂憲雄編『供犠の深層へ』〈叢書・史層を掘る〉Ⅳ、新曜社
原田信男　一九九三　『歴史のなかの米と肉――食物と天皇・差別』平凡社選書
原田信男　二〇一二　『なぜ生命は捧げられるか――日本の動物供犠』御茶の水書房
宮城栄昌　一九五四　「沖縄国頭地方の農耕儀礼」『日本民俗学』二巻一号、日本民俗学会
宮平盛晃　二〇〇四　「沖縄における《シマクサラシ儀礼》の民俗学的研究」『奄美沖縄民間文芸学』四号、奄美沖縄民間文芸学会
宮良賢貞　一九七九　『八重山芸能と民俗』根元書房
山下欣一　一九六九　「南島における動物供犠――心覚えとして」『南島研究』一〇号、南島研究会
山下欣一　一九八二　「南島の動物供犠について――文化人類学的視点から」『國學院雑誌』八三巻一一号、國學院大學
琉球大学歴史研究会編　一九六六　「知念半島・伊平屋、伊是名、浜比嘉調査報告」『歴史研究』第二号〈知念村史編集

委員会『知念村史』第一巻「考古関係調査報告資料」所収、一九八三、知念村役場）
渡部忠世　二〇〇三「アジアの稲作と大地――「農学的適応」と「工学的適応」をめぐって」原田信男編『食の文化フォーラム21　食と大地』ドメス出版

今帰仁村歴史文化センター　一九九七　沖縄県今帰仁村歴史文化センター編『なきじん研究　今帰仁の地名』第七号、今帰仁村教育委員会
今帰仁村教育委員会　一九八三『今帰仁城跡発掘調査報告Ⅰ――志慶真門郭の調査』
今帰仁村教育委員会　一九八六『今帰仁城跡周辺遺跡確認調査報告書』
今帰仁村教育委員会　一九九一『今帰仁城跡発掘調査報告Ⅱ――主郭（俗称本丸）の調査』
今帰仁村教育委員会　二〇〇五『今帰仁城跡周辺遺跡Ⅱ』
今帰仁村教育委員会　二〇〇八『今帰仁城跡発掘調査報告Ⅲ――今帰仁ムラ跡　西区屋敷地5の調査』
今帰仁村教育委員会　二〇〇九『今帰仁城跡発掘調査報告Ⅳ――今帰仁城跡外郭発掘調査報告1』
南風原町教育委員会　二〇〇五『クニンドー遺跡（Ⅱ）』

『石垣市史叢書 七』一九九四　石垣市総務部市史編集室編　石垣市
『遺老説伝』谷川健一他編『日本庶民生活史料集成 第一巻』一九六八　所収　三一書房
『沖縄県史 第二〇巻』一九六九　琉球政府編集・発行
『沖縄県史料 前近代1 首里王府仕置』一九八一　沖縄県沖縄史料編集所編　沖縄県教育委員会
『沖縄県歴史地図 考古編』一九八三　宮城栄昌・高宮廣衞編　柏書房
『球陽　読み下し編』一九七四　球陽研究会編　沖縄文化史料集所成5　角川書店
『古流球 三山由来記』一九八九　東江長太郎著　金城善・東江哲雄編　那覇出版社
『島尻郡誌（続）』一九七七　同編集委員会　南部振興会
『知念村史 第一巻』一九八三　知念村史編集委員会編　知念村役場
『知念村史 第二巻』一九八九　知念村史編集委員会編　知念村役場

『中山世鑑』一九六二　琉球史料叢書第五　伊波普猷他翻刻　井上書房
『南島歌謡大成 第一巻』一九八〇　外間守善・玉城政美編　角川書店
『本部町史 資料編2』一九八四　本部町史編集委員会編　本部町役場
『本部町史 通史編上』二〇〇四　本部町史編集委員会編　本部町役場
『李朝実録』谷川健一他編『日本庶民生活史料集成 第二七巻 三国交流誌』一九八一　三一書房
『琉球国由来記』一九三五　琉球王府編　伊波普猷他翻刻　名取書店（風土記社　一九八八年版）

Ⅱ　沖縄における動物供犠

1　はじめに

沖縄における動物供犠に関しては、すでに山下欣一などによって検討がなされている。第一章で詳述したシマクサラシやカンカーについても、ウシやブタ・ヤギを屠り、その肉や骨などを村々の境界にかざして、悪鬼や邪気が生活圏内に入ってこないようにと、それらを追い払う除厄儀礼であることが指摘されている［山下：一九六九・八二］。

こうした習俗については、南西諸島や南九州にも広く残り、単に沖縄だけではなく、除厄のための動物供犠は、かつては珍しくはなかった。これを検証した小野重朗は、本州など日本各地で見られるコトやトキも、ほぼ同様の性格を有するもので、むしろ〝牛豚の肉〟から〝米の餅〟へという展開があり、日本では餅が用いられるようになったことを想定している［小野：一九七〇］。

これは極めて壮大な構想で、多くの示唆に富む論考であるが、この供犠儀礼に関して小野は、農耕儀礼ではなく、防災儀礼（除厄儀礼）である点を強調している。そして防災儀礼の方が農耕儀礼よりも古いもので、そこから農耕儀礼や祖先崇拝儀礼が派生したと論じている。また浜田泰子は、沖縄と奄美のシマクサラシを検討し、小野と同様に、シマクサラシの期日が不定期的なものから定期的なものとなることや、捧げられる動物がウシからブタ・ヤギさらにはニワトリへと変化したことなどを指摘している［浜田：一九九二］。

さらに宮平盛晃は、沖縄におけるシマクサラシの全面的な調査を行い、今日においても沖縄全集落の四分の一強にあたる二八八カ所で、聴き取りおよび文献史料などから、その存在を確認できるとしている［宮平：二〇〇四］。宮平の調査は非常に綿密なもので、その分布と特色を全沖縄規模で見渡しうる重要な成果といえよう。宮平の研究によっても、シマクサラシが村落の境界で行われる除厄儀礼で、形の見えにくい悪霊などの邪気、さらには旱害・水害に至るまで、さまざまな厄災から、生活を守るためのものであることが明らかとなった。

また不定期的なものが定期化した事例は、二八八例のうち一例しか見いだせず、しかも不定期な一一例についでは、すべて伝染病などの病気に関わっている。しかも時期としては旧暦二月が圧倒的に多く、これに同八月が継ぐことから、小野や浜田の不定期から定期化へという見解には、かなり無理があることになろう。このことの意味については、動物供犠の性格の問題を含めて、改めて検討されねばなるまい。

ところで小稿の立場からすれば、宮平の分析のうちで、最も注目すべきは、豊作祈願を目的とした事例が、わずかに九例ではあるが存在している点である。もちろん先にも述べたように、本来的な目的が除厄にあることに疑いはないが、そこに豊作祈願という農耕儀礼の要素を含み込んでいることが重要であろう。

さらに宮平は、屠殺という供犠が行われる場所が、集落の入り口であり、崖または坂などの地形地が利用されていることや、その場所の名称が、ウシに関わるもので、本来的にはウシが供犠の対象であったことを重要視している。

これらの問題については、後に改めて触れることにしたいが、ほかにもウヮークルシー（正月ブタ）の存在から、沖縄においては、動物を屠って利用する文化が濃厚に残存し、これを供犠に用いる習俗が、古くから広く行われていたと見なすことができる。その意味においては、小野が指摘したような〝肉〟から〝餅〟へという歴史的展開の古層が、南島および沖縄に残ったとする推測は、かなりの説得力を有するものと思われる。なお小野は、こうした防災儀礼が、農耕儀礼とは別物であることを強調している。

ところで一七一三年に編纂された『琉球国由来記』には、沖縄における地方ごとの農耕儀礼が詳細に記されていると同時に、「祟之日」についての記述も多く、シマクサラシ的な儀礼の重要性を窺わせるにも関わらず、そこに動物供犠を思わせる記述は全く見あたらない。同書は先にも述べたように、そのまま沖縄における習俗実態を示すものではない。ただ実際には、すでに本章I見てきたように、シマクサラシ以外にも、ウシなどを用いた動物供犠は間違いなく存在していた。

こうしたシマクサラシについては、上記のような研究史はあるが、ハマエーグトゥやウシヤキに関しては、ここで採り上げた以外に本格的な論考がない。そこで本書では最後に、ハマエーグトゥと稲作との関連について、歴史的な検討を加えることで、ウシヤキやシマクサラシなども考慮しつつ、沖縄における動物供犠の意義を考えてみたいと思う。

2　沖縄における農耕と稲作

本書の冒頭で、沖縄に日本の祖型が残るという議論を紹介したが、このことの意味は単純ではない。

つまり時間軸のうえで、沖縄が日本に先行したわけではなく、むしろ稲作やウシの移入が遅れたがゆえに、古い習俗が残りやすかったということになろう。それに加えて、第三章の前城論文が明らかにするように、かつて日本に大きな影響を与えた中国文化が、より直接的な形で沖縄に入ってきたことも重視されねばならない。

こうした点に留意した上で、本章Ⅰで想定したように、ハマエーグトゥやウシヤキが水田稲作と関係するのであれば、まずそれらの歴史的関係を、時間軸のうえから確定していく作業から始めなければならない。確かに、港川人の問題が端的に示す如く、旧石器時代における人間の移動からすれば、沖縄には中国華南からの系譜が認められる。ただ、それがそのまま継続したかどうかは別としても、基本的には中国の南方が主流で、その流れは縄文人にまで受け継がれることになる。

しかし弥生人および弥生文化との関連でいえば、その影響は新しく、やはり朝鮮半島から受容された文化が、南九州・奄美経由で沖縄に伝えられたと考えるべきだろう。とくに近年、考古学の分野からの新たな研究成果が示されている。とりわけグスク時代の重要性が注目され、ヤコウガイの交易やカムィ焼の分布、さらには鬼界ケ島の城久遺跡群の発掘などによって、いくつかの新たな事実が提示されるに至った［吉成：二〇一〇・一二］。このことの意義については、後に改めて論じたいが、とくに九世紀頃から大きな変化が生じ始めたものと思われる。

そして、これに続くグスク時代には、出土人骨などからの推計から、貝塚時代後期に比して一〇倍ほどの人口に膨れ上がったとされている［安里・土肥：一九九九］。こうした急激な人口増加には、大量の食料入手が可能でなければならず、それが達成された背景には、農耕の開始が想定されねばならない。事実、沖縄における農耕はグスク時代に始まったと見なされている。想像を逞しくした上で比喩的な言い方をすれば、沖縄のグスク時代は、まさに日本の弥生時代に匹敵するもので、本格的な水田稲作と戦争という文化を受容したことを意味しよう。

ちなみに沖縄の農耕開始時期については、近年、考古学の新たな試みによって、これまでよりも大きくさかのぼるところとなった。植物遺体のフローテーション検出によって、稲・麦・粟などの畑作が始まり、奄美・沖縄諸島で農耕への展開が起こったのは一〇～一一世紀の間であったことが指摘されている［高宮：二〇〇九］。

そして農耕が一般化するのは、やはり一二～一三世紀のことで、グスク文化展開の大きな要因となったことは、基本的に正しいと考えられる。グスク遺跡の特色は、貝塚時代とは異なって、海岸部から内陸部へと展開を遂げるところにあり、その立地は明らかに農耕を意識していたことが窺われる。とくに水田稲作が本格化し始めたことは、いくつかの考古遺跡からも知られるところである。

例えば国頭に位置して太平洋に面する宜野座村では、一九八四年以降、ダム開発に伴って漢那福地川遺跡の発掘が行われ、いくつかの水田址が検出されている［宜野座村：一九九三］。グァーヌ地区では、①～⑥ピットを設定し発掘調査を行った結果、Ⅶ層を河川由来の自然層とするうち、①②ではⅤ層以上から、③④ではⅥ層以上から、⑤⑥ではⅣ層以上から、それぞれ水田址が確認されている。

このうちⅤ層は一二～一六世紀頃の堆積層で、水路を伴う事例も存在しており、本格的な水田開発が、グスク時代に始まっていたことが明らかとなる。なお、この遺跡は古くからの水田適地で、ここに該当する漢那・惣慶・宜野座・古知屋四村の田畑石高比は、一七世紀中期で田二二四石・畑一〇七石となっており、これらは一二世紀以降における順調な水田開発の結果と考えられる。

ちなみにグスク時代の遺跡は、近世村の立地に重複する場合がほとんどで、この時期における農耕の本格的な開始が、その後の琉球王国の基礎を築いたといっても過言ではあるまい。確かに水田稲作は、その後の社会展開に大きな役割を果たしたが、グスク時代における沖縄の農耕は、基本的には畑作が主流で、麦を中心に稲や粟を栽培していたと考えるべきだろう。

こうした沖縄の農耕に関しては、周知のように、知念一帯には有名な神話がある。琉球王国最初の正史『中山世鑑』に「阿摩美久、天ヘノボリ、五穀ノ種子ヲ乞下リ、麦・粟・菽・黍ノ、数種ヲバ、初テ久高嶋ニゾ蒔給。稲ヲバ、知念大川ノ後、又玉城ヲケミゾニゾ藝給」とあり、天界からアマミキョが五穀を、この地域に伝えたとしている。久高島には麦などの畑作物を、知念大川と玉城つまり受水・走水には稲を植えたといい、このため毎年二月には久高へ、そして四月には知念と玉城へ王が行幸する旨を記している。

これに関しては、旧知念村久手堅に、沖縄第一の聖地でアマミキョが作ったとされる斎場御嶽があり、ここでは聞声大君の交替式である御新下りが行われる。また、ここの水を美御水として、二月の麦の穂祭と四月の稲の穂祭に、久手堅ノロが首里殿内に持参することも続けられている。さらには、よく知られるように、斎場御嶽と浦添城・首里城とを結ぶ延長線上に、神の島とされる久高島があり、これを臨んで同所で国王の親拝が行われる。とくに久高島は、ほぼ平坦で湧水が少なく、水田には適せず畑作が中心であったと考えられるが、いずれにしても、これらの五穀発祥の地は、沖縄の国家祭祀に重要かつ神聖な場所とされてきた。

こうした内容をもつ『中山世鑑』は、尚質三（一六五〇）年に王命をうけた向象賢が編纂を開始したもので、当時の政策方針から日本の影響を強く受け、天孫降臨の立場から農耕の由来を和文で説明している。これに対して、尚貞三三（一七〇一）年に蔡鐸が編纂した『中山世譜』は漢文を用いて、正編を中国関係、付編を日本関係として書き分けており、注目すべき記述も少なくない。ここでは最初の国君を天孫氏とすることは変わらないが、天界からの垂直志向よりも、海神的な水平志向が強く、麦・粟・黍は自然に久高島に、そして稲苗は知念・玉城に生えて農業が始まったとしている。

ただしアマミキョは女神とされ、男神のシネリキョとともに祖神とされるが、農業との関連は見られず、これとは系譜を別にする天孫氏の時代に農耕が始まったとしている。こうした内容は、同じく漢文で書かれて、尚敬三一（一七四五）年に完成をみた鄭秉哲編の『球陽』にも見られ、ほぼ同様の記述となっている。

なお尚敬元（一七一三）年に完成をみた地誌『琉球国由来記』には、知念大川の泉に、アマミキョがニライカナイから稲種を持ってきて植えたという伝承が見える。ここには天界という発想はなく、海からの来訪とする点が注目される。こうした水平志向のほうが、沖縄のより古い形を残すものと思われる。いずれにしても、これらの農耕起源神話が、ハマエーグトゥを伝える知念村に残る点も興味深いが、琉球王国の王権と深く結びついた伝承となっていることが重要だろう。

ところで『中山世譜』歴代総記には、古代の農業について、「国無二賦斂一、有レ事則均レ税。厥田良沃、先以レ火焼、而引レ水灌レ之。其農器以レ石為レ刄」とあるが、この水田記事は、江南地方のいわゆる火耕水耨という農法を指すものであるし［原田：二〇一一］、中国を中心に広がる石包丁は沖縄では出土例がなく、単に古代中国の農業知識を記したにすぎない。むしろ、その前の国には定まった年貢はないが、必要な時には税を均等に集めたという記事が注目される。未だ農耕が社会の生産的基礎をなすには至っていない状況を窺わせる。

そうした農耕の開始は、先に見たように天孫氏の時代のことであるが、その直前に「分二為三区一」として、中山のほか山北と山南に分けた記事があり、グスク時代に農耕が始まったことを暗示して、考古学的成果との一致を窺わせる。農耕の初源や火耕水耨および三山の分割については、先の『球陽』にも『中山世譜』を踏襲したほぼ同様の記事があり、プリミティブな農耕が国家の形成と関連していたという時代認識が、漠然とではあっても近世の知識人にあったものと思われる。これは先にも述べたような考古学の成果と一致し、歴史の伝承と史実との重なりという点で興味深いものがある。

基本的に農耕と王権とは密接な関係にあり、農耕とりわけ水田稲作による社会的剰余の形成によって、王権そのものの基盤が形成されるというのが、東アジア・東南アジア世界では一般的であった。これを象徴するように、『中山世譜』と『球陽』の英祖王条には、国家と農耕の発展に関する記述があるので、より詳細な後者を引用しておこう。

二年始めて経界を正す。

天孫氏の世、田地に賦税すること有る無し。但国に一事有れば、索を以て人頭を廻し、定めて一尺と為し、以て稲米を束す。之れを名づけて一束と曰ふ。以て稲米一束を朝廷に貢す。後年に至り、国中の男女、毎年皆稲米一束を王に貢す。今番、王遍く田野を巡り、始めて経界を正し井地を均し

て、民をして力を田畝に尽さしむ。然る後、穀禄豊かに登り、百度悉く挙りて、国大いに治まる

英祖王は、それまでの舜天の系列とは異なって天孫氏の王統を引き、「天日之子（テダコ）」つまり太陽の子を名乗って太陽神を思わせるが、即位翌年の南宋景定二（一二六一）年には、田畑の境界を初めて定めたという。それまでは人の頭の太さに巻いた稲束を個々に課していたが、国中の田畑を計量して田野の制を定め、稲作農耕を推進したことが強調されている。英祖以前にも水田稲作は行われていたが、かつては飢饉に苦しめられることが少なくなかった。ところが英祖が水田農耕に力を入れたため、豊かになって国が治まったとしている点も興味深い。

さらに同五（一二六四）年には久米島・慶良間島・伊比屋島が、翌々年には大島などが、続々と英祖王に貢ぐようになったとして、英祖王の代における琉球王国の拡大・発展が語られている。こうした背景には、農業生産力の著しい発達があったと考えるべきで、このことは、先にも述べたように近年の考古学が示すところとほぼ一致する。一三世紀に至ると、炭化した稲や麦などのほか、石鍋やカムィヤキ・グスク土器に加えて、鉄製穂摘具なども広く出土する。そして同時に、農耕用畜力としてのウシの骨も共伴することから、水田で踏耕が行われていたと考えられている［安里：一九九八］。

3　沖縄におけるウシと供犠

すでに沖縄では、グスク時代からウシが飼われており、とくに一三〜一四世紀頃の今帰仁城跡およびその周辺からは、脊椎動物のうちでもかなりの割合でウシの骨が出土している［今帰仁村・

一九八三・九一・二〇〇五・〇八・〇九]。さらに一二～一三世紀頃の南風原町のクニンドー遺跡では、一〇〇〇個以上出土した動物遺体のうち八五パーセントがウシの骨であることが確認されている[南風原町:二〇〇五]。

もちろん、こうしたウシが水田の踏耕のみに用いられたのではなく、畑地の耕紀などにも大きな役割を果たしたとしなければならない。グスク時代の農耕については、考古学のフローテーションによる出土種子分析の結果、最も多いのは大麦・小麦で、これに米や粟・稗・豆が続くという事例が一般的であった。基本的にグスク時代の農耕は、畑作が主力であったとしなければならないが、やはり水田農耕の開始という事実は押さえておく必要がある[高宮:二〇〇九]。

また一一～一二世紀にかけては、ウシの骨の出土例が少なく一二～一三世紀に急増することから、この時期にウシの飼育が広まったものと思われる。なおウマについては、出土例がウシよりも少なく、やや遅れて一四世紀頃に一般化した可能性が高い。いずれにしても沖縄では、ウシが労働力および食料として村落生活に重要な位置を占めており、これが農業生産力を安定せしめたとしてよいだろう。

こうした沖縄における農耕および稲作とウシの問題を概観してみると、ハマエーグトゥおよびウシヤキなどのような供犠儀礼の原型が発生した時期については、だいたい一二～一三世紀あたりに求められることになろう。またシマクサラシにしても、ウシの供犠に原型を求めるとするなら、ほぼ同様な時期を想定することができよう。ただ、ここで考慮すべきは、ウシを用いる以前に、他の動物を供犠していたのかどうか、という問題である。

これに関しては、沖縄における家畜としてブタとヤギとが知られるが、これらは一四世紀のこととされている［島袋：一九八九］。従ってウシの移入が一二世紀だとすれば、それ以前から沖縄にいた野生動物としては、琉球イノシシとシカとが考えられるにすぎない。しかし、こうしたイノシシとシカが儀礼に用いられた形跡は、考古学的に確認されておらず、動物供犠が行われていた可能性は極めて低いと言わざるを得ない。とすれば、沖縄ではハマエーグトゥ・ウシヤキやシマクサラシといったウシの動物供犠が、歴史的に見ても最も古く、それはグスク時代のこととなる。

これを再び考古資料から検討してみたい。島尻郡としては水田の多い南風原町仲間村跡A地点遺跡では、かなりの牛骨を出土するが、ここではウシの下顎骨が人為的に配列されている点が注目される［南風原町：二〇〇二・〇五］。第Ⅲ層上面からは、左右二つに分割した下顎骨五点が、一メートル間隔で縦横交互の向きに、ほぼ一列に並べられる形で出土している。この調査区の北東部には、ミフーダ（三穂田）つまり神田があり、その開田儀礼としてウシを伴う儀式が行われた可能性が指摘されている。

この層からは、中国産磁器が出土しており、時期的には一二〜一五世紀のものと判断されている。しかも仲間村跡B地点遺跡と同様に、豚骨の出土数がウシの三倍近くにものぼり、肉の主要な供給源はブタであったと推定される。また屠殺時期が年末から年始にかけてであることから、すでに正月豚の習俗が成立していたと思われる。つまりブタの飼育が一般的となる時期に、貴重なウシを用いた供犠が行われていたと考えることができる。

また、その目的が開田儀礼であったかどうかは難しいが、同じく第Ⅲ層の確認面からは数本の溝が検出されている。この通水状況は不明であるが、この一帯は水田であったと考えられているほか、クバの木を意識的に配していることなど、ハマエーグトゥとの共通性も認められる。さらに同面には、ウシに引かせたと考えられる耕作痕も認められており、ウシの下顎骨を配列した儀礼が、水田稲作に関係する可能性は極めて高い。いずれにしても一二世紀以降には、沖縄でウシを用いた動物供犠が行われていたことは確実である。

ただ、こうしたウシの供犠が、そのままハマエーグトゥと同じだったとは考えられず、かなりシンプルな形であったことが想像される。ハマエーグトゥに中国の陰陽五行思想や風水思想の影響が極めて強いことは、第三章の前城論文に明らかで、これがウシの供犠にいつごろ取り入れられたかを検討しておきたい。

そうした中国からの思想的影響については、沖縄と中国との密接な関係が形成されてから後のことと考えるのが妥当であろう。すなわち察度二三（一三七二）年に中山王察度が、明との冊封関係を結んだことが、中国文化への傾斜を深めた要因であったことに疑いはない。そして洪武二五（一三九二）年に洪武帝の命により、いわゆる閩人三十六姓が那覇近郊の久米村に移住したことで、中国文化の浸透・定着に拍車がかかった。

とくに風水思想に関しては、『球陽』尚質王二〇（一六六七）年条に「本国、地理を知る者有るも、得て詳かにすべからず。是の年、唐栄の周国俊、存留官と為りて閩に入り、已に地理を学びて帰来す」とあり、地理すなわち風水を、久米村の周国俊が体系的に伝えたとしている。いずれにしても沖縄で風水思想が受容され、定着していくのは一七世紀後半以降のことであった[都築：一九九四]。

こうした歴史的背景からは、おそらく一二～一三世紀に、ハマエーグトゥの原型となるようなウシの供犠が広く成立し、それが一四～一五世紀に中国文化の影響を受けて、今日のような形に整えられたと考えられる。後に第三章で見るように、ハマエーグトゥの儀式には、実に徹底した風水思想によって、その形がみごとに完成しているが、それは一七世紀後半以降のことと言わねばならない。

しかし一方で、一七世紀以降には、薩摩の侵攻を受けて、向象賢などによる新たな政治方針が採用され、沖縄文化の日本化が著しく進行するようになった。本章Iでもみたように、一七世紀末から一八世紀初めにかけて、ウシなどの屠殺を禁ずる法令が出された。こうして農耕における牛馬の重要性が強調され、肉が遠ざけられていくなかで、ハマエーグトゥやウシヤキにおけるウシの供犠が、次第に消滅していったと理解するのが正しかろう。

そしてハマエーグトゥ・ウシヤキといった水田稲作と深く関係するウシの供犠は、一部の地域を除いて二〇世紀後半には、ほとんど姿を消してしまった。また厄災儀礼としてのシマクサラシも、ウシの供犠については同様に衰退していったが、この場合には他の動物に置き換えが比較的可能であったために、より長くかつ広汎に存続したものと思われる。なおウシヤキでも、名護周辺ではブタやヤギによるウシの置き換えが、わずかながら起きている点に留意すべきだろう。しかし農耕のために捧げられる動物は、最も貴重なものでなければならず、第三章の前城論文で見るように、やはりウシが基本であり、本源的な形だったと考えるべきだろう。

4　沖縄における供犠の源流について

では、これまで見てきたような水田稲作に伴うウシの供犠は、どこから来たのだろうか。この問題については、史料的に恵まれず、現在の段階で結論を出すことは極めて難しい。そこで小稿では、小生なりの一つの仮説を提示しておきたい。こうした供犠の原型は、かなり早い段階において、農耕とともに日本経由で沖縄に伝わった可能性を想定してよいように思われる。これに関しては、かつて政治的にも大きな問題となった日琉同祖論に触れざるを得ないことになるが、ここでは伊波普猷の議論と、その論拠の一つともなった向象賢の認識から紹介していこう。

一部の研究者にはよく知られた史料であるが、「羽地仕置」に収められた延宝元（一六七三）年と推定される三月一〇日付の当春久高島知念祭礼年ニ付国司被参筈ニ而候故愚了簡之所及申入候（『沖縄県史料 前近代1』）には、次のような一節がある。

此国人生初者、日本ょ里為渡儀、疑無御座候、然者、末世之今ニ天地山川五形五倫、鳥獣草木之名ニ至迄、皆通達せり、雖然言葉之余相違者、遠国之上、久敷通融為絶故也、五穀茂人同時日本ょ里為渡物なれは、右祭礼は、何方ニ而被仕候而茂同事与そんし候事、

すなわち沖縄人は、日本から渡って来たもので、双方の文化は似ており言葉が少し違うのは、距離が離れて交渉が絶えたためだとし、五穀も日本から渡来したとしている。

この向象賢つまり羽地朝秀は、薩摩藩の琉球侵略後に摂政として敏腕をふるい、琉球王朝の伝統に固執しつつ日本化路線を採った政治家であった。その編纂になる『中山世鑑』には、先にも触れたように、日本文化の影響が強く現れているが、それが彼の単なる戦略であったのか、全くの歴史認識であったのか、判断は難しい。ただ同書では、源為朝と大里按司の妹との間の子が天孫氏の跡を承けた

舜天王だとして、いわゆる為朝伝説を展開しており、沖縄と日本との関連に眼を向けている点が興味深い。

為朝伝説自体は、とうてい事実とは認められないが、これには沖縄と日本をめぐるさまざまな問題が内包されている。これについて、ここで触れる余裕はないが、文化論・歴史論からみた沖縄と日本の関係は、古くからの極めて重要なテーマであった。伊波普猷は、先の羽地仕置の史料を踏まえて、沖縄人の祖先が日本人であるという説を、より広汎な知識を動員した上で展開している。

もちろん伊波の考えは、単なる日琉同祖論ではなく、民俗学や言語学の豊富な事例を基礎として、日本文化が南漸して沖縄の文化を築いたとした。例えば「あまみや考」では、沖縄の始祖とされるアマミキョは、アマミヤつまり高天原に居住したとし、もともとは奄美人の意であり、ヤマトの海洋民つまり海部が奄美を経由して沖縄にやってきたとする説を提唱した[伊波：一九三九]。伊波によれば、もともとアマミキョは北からやって来たもので、海の彼方のニライカナイも、とうぜん北にあったことになる。

しかし尚氏第一王朝が、農耕神話の伝わる知念地方を神聖視し、その位置が首里の東にあたることから、やがて方位的な混同が起こり、いつしかニライカナイの方角が東となったと伊波は考えた。これが同論文を収めた『日本文化の南漸』や『をなり神の島』などで展開された『古琉球』以来の論旨で、伊波は膨大な論考を踏まえて、日本文化が沖縄の文化の源流だと結論づけたのである［伊波：一九一一・三九・三八］。

こうした伊波の見解は、多くの賛同者を得ながらも、日琉同祖論への心情的反発もあって、戦後においてはその発展的継承がなされたとは言い難い状況にあった。ところが近年の考古学や人類学の成果は、基本的に伊波の学説を裏付けるもので、沖縄文化には日本からの文化移入が多かったことが指摘されている。とくに奄美諸島との関連において、沖縄史の再検討が進みつつある。

まず螺鈿細工に不可欠なヤコウガイについては、紀元前から中国との交易があったことは知られていたが、イモガイ・ゴホウラカイなどが日本各地の弥生遺跡からも多数出土しており、いわゆる〝貝の道〟を通じた交易が古くから盛んであった［沖縄県文化振興会編：二〇〇二］。さらにヤコウガイについては、すでに七〜八世紀にヤマトとも取引されており、とくに一二〜一三世紀には、寺院や貴族社会に螺鈿細工が盛行して、東北の中尊寺などでも膨大な数の細工が施されるほどであった［高梨：二〇〇三］。

また奄美と沖縄との交流については、土器と石鍋の分布が興味深い事実を提起してくれている。徳之島で生産されたカムィヤキや、長崎県西彼杵半島を原産地とする滑石製石鍋が、一一〜一四世紀には琉球文化圏にも広く流通しており、両者の間に盛んな交流があったことが窺われる。このほかにも土器の動態からは、古代におけるヤマト文化の南漸が見られるという指摘がある［高梨：二〇〇九］。さらに喜界島における城久遺跡群の発見によって、九〜一五世紀には、奄美の在地系の土器文化とは異なるヤマトの前進基地があったことが知られるようになった［澄田：二〇一〇］。

とくに一一〜一二世紀頃から沖縄の社会は大きく変化し始め、グスク時代における社会変容には注目すべき点が多い。先にも述べたように、農耕の開始は沖縄の歴史の一大画期となったが、さらに重要なのは同時に沖縄人の形質が変化したことである。すなわち沖縄人の骨格が、この時期に劇的に変わって、日本人との混血化が急速に進んだと考えられている［安里・土肥：一九九九］。これは、まさに先に向象賢が指摘し、伊波普猷が追認した「此国人生初者、日本ょ里為渡儀、疑無御座候」という「羽地仕置」中の記事を裏付けることになる。

ただ初めに和人が沖縄にやって来たのではなく、在来の人々との交渉の結果である点には留意しておかねばならない。いわゆるオモロ語の成立［阿部：二〇〇九］、あるいは琉球方言が形成されたのも［中本：二〇〇九］、グスク時代以降のことと見なされつつあり、沖縄とヤマトとの人的交流が、グスク時代以降に著しく進展したという事情があった。

これに関する事例としては、久米島のヤジャーガマ遺跡が興味深い。ここでは、ヤジャーガマA式・同B式土器が出土するが、このうち前者は貝塚時代後期、後者はグスク時代初期に属する。前者には見られないが、後者の場合には出土地点でかなりの炭化麦や炭化米などが発掘されるとともに、カムィヤキと滑石製石鍋とが共伴する点が注目される［安里：一九七五］。

先にも述べたように、カムィヤキが徳之島を拠点とし、滑石製石鍋が長崎県西彼杵半島を原産地とするものであるから、これに伴って炭化麦や炭化米が出土するのは、グスク時代後期に久米島にも農耕が、これらの土器と石鍋とほぼ同時期に入ったことを意味しよう。これは沖縄における農耕が、ヤマトからもたらされたものであった可能性が高いことになる。すなわち再び向象賢の文章を引けば、まさしく「五穀茂人同時日本ょ里為渡物」という認識が正しかったことになろう。

先に伊波普猷が、沖縄に農耕を伝えたのは、ヤマトの海部を祖先とするアマミキョの一族だとする説を紹介したが［伊波：一九三九］、それを象徴的に物語るのが、久高島および受水・走水や知念大川に伝わる農耕の初源神話であった。従って農耕を伝えたニライカナイの方角は、北であったことになるが、これに関する伊波の説明については、すでに述べたとおりである。ただ単なる民族の移動による農耕の伝播とすべきではなく、あくまでもヤマトとの接触によって混血化が進み、沖縄においてグスク時代に農耕文化が定着・発展したという点が重要だろう。

これについては、フローテーションによる種子の分析結果から、沖縄への農耕文化の伝播は、北からの移入によるもので、一〇〜一一世紀頃に始まり、一二〜一三世紀に農耕という新たな生業が、南島に本格的に適応したとする見解は、かなりの説得力を持つということができる［高宮：二〇〇九］。つまり沖縄諸島においては、その直接的な経路の違いや多少の時期の相違はあったとしても、平安末期から鎌倉期に本格的な農耕が及んでおり、沖縄の歴史において画期的な時代であったことに疑いはない。

おそらく、こうした時期にハマエーグトゥやウシヤキの原型となるウシの供犠も、沖縄に入ったと考えられるが、その源流はヤマトに求められることになる。これを裏付けるためには、平安末期から鎌倉期にかけて、水田稲作のためにウシを供犠する民俗がヤマトにあったことが証明されなければならない。これに関しては、姉妹編の『なぜ生命は捧げられるか』で具体的な検討を行っているので参照されたい［原田：二〇一二］。ここではヤマトでも、平安末期から鎌倉時代には、水田遺構からウシの下顎骨や頭蓋骨などが出土し、その埋設状況から祭祀遺構と判断されることを挙げておく。いずれにしても動物供犠が、グスク時代に日本から、農耕とともに沖縄に入り、これにウシが用いられるようになった可能性が高いとしてよいだろう。

ただ、この場合に問題となるのは、本章Ⅰで論じた踏耕の存在で、奄美を含む南西諸島は行われていたが、日本の水田稲作には痕跡が薄い。もともと踏耕自体は、南方的な水田技術の要素で、沖縄を含む南西諸島や韓国の済州島にも見られる。しかし、これらの事実は、沖縄における稲作が南方から伝播したという論拠とはならない。ここ二〇～三〇年の考古学的成果によれば、日本の水田稲作が縄文晩期に朝鮮半島からやって来たことは、ほぼ疑いのない事実と考えられる。

なお日本では水田稲作以前に、焼畑などによる稲作が縄文中期に行われており、縄文農耕の一部をなしていたが、このルートについては南方経由であった可能性がある［原田：二〇〇六］。ただ縄文時代における稲作の問題は措くとしても、沖縄を含む南西諸島の稲作や根栽農耕に、南方的要素が強いことが指摘されている［佐々木：二〇〇三］。しかし最も重要なことは、水田稲作そのものが朝鮮半島経由であったとしても、その歴史的な展開過程でさまざまな地域的偏差を伴うのは当然であろう。

すなわち踏耕にしても、民俗学の側からは、太平洋の黒潮沿いの鹿児島・高知・伊勢などには、その名残を示す神事が存在することが指摘されている［野本：一九九三］。おそらく南九州を中心に、西日本にくらいまで広がっていた南方的な水田農耕を伴うような形で、平安末～鎌倉期に水田稲作をはじめとした農耕が、奄美諸島経由で沖縄に入ったと考えるべきだろう。なお、そうした地域的な農耕偏差の様相については、今後の解明を待たねばなるまい。

5　おわりに

こうした考古学の方法は、供犠の事実と年代の確認に大きな役割を果たすが、祭祀の様相についいては、これを具体的にすることはできない。そこで歴史学や民俗学・地理学の成果に頼って、グスク時代における村落や家族の存在形態を模索し、当時の祖霊信仰の在り方に迫りたいと思う。

まず歴史学からは、沖縄が正式に日本の一部とされた琉球処分以降を近代とし、いわば半分日本に組み入れられた薩摩侵略以降を近世とする時代区分が提示されている。そして、それ以前の古琉球と称される時代を中世としているが、とくに中世から近世への移行においては、一七世紀後半から一八世紀前半、つまり薩摩との協調路線を採った摂政・向象賢と三司官・蔡温の執政期に、大きな社会変革があったと考えねばならない。

なかでも古琉球時代の村落について、高倉良吉は、琉球王府の発布した辞令書を通して、地方行政制度の分析を行った[高倉：一九八七]。近世・近代では、いくつかの村によって構成された間切があり、これが行政区画として用いられてきたが、中世においては、集落的な景観をもつ一個の完結した村落共同体であるシマがあり、これをまとめて間切という行政単位で把握していた。

そして生活レベルの年中行事や祭礼は、いずれもシマを単位として行われてきたことを指摘するとともに、複数のシマや間切には、シマ名を名乗る大屋子や首里大屋子が行政のトップとして君臨し、そのもとに同じくシマ名を関した目差・掟などといった役人が置かれていた。さらに間切やシマの祭祀を担当するノロが任命されており、役人たちと同格の神職として給分が保証されていたところからも、古琉球時代の村落レベルにおける祭祀の重要性を窺うことができる。

民俗祭祀と地理学に詳しい仲松秀弥は、これを社会構造との関連から考察した［仲松：一九七五・七七］。まず信仰の中心となる御嶽は、その村落の祖先の墓所で、その創始家の主人が根人となり、その血統の女子が根神となる。そして最高の女神である根神は、旧家血縁の出自をもつ神女数名を統括して、神事や祭礼を行ってきた。しかも古い村つまりシマには、必ず一つの殿あるいは神アサギと称する祭祀場のほか、祖霊を祀る御嶽や村を見守ってくれるクサテ森があった。

ただ、シマの統合が進むと、殿や御嶽の数は増加するが、基本的に古いシマは、祖霊神を祀った御嶽に接して村の宗家が立地し、その周囲に他の旧家の屋敷があり、それらの周辺にそれぞれの分家群が広がるという村落景観をとる。なお近世の改革によって、地割りが行われ家屋配置も整然とした碁盤の目状となるが、それ以前は不整形で自然発生的な集落形態をもっており、それが古琉球における一六世紀的な村落の特徴であった。

この問題に安里進は、考古学の観点から、以下のような検討を加えた［安里：一九九八］。まず大里村稲福の発掘事例では、農耕開始期の一二～一三世紀頃に、ヤジャーガマB式土器を中心とした数世帯規模の上御願遺跡が形成されたとした。ここでは祭祀遺構などから、集落構成員は、御嶽単位の同祖集団をなすもので、「世帯共同体」的な性格を有していたという。やがて一四世紀頃になると、その近辺に散居的な集落形態をもつ仲村御嶽・稲福殿両遺跡が併存するようになるが、これらは上御願の集団と密接な関係を有するもので、この三者で血縁的な性格の強い共同体を構成していたという。

すなわち一つの御嶽を中心として、祖先祭祀や殿・神アサギなどで祭祀を執り行ってきた小規模な同祖集団が、農耕を始めたグスク時代初期に原初的集落を形成していたことが窺われる。さらにグスク時代も進むと、水田可耕地となる谷底平野や海岸低地を単位に、一つの水系的なまとまりをもつ地縁的な集落群が成立したという。しかも、それらの遺跡群から出土した土器胎土の分析を通して、そこには同祖同族的関係をもつ集団が存在したと推定しており、一四～一五世紀の集落は、地縁的・同祖同族的な原理で構成されたされていたことになる。

なお安里は、グスク時代の農業については、出土遺物から、ウシによる踏耕を用いた水田稲作と、麦や粟を中心とした畑作が中心で、鉄製の小さな手鎌を使った穂摘みを行う程度で、ヤマトの弥生から古墳時代の技術水準にあったとしている。また注目すべきは、こうしたグスク時代の遺跡は、ほとんどそのまま近世村に受け継がれており、集落の拡大や移動はあったにせよ、とくに御嶽や殿などの祭祀場所を伴う古琉球の集落形態は、近世・近代まで連綿と継続されてきたという点が重要だろう。

こうしてみると、グスク時代初期の農耕を受容した段階から、同祖同族的な集落のなかで、祖霊信仰をベースとした祭祀もまた、実に連綿として受け継がれてきたと考えるべきだろう。したがってハマエーグトゥやウシヤキといったウシの供犠の原型が、農耕を受け容れたグスク時代初期にまで遡る可能性は、極めて高いといえよう。とくにハマエーグトゥやウシヤキには、祖霊信仰的な性格が強いとともに、同族の繁栄のためには豊穣が期待されねばならず、必然的に農耕儀礼としての側面が強調される必要があった。

ところが、薩摩による支配のもとで、ヤマトとの協調路線を採用した向象賢や蔡温は、そうしたグスク時代以来の祭祀を抑制しようとした。この問題をみごとに摘出したのは安良城盛昭で、近世の旧記や規模帳などの文献史料から、王府による祭祀の禁止と再編成について、本格的な検討を加えた［安良城：一九八〇］。すなわち土俗的な祭祀や習俗さらには、御嶽についても、王府がチェックして公認・非公認を決めた。本章冒頭で『琉球国由来記』に、村々での祭祀の現実が反映されていない旨を述べたが、それらは非公認扱いとされ、王府の正式な書物に登場することはなかったのである。
しかし実際には、そうした民俗は、村レベルで継承され続けたのであり、ハマエーグトゥ・ウシヤキ・シマクサラシといった動物供犠も、それに属した。こうした旧俗を王府が禁じた理由を、安良城は三点に分けて説明している。①沖縄の村々には、祭りやタブーが多すぎて、これが農耕の妨げになっている。②そうした祭祀に手間取って、その準備のために日数がかかりすぎ、農業労働がおろそかになる。③それらの祭りには、膨大な費用がかかりすぎ、さまざまな家畜も犠牲とされるため不経済である。

つまり王府の〝開明〟的な日本化路線の下では、水田稲作を中心に据えようとする政治家たちにとって、土俗的な祭祀や民俗行事は、逆に農業生産力発展を阻害するものでしかなく、その制限・廃止こそが王国の発展を約束するものとされた。本章Ⅰで、この時期に牛馬の供犠を禁じた法令を紹介したが、単なる殺生観念よりも、王府の経済効率という観点から、そうした供犠を伴う祭祀の制限・廃止が求められたのである。もちろん、こうした法令によって、ただちに沖縄の動物供犠が消え失せたわけではないが、長い歴史でみれば、全島的に広く行われていたと思われるハマエーグトゥやウシヤキといった動物供犠を著しく減少させ、それらを衰退に導いた一因となったと考えてよいだろう。

すでに沖縄では、ウシの利用が一二〜一三世紀頃から盛んになるが、沖縄の水牛がかなり新しいこともあり、中国や南方からとするよりも、日本経由で入ったものと思われる。さらに基本的な見通しとしては、おそらく農耕の開始に伴ってウシが移入され、やがて農耕儀礼としてウシの供犠か始まったと考えるべきだろう。

もともと日本では、弥生時代から農耕のために猪鹿の供犠が行われていたが、五〜六世紀に牛馬がもたらされると、大陸・朝鮮半島の影響を受けて、これらを雨乞いなどの際に供犠するようになった［原田：二〇一二］。そして前節でみたような日本との密接な関係からすれば、それが肉食禁忌が成立をみなかった沖縄に伝わり、独自な展開を遂げたと考えても不思議ではあるまい。

その後、一四世紀後半の三山時代に、中山が中国の冊封体制下に入ると、南山・北山もこれに倣ったことから、沖縄は中国と緊密な関係を保つに至った。おそらくは、この過程で動物供犠に著しい中国化が進行し、第三章の前城論文が指摘するハマエーグトウの場合のように、陰陽五行説などを理論的裏付けとして、そうした儀礼の体系が整備されたものと思われる。

ところが一七世紀以降に第二尚氏王朝の下で、日本化路線が採用されると、米志向の強化とともに殺生に対する忌避が沖縄社会にも及びはじめた。このため琉球王府の公式史料からは、動供犠に関わるものが落とされ、やがて殺生を伴う供犠自体がかなりの時間をかけて、徐々に衰退の方向へと向かっていったと考えられる。

しかし、肉食文化の伝統か根強い沖縄にあっては、民間レベルで動物供犠を一掃することは簡単ではなかった。それゆえ、招福を目的としたハマエーグトゥのようなウシヤキが水田卓越地帯を中心に残ったほか、ウシやブタ・ヤギを用いた除厄儀礼であるシマクサラシが、奄美を含む全島規模で近年まで行われていたのである。

ただ琉球王朝は、地形的にも生産に適しなかった米を［原田：一九九三］、必ずしも主要な生産手段に据えようとしたわけではなかった。しかし米を第一義とした近世幕藩体制国家は、そうした古代律令国家以来の価値観を、薩摩藩を介して沖縄にも浸透させたことから、動物供犠の様相をも次第に日本化させていったものと思われる。小稿で検討しきた事実を踏まえてみれば、以上のような沖縄における動物供犠のストーリーを描くことができよう。

参考文献

安里進　一九九八　『グスク・共同体・村――沖縄歴史考古学序説』榕樹書林
安里進・土肥直美　一九九九　『沖縄人はどこから来たか』ボーダーインク
安良城盛昭　一九八〇　『新・沖縄史論』タイムス選書9　沖縄タイムス社
伊波普猷　一九一一　『古琉球』沖縄公論社（『伊波普猷全集　第一巻』平凡社）
伊波普猷　一九三八　『をなり神の島』楽浪書院（『伊波普猷全集　第五巻』平凡社）
伊波普猷　一九三九　『日本文化の南漸』楽浪書院（『伊波普猷全集　第五巻』「あまみや考」を所収、平凡社）
沖縄県文化振興会編　二〇〇一　『貝の道――先史琉球列島の貝交易』沖縄県史ビジュアル版　沖縄県教育委員会
小野重朗　一九七〇　「肉と餅の連続――供犠儀礼について」『日本民俗学』七一号　日本民俗学会
佐々木高明　二〇〇三　『南からの日本文化上・下――南島農耕の探求』ＮＨＫブックス　日本放送出版協会
島袋正敏　一九八九　『沖縄の豚と山羊』沖縄文庫　ひるぎ社
澄田直敏　二〇一〇　「喜界島城久遺跡群の発掘調査」ヨゼフ・クライナー他編『古代末期・日本の境界』森話社
高倉良吉　一九八七　『琉球王国の構造』中世史研究選書　吉川弘文館
高梨修　二〇〇三　「貝をめぐる交流史」原田信男他編『いくつもの日本Ⅲ　人とモノと道と』岩波書店
高梨修　二〇〇九　「土器動態から考える「日本文化の南漸」」高梨修他著『沖縄文化はどこから来たか』森話社
高宮広土　二〇〇九　「農耕と文化の伝播　南の農耕」佐藤洋一郎監修『ユーラシア農耕史　4』臨川書店
都築晶子　一九九四　「近世沖縄における風水の受容とその展開」渡邊欣雄他編『風水論集』環中国海の民俗と文化4

凱風社
仲松弥秀　一九七五　『神と村』伝統と現代社
仲松弥秀　一九七七　『古層の村――沖縄民俗文化論』タイムス選書4　沖縄タイムス社
原田信男　二〇〇六　『コメを選んだ日本の歴史』文春新書　文藝春秋社
原田信男　二〇一一　「中日火耕・焼畑史料考」原田他編『焼畑の環境学』思文閣出版
原田信男　二〇一二　『なぜ生命は捧げられるか――日本の動物供犠』御茶の水書房
浜田泰子　一九九二　「南島の動物供犠――境界祭祀シマクサラシを中心に」赤坂憲雄編『供犠の深層へ』〈叢書・史層を掘る〉Ⅳ　新曜社
吉成直樹　二〇一〇　「古代・中世期の南方世界」ヨゼフ・クライナー他編『古代末期・日本の境界』森話社
吉成直樹　二〇一一　『琉球の成立――移住と交易の歴史』南方新社
宜野座村教育委員会　一九九三『漢那福地川水田遺跡発掘調査報告書――グァーヌ地区』宜野座村乃文化財10
今帰仁村教育委員会　一九八三　『今帰仁城跡発掘調査報告――志康真門郭の調査』
今帰仁村教育委員会　一九九一　『今帰仁城跡発掘調査報告Ⅱ――主郭（俗称本丸）の調査』
今帰仁村教育委員会　二〇〇五　『今帰仁城跡周辺遺跡Ⅱ』
今帰仁村教育委員会　二〇〇八　『今帰仁城跡発掘調査報告Ⅲ――今帰仁ムラ跡　西区屋敷地5の調査』
今帰仁村教育委員会　二〇〇九　『今帰仁城跡発掘調査報告Ⅳ――今帰仁城跡外郭発掘調査報告1』
名護市史編さん委員会　二〇〇八　『名護市史 資料編4 考古資料集』名護市役所
南風原町史編集委員会　二〇〇二　『むかし南風原は』南風原町史 第五巻 考古編　沖縄県南風原町
南風原町教育委員会　二〇〇五　『津嘉山古島遺跡　仲間村跡A地点　仲間村跡B地点　津嘉山クボー遺跡』南風原町教育委員会文化課
宮平盛晃　二〇〇四　「沖縄における《シマクサラシ儀礼》の民俗学的研究」『奄美沖縄民間文芸学』四号　奄美沖縄文芸学会
山下欣一　一九六九　「南島における動物供犠――心覚えとして」『南島研究』一〇号　南島研究会
山下欣一　一九八二　「南島の動物供犠について――文化人類学的視点から」『國学院雑誌』八三巻一一号　國学院大学

『球陽　読み下し編』球陽研究会編　一九七四　沖縄文化史料集成5　角川書店
『琉球国由来記』伊波普猷他編　一九八八　風土記社（旧名取書店版）
『中山世鑑』横山重他編　一九九〇　琉球史料叢書第五巻　鳳文書館（復刻再版）
『中山世譜』横山重編　一九九〇　琉球史料叢書第五巻　鳳文書館（復刻再版）
「羽地仕置」一九八一　『沖縄県史料　前近代1　首里王府仕置』沖縄県沖縄史料編集所　沖縄教育委員会

［付記］本章Ⅰ・Ⅱにおける沖縄考古学の知見については、沖縄県立芸術大学の安里進氏の御教示によるところが大きかった。記して感謝したい。

第三章　牛はなぜ捧げられるのか——琉球列島殺牛祭神の系譜——

前城直子

はじめに

「牛」と聞けばどのような連想がよぎるだろうか。

牛の歩み＝進み具合の遅いことのたとえ（「牛歩」）
牛の涎＝だらだらと細く長く続くことのたとえ（「牛の小便」）
牛の骨＝素性の知れないものをののしっていう語（「馬の骨」と同）

このような言葉がすぐさま浮かぶ共通のイメージではないだろうか。

だが、牛に関する内外の諸文献や、各地の民俗行事・民俗語彙に登場する牛は、右のイメージを大きく覆すものがある。

農耕儀礼や雨乞いのため殺牛祭神されたことは、すでに『風土記』や『日本書紀』に記載があって、古代日本でも広く知られていたことである。民俗祭祀では、オウシサマ・ウシノヒサマと呼ばれ、田の神、稲の神として尊崇の対象にされたり、あるいは、牛神祭では、恭しく供物が捧げられる。わざわざ、牛のために「牛正月」と称して餅をふるまって牛をもてなす地方もあれば、死しては、丁重な「牛供養」も行われた。牛がなぜ農耕儀礼と密接するかについては、一般的には、農耕文化との繋がりにおいて考えられている。すなわち、牛が役畜であることに基づくとする見方であるが、後述するように、それだけでは解決がつかない問題も残る。

また、疫病除けとして牛が頼みにされることもあり、同じように、災厄や祟りに対しても牛の発動が求められた。さらに、牛といえば、誰もがすぐさま「土用丑の日鰻の日」という、日本のあの一大年中行事に思い至る人も多いに違いない。なぜ「土用丑の日」といいながら、日本人は「鰻」を食べるのか。ここまでくると牛への謎はいよいよ深まってくる。その上、極めつけは、「牛は坊主の生まれ変わり」と神聖視される一方で、「丑の刻参り」(「丑の時詣で」とも)という、げに恐ろしげな恨みの呪術と、「丑三つ時」に現れるという幽霊とも相俟って、牛はますます摩訶不思議な存在となってくる。

牛のこのような多様な展開に、もう一つ琉球列島の奇怪な牛の年中行事が加わると、解明は一層、荷厄介な感を強めていく。すなわち、沖縄諸島のほぼ全域において見られる「シマクサラシ」[1]や、奄美諸島で「キトゥ」「トキ」と称され、おもに除厄のためにとり行われる牛の儀礼がある。また、「ハマエーグトゥー」と呼ばれ、これは、本島南部の旧志喜屋村落のみに伝わるのだが、やはり牛が主役の儀礼がある(後述)。これらの年中行事では、いずれも牛が屠られ、供犠とされる。多少の変遷を辿ってはいるだろうが、今日まで連綿と命脈を保ち続け、祭儀の特質は失われていないものと考えられる。

また、今はとだえている場合でも、近年まで催行されていたので、復元の手がかりは確かで、報告されている聞書きは十分信頼が置けるものと思われる。琉球列島で広く行われている牛のこの動物供犠の解明は、古代日本の殺牛祭神の考究においても、さまざまな問題点や解釈の糸口を提示してくれるものと思われる。

一見、右の牛の諸相は、何らの脈絡も見られないかに思われる。しかし、これら牛に関する多様な展開は、私見からは、同一の原理から派生した結果であると考えられる。

琉球列島の殺牛祭神については、これまで、幾多の先学によってさまざまに論じられてきたテーマであるが、先学の成果に学びつつ、本論では従来の視座を離れ、新しい光源から照らし出し、殺牛祭神の本質に迫ってみたい。

第一節　中国における立春儀礼

「はじめに」で述べたように、本論では、琉球列島の殺牛祭神について、新しい視点からの接近を試みてみたい。結論を先に言うと、琉球列島の殺牛祭神は、中国の殺牛・土牛儀礼の影響を受けたものと考えている。そこで、まず、中国の殺牛・土牛儀礼の姿を知ることから始めなければならない。

1　中国の立春儀礼の成立

中国における殺牛儀礼は、早いうちから犠牲の殺牛が土牛へと変わり、その後「土牛儀礼」として王朝祭祀と密接しながら長く続いていった。

その土牛儀礼と、思想的背景において深く係わりあうのが「迎気儀礼」である。『呂氏春秋』十二紀・孟春紀が「迎気」の初出とされるが、『礼記』は、『呂氏春秋』をほとんどそのまま踏襲していることは、すでに明らかにされている。〔島：一九七二〕また、『礼記』は、『四書五経』の「五経」の一つで、儒教の必読書でもある。陰陽五行思想の文化的遺産とも言われたりするが、前漢のころの成立で、王朝の制度や儀礼について記されたものである。『周礼』『儀礼』とともに「三礼」と言われ、古代中国の年中儀礼を知る上で貴重な書とされている。四季の推移に従い、その順当な循環がなされ、自然の規則正しい運行が遂げられるようにと、天子が次のような迎気儀礼を行ったことが『礼記』月令に記されている。

迎気　「孟春の月（旧暦一月）、天子は明堂の東にある青陽殿の北室に起居し、外出には青塗りの鸞路《らんろ》（鈴を飾りつけた天子の乗り物）を用い、蒼い馬に挽かせ、青い旗を立てる。また天子は青の衣服を着け、青玉を佩び、」青色づくめで春を迎えた。同じように、立夏には赤衣をまとい南郊において夏を迎え、立秋には白衣で西郊に秋を迎え、立冬には黒衣を着けて北郊に冬を迎えた。四立（立春・立夏・立秋・立冬）は、四季の転換点であるが、このように春夏秋冬の季節を迎えることを「迎気」といった。〔小野沢・福沢・山井編：一九七八〕〔桑子：一九九六〕中国王朝では、迎気は天子親迎として、天子の重要な務めとされることもあった。『礼記』月令は、さらに次のように続けている。

「この月に立春節があるが、立春節の三日前に、太子（典礼の官・暦術のことも所掌）が天子に対し、『これこれの日が立春であり、それ以後、春の間は、天地の力は木の精に宿る』ことを奏上する。すると天子は斎戒し、立春の日になるとみずから三公・九卿・大夫らを率い、都の東郊に出て春を迎えた。そして王宮に帰って公卿大夫を賞し、大臣に命じて、徳を布き、禁令を和らげ、賞を行い恵みを施し、兆民に行きわたらせる」ようにした。天子自ら、三公・九卿・大夫らを引き連れて、東郊において厳かに春を迎える儀式をおこない、これにちなんで賞し、禁令を弛めるなど、並々でない行為であった。

写真３－１：迎気・迎春

また、迎気儀礼と共に行われたのが、殺牛・土牛儀礼であった。これらの一連の行為の思想的背景は、すでに多くの先学が陰陽五行思想に基づく儀礼であると一致した見解を示している。しかし、この視点からの十分な解明がなされたとはいい難い。困難な作業ではあるが、立春儀礼とともに行われる中国の土牛儀礼の思想的背景とその流れを追うことが、琉球列島の殺牛祭神を明らかにする上で、避けて通れないテーマである。

2　中国の立春儀礼の思想的背景——陰陽五行思想

陰陽五行思想という言辞は、きわめてポピュラーであるから、誰もが耳にしたことがあるであろう。行論の必要上、簡単に触れておきたい。言うまでもなく、陰陽五行思想は、陰陽説と五行説が結びついた、中国古代の宇宙哲学、自然哲学と言われるものである。以下、哲学辞典等[2]を参照しながら、概略を纏めておきたい。

陰陽説　前述の「迎気」の「気」とは、この陰陽説、五行説で説かれているものである。すなわち、天地間には、万物生成の素となる「気」が充満し、陰陽説では、その「気」は、「陰気」と「陽気」の二大元気からなり、この二気が消えたり盛んになったりして（消長変化）循環することによって、万物の生成発展が達成されると説いている。これは『易経』で展開され、易の基本原理とされている。いわゆる陰陽の二元論である。そして、この陰陽二気は、次のような性質を持っている。

1　陰陽二気は相反する性質をもつ。（例えば男と女、昼と夜、上と下、寒と暑、高と低など無限）
2　相反する性質は敵対・反発・抗争しない。
3　両者は価値において上下（尊卑）関係ではない。
4　両者は互いに輔け、補う補完関係にある。
5　この陰陽の性質・はたらきによって宇宙の万物は生成発展が達成される。

1は、易の二元的・相対的哲理を示している。2は、陰陽の二元性・相対性は、敵対・反発・抗争するのではなく、4のように、むしろ陰陽は引かれ合い、相即不離な補完関係にある。その結果、陰陽は交感・交合し合い、5のように万物の生成が達成されると説かれているのである。

陰陽二気は宇宙のあらゆる事象に及ぶので、いちいちの言語表現では事足りない。そこで両者は記号化され、陰を⚋、陽は⚊で表した。⚋と⚊はこのように記号化することによって、言語表現による制約から解き放たれ、宇宙のあらゆる現象を包括して普遍的に、この記号によって説明することが可能となるのである。まことに合理的な発想といえよう。

五行説　一方、五行説では、木・火・土・金・水の五つの元素の絶え間ない変化（循環）を受け、その気が通じ合うことによって、やはり森羅万象の生成を説いている。五行説には多くの理論があるが、代表的なものに「五行相生」と「五行相剋」（「五行相勝」ともいう）がある。

「五行相生」とは、一般的に図3－1のように示されることが多い。水生木・木生火・火生土・土生金・金生水と五行が順送りに生み出される理論である。水は、今日でも生命を生み出す源とされるが、宇宙の生命体の象徴を木気とし、木気を生み出す（水生木）源とされた。ひとたび生み出された木気は、その燃える性質によって火気を生み出す（木生火）源になる。火気は燃え尽きると土（火生土）となる。土の中には金（鉱物）が生成され（土生金）、土は金を生み出す源となる。金は木・火・土のように水を吸収しないので、表面に水気をとどめ（金生水）、水気を生み出す源とされた。五行の「行」には、「めぐる（循環）」、「うごく（運動）」の意がある。五行相生は図3－1のように円で示されることが多いが、これらの五元素は永遠に循環しながら（円環）、五行を生み出す動きを示しているのである。

しかし、無限に生み出されると、宇宙のバランスは崩れてしまう。例えば、水は生命の維持にとって不可欠だからといって無限に生み出されると、やがて洪水や水害となって、逆に生命を脅かすことになる。これは五元素すべてに言えることで、そこで、無限に生み出されるのをコントロールすることが必要となる。それが「五行相剋」で、図3－2のように、木剋金の理によって、木気は金気によって剋される（金剋木、「剋、殺也」『廣韻』、すなわち木は金属器によって打ち倒される）。堅固な金も火にあえばたちまち熔けだし（火剋金）、火も水によってかき消され（水剋火）、水は土によってせき止められ（土剋水）、土を突き破って出てくるのは木（木剋土）である。このように、五行は、絶え間なく相生と相剋の循環・うごき（変化）を繰り返し、宇宙のバランスが図られる。相生・相剋の均衡が保たれたとき、万象の生成は全体の望ましい姿で達成されていくと説いているのである。

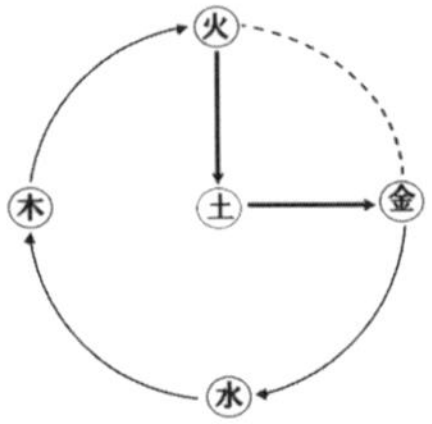

図3－1：五行相生

水生木
木生火
火生土
土生金
金生水

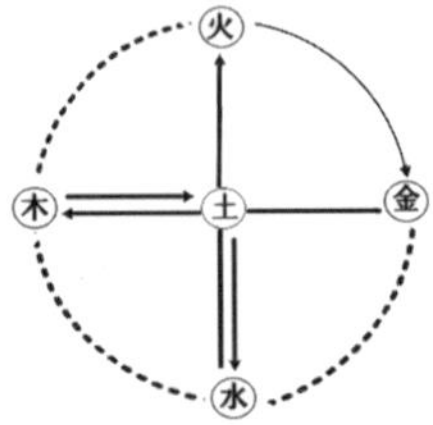

図3－2：五行相剋

水剋火
火剋金
金剋木
木剋土
土剋水

右に見てきたように、陰陽説と五行説は、気の変化・循環によって万物の生成を説くことで一致し、これによって両者は結びつき、「陰陽五行思想」として、宇宙観・人生観をはじめ、政治・宗教・天文・地理・暦学・中国医学・動植物・兵法など、あらゆる学問を包摂して展開され、宇宙論的哲学の位置づけがなされてきた。発生期からこの思想が崩れだす中華民国および人民共和国の成立以前まで、すなわち前漢から清朝崩壊にいたるまで、あらゆる学問の基礎理論として活用された。中国文化の理解には、陰陽五行思想の基礎知識が不可欠であるとされる理由である。

木・火・土・金・水は万物の素であるから、この五元素はあらゆる事象に当てはめられていく。『五行大義』第三巻には、さまざまな文献が引用され諸説を紹介しながら、五行配当が示されている。その主なものを挙げたのが、表3－1である。（五行配当表のよみ方は、木・火・土・金・水の五気に配当されている事象をそれぞれ横に辿っていき、木・火・土・金・水の五気と関係のある事象を結びつけて理解することが大切である。）

表3－1　五行配当表

配当＼五行	木	火	土	金	水
五星	歳星（木星）	熒惑（火星）	填星（土星）	太白（金星）	辰星（土星）
五方	東	南	中央	西	北
五時	春	夏	土用	秋	冬
五色	青	赤	黄	白	黒
五音	角	徴	宮	商	羽
五味	酸	苦	甘	辛	鹹
五臟	肝	心	脾	肺	腎
五腑	胆	小腸	胃	大腸	膀胱
五臭	羶	焦	香	腥	朽
五声	呼	言	歌	哭	呻
五感	視	聴	嗅	味	触
五志	怒	喜（笑）	思（慮）	悲（憂）	恐（驚）

五常	仁	礼	信	義	智
五悪	風	熱	湿	燥	寒
五徳	明	従	睿	聴	恭
五竅	目	舌	口	鼻	耳
五合（五主）	筋	血	肉	皮	骨
五液	涙	汗	涎	涕	唾
五榮（五支）	爪	毛	唇	息	髪
五事	貌	視	思	言	聴
五穀	麦	黍	粟	稲	豆
五蓄	鶏	馬	牛	犬	猪
五果	李	杏	棗	桃	栗
五菜	韮	薤	葵	葱	藿
五節句	人日	上巳	端午	七夕	重陽
五虫	鱗虫	羽虫	裸虫	毛虫	介虫
五神	蒼竜	朱雀	黄竜	白虎	玄武
五祀	戸	竈	中霤	門	行
十干	甲・乙	丙・丁	戊・己	庚・辛	壬・癸
十二支	寅・卯・(辰)	巳・午・(未)	辰・未・戌・丑	申・酉・(戌)	亥・子・(丑)
易卦	震	離	坤	兌	坎
月（旧）	一・二・三	四・五・六		七・八・九	十・十一・十二

（留意事項）

1　五行配当には諸説があり、右表と配当が異なることもある。

2　十二支配当で○で囲んである十二支は、土気の性質も有する。
3　月の配当は、すべて旧暦である。

さて、前述『礼記』の天子による迎気儀礼を、表3－1を参照しながら今一度を検討してみると、五行説に基づいていることは、もう明らかであろう。木・火・土・金・水は

①　季節に当てはめると、

春＝木気、　夏＝火気、　秋＝金気、　冬＝水気、　土用＝土気に配当されている。

すなわち「迎気」とは、四季の始め、立春、立夏、立秋、立冬の「四立」のそれぞれの季節の「気」を迎えることで、この儀礼の思想的背景をなすのが陰陽五行説であることが首肯される。

②　なぜ天子が春夏秋冬にそれぞれ青衣・赤衣・白衣・黒衣・黄衣などを着用して迎気儀礼に臨んだかは、五行配当表を辿ると、五行と色彩の関係も明らかになる。

春＝青、　夏＝赤、　秋＝白、　冬＝黒、　土用＝黄に充当されているからである。

③　また、五行と方位の関係も

青＝東、　夏＝南、　秋＝西、　冬＝北、　土用＝中央の配当となっている。

『礼記』で、立春の日に天子が「青塗りの鸞（らん）路（ろ）」「青い馬」「青い旗」「青い衣服」「青玉」などすべて青色づくしで、都の「東」で、「春」を迎えたのは、五行説に基づいての装いや色彩・方位であることがこれで明確となる。（他の季節も同）

それぞれの四立の前に、太子は天子に季節の推移が近いことを奏上する。それを受けて天子は四立

の日には、季節の推移を色彩で視覚的に表し、その方位に赴き、季節の転換がなされたことをあまねく天下に告示した。四時に象徴される時間と、東西南北の方位に充当される空間との関係、すなわち、古代中国哲学の時間と空間の相即不離なテーマが、すでに天子の重要な国家的行事のなかで提示されているのである。同時にそれは時間と空間を支配するものは、他ならぬ天子であることを、兆民に知らしめる儀礼でもあった。

迎気儀礼はその後時代とともに五行説によりさらに強化されていくが、やがて春の迎気儀礼は立春儀礼に吸収されていく。立春儀礼とはこれから展開するように、殺牛・土牛儀礼を骨子とする儀礼である。

さて、長い導入部となったが、いよいよ琉球列島の殺牛祭神と密接に関わりあう中国の該儀礼を、検討していきたい。中国の該儀礼の詳細な分析を辿ることこそが、琉球列島の殺牛祭神を論ずる前提条件である。従来、琉球列島の殺牛祭神は、奇祭とされたり、あるいは、根生いの祭祀とされることが多かったが、中国の該儀礼の詳細な分析を経て、琉球列島における殺牛祭神の新たな視点を提出したい。

3　中国の立春儀礼の展開

古代王の職能　四時の迎気儀礼の中でも特に立春儀礼は一年の農事初めでもあり、ことさら重要視された。天子は、広く人々に勧耕を指揮しなければならなかった。中国のみならず、いずこの国においても古代王は、兆民に特に農事初めの指揮を大きな役目としていた。

これは古代日本の天皇も同様であった。古代日本では天皇を「天《あま》の日嗣《ひつぎ》」(『万葉集』にある五例はすべてアマノヒツギの形をとり、『古事記』ではアマツヒツギとある)、あるいは「日御子《ひのみこ》」(天皇・皇子などに対する尊称)と称した。言うまでもなく「日」とは太陽であり、日本の天皇の太陽神的性格を示すものである。天皇はさらに「日知り《ひじ》」とも称され、これには後世「聖」の字が当てられるが、語源的には「知る」は「領有する」、「支配する」意で、「日知り」には「太陽を支配する」、「太陽を領有する」意があった。すなわち古代日本の天皇も、太陽の運行を明確に把握し、それを農業暦に生かす力が求められた。古代日本の天皇も、「農耕の指揮を取る王」としての職能を負い、名もまた明確にそのことを詮表した。

四季の推移に応じて守るべき指示を行い(「時令」)、指示に従えば自然も人間も万事が調和し、違反すると災禍が起こると考えられていた。特に、農耕の成否は古代国家とその王にとって死命を制することであり、立春の農耕儀礼が重要になることは、万国共通の必然であった。

牛・土牛の登場　農を以って国の基とするならば、季節の運行、わけても農事始めが一年の重要な大典となることは、右に述べた通りである。

中国では、立春が一年の始まりとされているが、一年の始まりは、また農事初めの日でもあった。立春の日に、豊稔をことほぐ儀礼が設定されるのも、けだし当然のことであった。

この立春儀礼に、発生期から変わらず不可欠な要素となっているのが、生牛・土牛である。発生期の生牛・土牛の位相を明確にすることこそが、立春儀礼の意義を把握する上で最も重要であると言っても、けして過言にはならない。また、これが日本の殺牛祭神と不離密接に係わり合うことについて、注意を喚起しておきたい。さらに、ここには解決すべき問題がいくつも横たわっている。従来、この点が等閑に付されてきた感が強い。まずは、問題点を掲げ、このあたりから整理に取りかかりたい。

A　季冬儀礼……送寒儀礼・祓攘儀礼として土牛を出す

①「有司に命じ、大いに難（儺に同じ）し旁（あまね）く磔（は）り、土牛を出だし、以て寒気を送る」（『呂氏春秋』・十二紀季冬、『礼記』月令・季冬）

②「この月（十二月）に土牛六頭を国都郡県の城外の丑地に立てて、大寒を送る」（『後漢書』礼儀志上、『続後漢書』礼儀志上）

B　立春儀礼……犠牲・土牛を伴なわない

③立春に三公九卿諸侯大夫を率いて都の東郊で春の迎気儀礼を行った。犠牲の牡や土牛は伴なわない。（『呂氏春秋』十二紀・孟春、『礼記』月令・孟春　）

B　立春儀礼……犠牲の牡を供す

④「立春の日、天子はみずから三公・九卿・大夫を率いて、歳を東郊に迎え、祠位を修除（除草して清める）して、鬼神に幣禱する。そなえる犠牲は牡を用いる」（『淮南子』時則訓）

B　立春儀礼……勧農儀礼として土牛を出す

⑤大夫側「天子は民をいとおしみ、春になれば自ら耕して農を勧めるものだ」賢良側「立春の後、青幡を懸け、土牛を築（つく）るのなどは、賢明な主君の耕稼を勧める意ではなく、ただ春令

に定められているからにすぎない」（『塩鉄論』土牛についての論争より）

右の記事を整理すると表3－2のようになる。

表3－2　祓攘・送寒・勧耕儀礼

記号	番号	催行月	生牛・土牛	儀礼の目的	催行場所	その他
A	①	季冬（十二月）	土牛	祓攘（儺）・送寒		有司・磔攘
〃	②	〃	〃（六頭）	送寒	城外の丑地	
B	③	立春		迎気	都の東郊	三公九卿諸侯大夫
〃	④	〃	生牛（牡）	鬼神に幣祷する	東郊	天子・三公九卿大夫
〃	⑤	〃	土牛	勧耕・春令	（東門の外）	（天子）

まずA、Bの催行月による分類では、該儀礼が季冬か立春のいずれかに催行された儀礼であることが理解される。儀礼の目的も催行月により、季冬では、「大儺」、特に大晦日（臘日）の儺は一年中の邪気を払う重要な節目であり、儀礼の目的が「祓攘儀礼」として執り行われたのは当然といえよう。それはまた後述するように、「寒気を送る」ための「送寒儀礼」と密接するのもこれまた当然である。

なお、立春に行われる該儀礼が、「農耕儀礼」として定着していくのに対し、季冬の該儀礼は「祓攘儀礼」としての痕跡が考えられるとの見解を示したのは、山田勝美である。［山田：一九六〇］山田はさらに「時期的に接近しているところを以ってすると、起源的にはこの儀礼は一つのものからの分化ではないかということが想像される」としているが、全く同感である。次章で展開したい。

これが立春へ移行すると、③、④、⑤の儀礼の目的に違いが見られる。季冬から立春への催行月の移行に伴ない、揺れ動いている過渡的な様子を示しているのであろう。このあたりの事情を考える上で⑤の漢代の記事は重要となる。漢代以降は後述するように、土牛儀礼は農耕（勧農）儀礼として定着していくからである。なぜ、季冬から立春へと移行したかについての理由は、後に展開したい。

また、②は後漢時代の記事であるが、土牛儀礼が、漢代以降、Bの立春の勧農儀礼化を辿りつつも、なお原初の送寒儀礼も全く失われたわけではなかったことをよく示している。あるいは『礼記』等に基づいて、原初の送寒儀礼としての意義が再考された可能性も考えられる。

犠牲の供え物も、本来は生牛であったことが想定されている。④では、天子による立春儀礼として、鬼神に捧げる「犠牲の牡（雄牛）」を伴った祭祀が行われていたことが記されている。「牛、大牲也」（『礼記』）とあるように、牛は天地宗廟の牲、天子の牲であった。したがって、「犠牲の牡」は大牢としての生牛で、後世においても、立春儀礼でしばしば犠牲の生牛が供えられている。犠牲の生牛（牡）から、やがて土牛へ変わっていった。「土牛」とは、文字通り土で作られた牛であるが、すでに中山八郎が指摘しているように［中山：一九六四］、漢代を境にその性格に違いが見られる。すなわち、漢代以降は一貫して農耕（勧農）儀礼化が強化されていく。なぜ土牛なのか、土牛と農耕との関係性とは何か、ここにも深い理があるが、これも次で展開したい。

催行場所も、立春儀礼になると五行思想で整えられていく。春＝東であるから、「東郊」（東門の外）など東方と関連づけられて定着化していく。

以上のように中国の土牛儀礼について、その萌芽期を瞥見しただけで、いくつか重大な点が挙げられる。まず、この祭祀がはるか紀元前に遡って執り行われていたこと、時に、三公・九卿・大夫など（時代によって構成員に違いがある）国家の官僚を率いて、天子自らが行うこともある国家的祭祀であったこと、儀礼の思想的基盤は陰陽五行思想に基づいていること、そして、この祭祀は時代の推移に従い変化を辿りつつ、後世まで脈々と受け継がれた伝統の祭祀であったことなどである。

さて、中国の立春儀礼・土牛儀礼・農耕儀礼として基本的な意義を放つこれらの記事は、従来、どのような解釈がなされてきたのだろうか。主なものを簡単に示したい。

長尾龍造は［長尾：一九七三］、もともとは鬼神に禱るための犠牲であった牛が土製に変えられたとした。

山田勝美は［山田：一九六〇］、長尾説を承けつつ甲骨学の立場から詳細な検討を加え、②の「土牛を出す」とあるのは「牡牛《コロ》を出す」で、本来は、祓攘儀礼として用いられた犠牲の生牛が、儀礼化し土製の牛になり、「土牛を出す」となったとしている。

季冬土牛（寒気追放土牛）について中山八郎［中山：一九六四］は、古説（『礼記』月令の注疏）を支持し、次のように述べている。季冬（十二月）は一年の終りであり、陰の気の盛んなときでもある。陰気を追放しないまま新年を迎えたならば、人々に害を与える。また、季冬は十二支では「丑」の月に当たる。丑は五行思想では「土」であり、五行相剋説では「土は水に剋ち」、「水」の陰気にも剋つ。そこで、陰気を追放するため、「土」で牛をつくって、陰気追放の呪術としたとしている。

中村喬［中村：一九九〇］は、祭祀や行事において、犠牲の生牛が土製の牛に簡便化されることは他に類例がない。重要な祭祀や行事では後世に至るまで、生きた犠牲が用いられる。とくにそれが儺とともに季冬に行われる重要な祓攘儀礼であったならば、犠牲の簡便化は考えらず、その必然性もない。「土」字は「社」字の初形で社と農耕生活との結びつきが強かった古代においては、年の終りあるいは冬の終りの大儺に、社の土主に土塊が用いられ、牛耕が行われるようになって、やがて牛形（土牛）になった。さらに牛と耕牛の持つ性質から勧農の意味へと変化し季冬の大儺を離れて立春の勧農儀礼の中に移っていったとの見解を示した。

中山も中村も「土と牛の二要素」が不可欠で、「土牛は土でつくられること自体に、重要な意味があった」としている。

右の諸説はそれぞれが重要な視点を提示している。しかし、該儀礼を究明する上で不可欠な以下の問題点は依然として未解決のままである。

1 牛・土牛はどのような意味を持ち、どのような役割を負っているのか。
2 牛・土牛が祓攘儀礼と結びつくのは何故か。
3 牛・土牛が送寒儀礼と結びつくのは何故か。
4 牛・土牛が農耕儀礼と結びつくのは何故か。

すなわち、牛・土牛には、当初から祓攘儀礼、送寒儀礼、農耕（勧農・豊穣）儀礼としての役割がまとわりついており、三者をひっくるめた重大な理論的背景を負っていたと考えられる点である。

第二節　陰陽五行思想から見た牛・土牛の特性

さて、殺牛祭神・土牛儀礼の最大の疑問点、すなわち、なぜ牛が一貫して犠牲として殺されるのか、あるいは牛に代わってなぜ「土の牛」が用いられたのか、この根幹的な疑問の解決なしには一歩も進むことは出来ない。

考察の前提には、先学も揃って指摘しているように、陰陽五行思想の原理が深々と横たわっている。広範な同理論の詳細は、紙幅の制限もあり別の機会に譲ることにして、当面、本論の展開上不可欠な視点、すなわち、陰陽五行思想の基本理念である循環思想・革命思想が、土牛儀礼の根底を貫流していることを導き出し、しかもそれが祓攘儀礼・送寒儀礼から、やがて農耕儀礼へと特化していく道すじも明らかにしていきたい。

1　陰陽五行と循環思想……時間の構造に見る丑（牛）

紀元前から絶えることなく催行されてきた土牛儀礼は、催行月日が、この儀礼の思想的背景の根本を形成している。まずここを突破することが肝要である。従来の諸説は、揃って該儀礼の基層に陰陽五行思想による彫琢を見ているが、指摘するに留まりそれ以上展開することがなかった。催行月日とは、古代中国の時間の構造・時間の思想と切り離せない。

時間の構造といえば、直ちに年・月・日が思い浮かぶ。その年・月・日の時間は、干支すなわち十干十二支に基づくことは言うまでもない。

十干とは、「甲・乙・丙・丁・戊・己・庚・辛・壬・癸」のことで、これが日を数える数詞となる。十日を示す旬（上旬・中旬・下旬）の語から、十日を一単位としていることが理解される。十干の字義にはさまざまな解釈があるが、一般的には草木の萌芽・繁茂・枯死・再び種子の内部に伏蔵・再生という自然の生命サイクルを象意とすることが多い。『五行大義』［中村：一九九八］［中村：一九七五］を参考にしながら、十干の象意を示す。

十干象意

甲《こう》　甲冑のことで、草木の種子がまだ厚い外皮を被っている状態。
乙《おつ》　軋《きし》る意で、種子が伸びきらないで屈曲し、孚甲《ふこう》（殻）を破ろうとする状態。
丙《へい》　炳《あき》らかで草木が伸びて明らかに形を表した状態。
丁《てい》　亭（止まる）で草木が生長し、充実したままで止まろうとした状態。
戊《ぼ》　茂る意で、草木が繁茂した状態。
己《き》　紀（すじみち）で、繁茂した草木がすじみちが整った状態。
庚《こう》　更（あらたまる）で、草木が成熟し新しいものに改まろうとする状態。
辛《しん》　新で、草木が枯死して再び新しく生まれ変わろうとする状態。
壬（じん）　任（はらむ）で、草木が種子の中で新しい命を妊んでいる状態。
癸（き）　揆（はかる）で、種子の中に妊まれた生命が度《はか》られるほど成長した状態。

このように十干の象意は、太古以来変わることのない自然の摂理によるものであることが理解される。さらに付言すると、農をもって国の礎にした漢民族の自然哲学の基本理念が単刀直入に示されている。

十干は、さらに陰陽の理論に基づいて、次のように交互に陰陽に分けられる。

甲　丙　戊　庚　壬 → 陽 → 兄《え》

乙　丁　己　辛　癸 → 陰 → 弟《と》

十干の五つの陰陽の組み合わせ（甲乙・丙丁・戊己・庚辛・壬癸）は、日本では特に兄弟《えと》（陰陽のこと）と称されている。ここでも十干の陰陽は、五行説の五気と結びついた。

木	火	土	金	水
甲（兄）	丙（兄）	戊（兄）	庚（兄）	壬（兄）
乙（弟）	丁（弟）	己（弟）	辛（弟）	癸（弟）

十干の陰陽（兄弟《えと》）と五行が結びついたものを日本では、「甲（きのえ）　乙（きのと）　丙（ひのえ）　丁（ひのと）　戊（つちのえ）　己（つちのと）　庚（かのえ）　辛（かのと）　壬（みずのえ）　癸（みずのと）」と字訓読みされ、「えと干支」と言われ、今日でも年賀状などで表記されることがあるので、

一般的にもよく知られている。
（本論の土気・丑・土牛との関連では、十干の「癸」が関係してくる。後述）

十二支とは、月を数えるために使われる概念である。月の盈虚が、一年で約十二回の周期でもとに戻ることから、「子・丑・寅・辰・巳・午・未・申・酉・戌・亥」の十二辰に配当されている。十干と組み合わされて使われるが、十二支は年・月・日・時刻・方位にも配当される。先に十干の象意を見てきたが、また十二支の象意も、本論の土牛儀礼の催行月日の考察上看過できない。十二支象意も『五行大義』により確認しておきたい。

十二支象意

子《し》　孳《ふえ》る意で、草木の種子が萌し始める状態。
丑《ちゅう》　紐の意で、種子の芽が伸びきらず、絡んでいる状態。
寅《いん》　螾《うご》く意で種子の芽がようやく地面から出て伸びる状態。
卯《ぼう》　冒（おおいかくす）の意で草木が地面を蔽う状態。
辰《しん》　震（ふるう）の意で、草木がことごとく振い動いて伸張する状態。
巳《し》　已（やめる）の意で、草木が繁茂を極めて止まった状態。
午《ご》　忤（さからう）の意で、草木が盛りの極から衰え始める状態。
未《び》　味わう意で、草木が成熟して滋味が生じた状態。
申《しん》　呻（うめく）意で、衰え老いて成熟する状態。
酉《ゆう》　老でもあり熟でもあって、成熟して縮んでいく状態。
戌《じゅつ》　滅ぶ意で、草木がほろびゆく状態。

亥《がい》　閡（とざす）意で、草木が生命を閡して種子の中に入っている状態。

十二支の字義にも諸説があるが、右の解釈が一般的である。十二支象意も一瞥して十干と同様、草木の萌芽・繁茂・枯死・種子の伏蔵・再生の順で展開しており、ここでも植物を代表例として挙げ、生命の限りない循環の思想が示されている。

なお、右の十二支はそれぞれ「鼠・牛・虎・兎・竜・蛇・馬・羊・猿・鳥・犬・猪」の十二獣に充当される。陰陽五行思想では、年・月・日・時刻・方位等、すべてこの十二支によって構造化され理論化されている。特に日本の祭祀習俗の解明は、このあたりを押さえることが肝要である。本論で問題となる丑＝牛もこの理論にのせることによって、殺牛祭神・土牛儀礼の意味も明確に動き出してくる。（十二支の「丑」に注目しておきたい。後述）

十干・十二支の象意に共通しているのは、草木の生命サイクルを例示しているが、自然も人事も同じように尽きせぬ循環作用が根幹にあること、敷衍して宇宙も同様であることを説いているのである。さらに、これを時間の構造・時間の思想に置きかえて、徹底的に循環の論理に乗せて宇宙の千古・万古の不易の真理として説き起こしている。その場合、「丑」がどのような位相にあり、どのような役割を負っているのかが問題となろう。以下、考察したい。（なお、陰陽五行の方位図と、現在の方位図とでは、東西南北が逆転して表記されることをあらかじめご了解いただきたい）

(二)十二支と一年の構造

まず「十二支と一年の構造」（図3－3）における丑（牛）の位相を確認してお

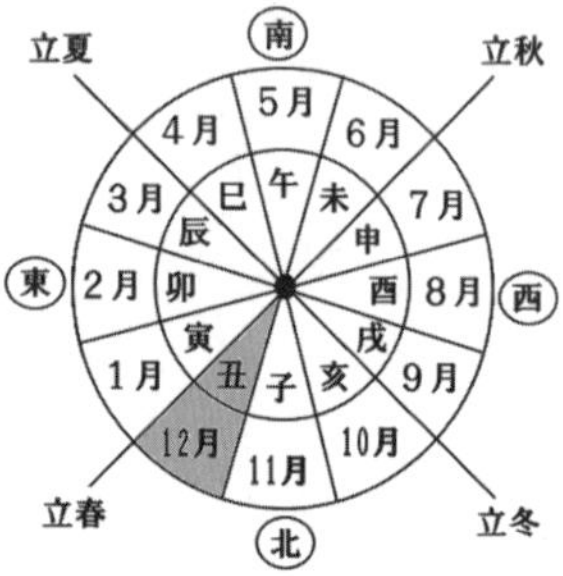

図3－3：十二支と一年

きたい。

丑月は十二月（旧暦　以下同）に該当する。十二月はむろん一年の終りである。丑（牛）は、一年の終りに位置していることに注目したい。一年の終り（死）は、一年の始まりに（生）に連接し、このプロセスを経ずして春の生命の発動はあり得ない。丑（牛）は一年の終始のあわいにあって、不断の循環作用を促進する役目を果たしているのである。

一年の陰陽の変化を辿ってみると（「十二支と季節の構造」を参照）、一月から六月までが陽の月で、七月から十二月までが陰の月である。（図3－4で下段に陰陽符号で示されている一年十二ヶ月の、六つの〆の陰陽符号の増減で陰月、陽月が決まる。）丑月は陰気が陽気に転換するところである。陰気は換言すると寒気でもある。季節の循環を速やかにするには、この寒気をいち早く追放しなければ春の陽気はやってこない。これまで述べてきた送寒儀礼は、季冬（丑月）の「大寒」に行われるので、まさに丑月の儀礼にふさわしい。先に示した『呂氏春秋』や『礼記』の牛や土牛の記事（二〇八頁）で「以て寒気を送る」とあるのは、実にここに根拠が求められるのである。（土牛については後述）

さらに、寒気や陰気は人々にはやり病や悪疾をもたらすのは、今日においても同様である。そこで、季節の境い目、とりわけ新年と旧年の入れ替わる丑月には、悪気はすべて追放しておきたいと願うのが古今東西変わらぬ人間の心情であろう。一年の極月に「大儺（鬼やらい）」が入念に行われるのも、ごく自然の心理である。すなわち、丑月に悪霊邪気を追放する「祓攘儀礼」（二〇八〜二〇九頁）が行われる所以もまたここに存するのである。つまり、殺牛祭神・土牛儀礼は、儺行月・丑月にこそ、その意義があり、送寒儀礼・祓攘儀礼が勧農儀礼・立春儀礼に先立つ儀礼として位置づけられるのである。（送寒儀礼・祓攘儀礼から勧農儀礼・立春儀礼への移行については後述する）

（二）十二支と季節の構造　図3－4は「十二支と季節の構造」を示している。一年十二ヶ月が四等分されて四季に配当される。左記の通りである。図3－4には消息の卦も示した。（陰陽符号）

図3－4：十二支と季節

春（木）	一月	寅	孟春	生	䷊	地天泰《ちてんたい》
	二月	卯	仲春	旺	䷡	雷天大壮《らいてんたいそう》
	三月	辰	季春	墓	䷪	沢天夬《たくてんかい》
夏（火）	四月	巳	孟夏	生	䷀	乾為天《けんいてん》
	五月	午	仲夏	旺	䷫	天風姤《てんぷうこう》
	六月	未	季夏	墓	䷠	天山遯《てんさんとん》
秋（金）	七月	申	孟秋	生	䷋	天地否《てんちひ》
	八月	酉	仲秋	旺	䷓	風地観《ふうちかん》
	九月	戌	季秋	墓	䷖	山地剥《さんちはく》
冬（水）	十月	亥	孟冬	生	䷁	坤為地《こんいち》
	十一月	子	仲冬	旺	䷗	地雷復《ちらいふく》
	十二月	丑	季冬	墓	䷒	地沢臨《ちたくりん》

（消息の卦とは、十二ヶ月を六つの陰陽の符号で表したものである。六つの陰陽の一つ一つを「爻」と言うが、六爻の陰と陽が減ったり（消）、増えたり（息）することを消息という。三爻重なった爻を「卦」と言い、消息の卦は上下二卦よりなる。下の卦を「内卦」、上の卦を「外卦」と言う。内卦の一番下の第一爻から順次上の方に、陰陽の変化を辿っていく。前述したよ

うに、文字によらず、このように記号化することによって、自然や人事をはじめ宇宙のあらゆる事象を、普遍的に説明することが可能となるのである）

さて、各季に配当される三ヶ月にそれぞれ、孟＝はじめ、仲＝なか、季＝すえの意を冠し、例えば「孟春・仲春・季春」となるが、五行説ではこれらが特に、孟＝生、仲＝旺、季＝墓とされる。すなわち孟春に春が生まれ、仲春に春は最も旺（さか）んになり、季春で春は死に、次の季節（夏）が生まれる。つまり各季も「生まれ・旺んになり・死ぬ」というように、ここでも尽きることのない循環思想が説かれている。しかもこの循環思想は、自然の最たるものである四季がそうであるように、万般におよび、宇宙の万象は普遍に「生・旺・墓」をくり返し、たゆまぬこのくり返しによって万象も死と新生をくり返し、それだからこそ宇宙の天壌無窮は達成されるのである。陰陽五行思想の基本理念であるエンドレスの循環思想が季節の構造においてもくり返し説かれているのである。

問題の丑月は冬十二月で、季冬である。冬が終りを告げ、それはまた冬の死の時（墓）である。冬の死は、春の生を呼び起こし、ここでも丑（牛）は生命発動の契機となっているのである。むろん農作物全般も、春＝木気を代表する重要な生命である。この観点からすれば、丑は農耕の成否を握る鍵でもある。季冬の送寒儀礼・祓攘儀礼が立春の勧農儀礼へと連接する理由はここにもあるが、改めて後述したい。

(三) 十二支と時刻の構造

図3－5は、「十二支と時刻の構造」である。

図3－5：十二支と時刻

一刻は二時間が配当され、さらに一刻は三〇分ずつ、四つに分けられる。丑の刻を例に取ると、午前一時から三時までになるが、三〇分ずつ四等分されたそれぞれを、「丑一つ」「丑二つ」「丑三つ」「丑四つ」とよんだ。日本でも、「草木も眠る丑三つ時」（午前二時から二時半まで）は幽霊が出る時刻だとされるが、これはこの時間帯が最も闇が深く陰の極みであることによる。ここを境に以後次第に闇は払われ、暁・黎明の時、陽の時間へと移っていく。つまり時間における丑は、一日における闇と光りをへだつ時間帯であることが了解される。

光りは換言すれば太陽で、太陽の本質は日照である。該儀礼が、送寒儀礼・祓攘儀礼・立春儀礼（勧農儀礼）へと変わっていく道すじも、時刻の循環思想から見ればこれまた納得されよう。太陽（日照）は農耕の豊穣には不可欠である。時刻の構造における丑は、太陽の「生」を促す位相にあることが了解される。

（四）　十二支と五行配当

図3－6は、「十二支と五行配当図」である。

五行配当によれば、「亥・子・丑」が水気に配当される。「水」は、五行相生（二〇一頁）によれば、「水生木」で木気を生み出す親である。木気は、すべての植物を含み、農作物もむろん木気である。丑は木気（農作物）の祐気である。この点からも、該儀礼が立春儀礼（勧農儀礼・豊穣儀礼）と密接してい

図3－6：十二支と五行配当
（○で囲った丑辰未戌は
土気の性質も持つ）

く理由が肯われる。（なお、丑は後述するように、土気の性質も持っている。この立場からの解明も重要である）

では、右に見てきた図3－3～6までの丑の位相にはどのような特性がみられたか、ここでまとめておきたい。

1　一年の構造からみると、丑は一年の終りの月（十二月）に位置していること。

2　季節の構造からみると、丑は季冬、すなわち冬の季節の終りに位置していること。

3　時刻の構造（一日）からみると、丑は闇の終りに位置していること。

4　五行配当からみると、丑は水気の終りに位置していること。

このことは、さらに次のようにも言えるだろう。

（五）丑の等質性　図3－7は、これまで述べてきた十二支における丑の特性を、「丑の等質性」としてひと括りし、まとめて図示したものである。

日（時刻）の丑・季節の丑・年の丑・五行の丑も、すべて丑の本質には変わりがないということだ。

それぞれの丑は、「一日の終り」「季節の終り」「一年の終り」「水気の終り」にあって、すべての丑が物の終りに位置している。しかもこぞって、終りは次の始まりを促している。「終わりまた始まって絶えることがない」（『五行大義』）と、生死の絶えざる循環によってこそ、それぞれの永遠性が達成される。

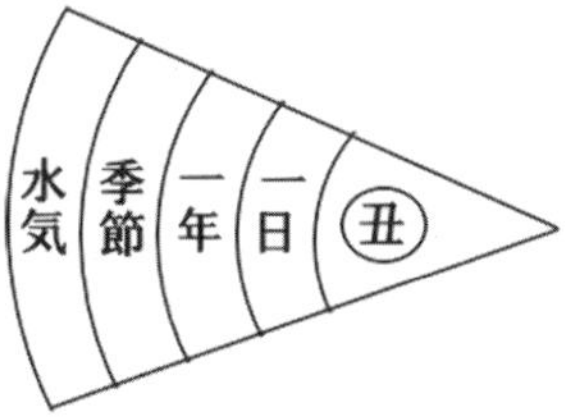

図3－7：丑の特質性

すなわち「丑」は死から生への循環の結節点に位置していることが首肯される。昨日から今日への循環、冬から春への循環、旧年から新年への循環、水気から木気への循環という具合に、陰陽五行思想の基本理念である循環思想がくり返し丑によって理論化されて示されているのである。

『五行大義』では、この循環の原理を「更互《たがい》に相ひ生じ相ひ畏《おそ》る、終始して絶へざるの義なり」（五行は互いに生じあい、剋しあうが、それは終りが始まりに繋がって、絶えることがないという意味なのである）と言っている。すなわち森羅万象は、生（相生の理）と死（相剋の理）をくり返し、この不断の循環によって、自然も人事も永遠であり、さらに宇宙の永劫性も保たれることを丑の等質性においてくり返し説示している。循環の論理は、時間の構造、時間の思想と抱き合わせて説かれているのが看取される。

農耕においても規則正しい時間の循環は、豊穣への不可欠にして最大の要件である。死が生へ再生し、さらに豊穣へと導くためには、陰陽と五行の「生・旺・墓」の原理に根ざした規則正しい循環は、古今東西、変わらぬ要点である。送寒・祓攘儀礼のプロセスを経て、寒さも悪霊邪気もすべて払われたところで（死）、豊穣の命は生まれるのである。陰陽五行思想の理論の上で、「丑」には循環作用、すなわち、豊穣という最終目的の完遂のための位相と役割が呪術的に担わされているのである。

2　陰陽五行と土用……生殺与奪作用

さて、中国における牛・土牛儀礼の目的が、季冬の大寒の日に行われる送寒儀礼、季冬の臘日に行われる祓攘儀礼、臘日の翌日に行われる立春儀礼に亘っていて、三者は時間的にきわめて連接している。

そのため、従来、三者間の関係性が問題となっていた。既述したように、山田の見解、すなわち「起源的にはこの儀礼は一つのものからの分化ではないか」とされてきたが、右に述べたように易と五行の循環の原理によってあらまし跡づけることが出来た。三者は、限りない農耕の豊穣を祈って、不離一体に行われた一連の儀礼として把捉することが肝要であろう。

だが、まだ問題がある。なぜ牛が殺されるのか、なぜ牛から土牛へ変わったのかという根本的な疑問が残されたままだ。さらに、前出①において、「旁く磔り」とあって、該儀礼に伴なって何かがあまねく「磔《はりつけ》」にされているらしいことである。この磔には一体どのような意味があるのだろうか。これらが該儀礼の要素となっているのであるから、当然、このことも俎上に載せなければならない。

さて、丑（牛）と聞いて、日本人が反射的に思い浮かべるのは「土用丑の日鰻の日」という、あの夏の一大歳時であろう。中国伝来の土用・土気を、日本人がいかに重視し好んだかは、辞書をめくってみれば一目瞭然である。なかでも、土用入りから順次「土用太郎」「土用次郎」「土用三郎」「土用四郎」「土用五郎」と五日目まで、わざわざ人名を冠していて、丁重に土用と対峙していたことが理解される。

土用が、日本人の好尚に合っていたということもあろうが、それよりもこの理論の持つ重大性を認識した上でのことと思われる。本家の中国においても、当然、土用・土気の意義は格別であった。

土用　土用とは木・火・土・金・水の五気のうち、特に「土」の「用＝作用・働き・能力・功用」について説かれた理論である。「土がなければ、五行ならず」と言われるほど、土気は五行の中で「四行を統べる」傑出した特別の存在であり、他の四行（木・火・金・水）に決定的な作用を及ぼすのである。四行を総括し、五行の王たる「土」とは、どのような存在なのであろうか。『洪範・五行伝』や『白虎通』の次の言にすべてが尽くされている。

木は、土がなかったならば生ずることはなく、（土を得てはじめて）根がはり実がなるのである。火は、土がなかったならば盛んにならず、（土を得てはじめて）その形を現し燃えるのである。金は、土がなかったならば成立せず、（土を得てはじめて）型に入って金と称されるのである。水は、土がなかったならば止まらず、（土を得てはじめて）堤防によって水が溢れるのをとどめることが出来るのである。

このように、四行は「土」の上に乗っかってはじめてはたらきが動き出すのである。「土」がなければ、他の四行の活動もないのである。土が「五行の王」といわれる所以である。

すでに述べてきたように四行には、木＝春＝東、火＝夏＝南、金＝秋＝西、水＝冬＝北と、季節と方位が明確に配当されていた。では、この点につき「土」はどうであろうか。『五行大義』では、土は中央に位置し、四季の末に盛んになるが、この土もまた土をまって土を成すのである。土は他の四行を総括して四時の末（四季の末の十八日、すなわち土用のこと）に位置し、四時を成り立たせているのである。

と説明されている。これによれば、「土」は次のように理解される。

1　中央に位置して、四行を総括すること。

2　四季の末の十八日間を占め（土用）、この間は「土を成す」、すなわち土気としての作用をする。

以上が「土」の位置および作用である。1についてはすでに見た通りである。2の四季の末とは、換言すれば四立の前十八日間ということも出来る。すなわち、「立春・立夏・立秋・立冬」の四立の前十八日間は、著しく土気の作用が及ぶ、あるいは、土気の発動がこの上もなく期待されるということであろう。

一年十二ヶ月のうち、それぞれ三ヶ月が四季に充てられている。ひと月を三十日とすると、各季は九十日ずつとなる。このうち、各季の末十八日ずつが土用に充てられるから、各季は、九十から十八を引いた七十二日となる。一方、土用は十八の四倍であるから、七十二日となり、四季も土用も時間が等しく配当されていることになる。

各季の末（四立の前）十八日は、著しく土気の作用が及ぶ、あるいは、土気の発動がこの上もなく期待されるのが土用であると述べたが、では土用のはたらきとは、一体どのようなものであろうか。

（二）　土用の丑の構造　以上のことを図示すると、図3－8のような「土用の構造」となろう。

一瞥すれば明確なように、土気は他の四行のはたらきとは大いに趣を異にする。中央の円に示されている「土」は、前述『洪範・五行伝』に説かれていたように、四行を総括していることを示している。土がなければ、他の四行は成り立たない。さらに各季節の終りの十八日間は土気の力が最大限求められているところである。本論に即して言えば、丑月は、十二月の前半十二日は水気として、後半十八日は土気として作用し、特別なはたらきをしているのが「土用の丑」ということになる。土用と四立は不可分であるから、他の土用（辰・未・戌）の場合もまた同様である

図3－8：十二支と土用

以上が土用の丑の構造である。次に問題になるのは、土用十八日間に位置する丑及びその作用である。

これまでなぜ、該儀礼において生牛から土牛に変わっていったのか、問題提起してきたが、これでもう答えは明白となる。すなわち、水気の丑から土気の丑へと、その作用が転換したことを明示しているのである。送寒儀礼・祓攘儀礼・立春儀礼が理論的にはこの一八日間の土用の中で行われるのである。（実際の太陰太陽暦では、ズレが生じてくる）生牛から土牛への変化は、「土用の丑」を強調していることにほかならない。この「土用の丑」「土気

の丑」としてのはたらきを放射しているのが「土牛」なのである。
ここにも陰陽五行思想の根幹をなす別の論理が秘められているのである。以下、この点を明らかにしていきたい。

(二) 土気(土用)の体性……生殺与奪作用

さて、右に見てきたように、土気は「四行を総括する」とか「五行の王」とか称され、しかも、各季節の末十八日に位置し(土用)、二つの季節に跨って、何らかの重大な働きをなしていることが推察される。その土気の体性・作用とはどのようなものであろうか。

土はかすかなものを助け、衰えたものを助けて、木・火・水・金の四行の道に応じ、これを成就させる。(『五行大義』)

「かすかなもの」とは何であろうか。
「丑は紐《はじめ》なり、十二月、万物動いて事を用う。手の形に象る。」(『説文』)とあって、丑には「はじめ」の意がある。それは、「起きて始めて手を挙げる意、また、生まれて初めて手を挙げる意」でもあるという。「十二月には万物が活動を始める」が、まだ陽気がかすかなため指がよく動かない状態の意とされる。
また、丑=水気は、十干では壬(みずのえ)、癸(みずのと)に充てられることを述べた。(二一五頁)
壬・癸の十干象意を再び確認してみると、

壬　妊（はらむ）で、草木が種子の中で新しい命を妊んでいる状態。
癸　揆（はかる）で、種子の中に妊まれた生命が度られるほど成長した状態。

となっている。十干は、万象の代表例として草木を挙げているが、いずれも種子の中で命が妊まれ、「かすかに」成長した状態である。

十二支象意も

丑　紐の意で、種子の芽が伸びきらず、絡んでいる状態。

となって、これも「かすかに」成長した状態を示している。
陰陽の消息の状態はどうであろうか。

丑（十二月）䷒臨（地沢臨）

となっている。ちなみに十一月に遡ってみると䷗復（地雷復）で、十一月から陰陽の消息は陽気が下のほうから一本兆し始めている。二十四節気ではちょうど冬至の頃に当たり、冬至を境に昼の長さが次第に長くなる。

日本でも「冬至から閾《い》の節だけ伸びる」「冬至十日から米一粒づつ伸びる」「冬至から畳の目ほど日が延びる」などといわれている。この状態を易の用語で「一陽来復」といって、長い困苦の後のいい兆しとして讃えられるときに今日でもよく用いられる。陰気の状態であったものから、「かすかに」萌してきた陽気を、助けて伸張させ、十二月では、䷒臨（地沢臨）となって、二陽に伸びてくるのである。ここでも陽気がさらに「かすかに」増えた状態になる。すなわち、冬の寒さの中にあって、春の陽気がかすかに動き出していることを指しているのである。

さて、以上のように「かすかなもの」とは、万象が命を育みかすかに動き出しているのである。

また「丑」の意味には、「丑の言たるは、畜なり。萌芽を畜養するなり」（『大玄経』の註）とあって、かすかに萌芽したものを「やしなう」意味もある。

したがって「かすかなものを助ける」とは、「あらたに萌芽してくるもの」、ここでは春を「やしなう」「育てる」ということになろう。これが第一の土気の体性・作用である。土には、すべてのものをたもち乗せ（すべてのものは土の上に成り立っている）、含みいれるという性質があり、時に応じてあらゆるものを生み出す。あらゆるものを生み出すということにおいて、土にまさるものはないと、『五行大義』でも土の本性・作用を説いている。

では、「衰えたものを助ける」とは、どのようなことであろうか。

すでに述べたように、土用の土気は各季の末に位置して、二つの季節にその作用を及ぼしている。「かすかに萌しているもの」とは、新しい季節であり、生まれてくる季節のことである。これを助け、やしなうことが作用の一つであった。一方「衰えたもの」とは、この場合は去りゆく季節のことである。これを「助ける」ということは、去るべきものは速やかに終息させることである。すなわち、古い季節が終息しなければ、新しい季節はけして訪れない。これが第二の土気の体性・作用で、終息すべきものに対しては速やかに停止させる（死滅）はたらきである。

この土気の体性は次のように説かれている。

土に稼穡《かしょく》と言う。稼穡とは、種を植えることを「稼」と言い、収穫することを「穡」という。（『洪範』・五行伝）

「種を植えること」は、種の命を育てることであり、収穫した後は、枯死していくのが植物の定めである。植物（農作物）の生命サイクルは「万物の生るるは則ち土に出で、死するも亦これに帰す」（『五行大義』）のが自然の摂理である。農耕のプロセスを、春種――夏耘――秋収――冬蔵とすれば、稼穡の後は、土気は生み、育てた植物を速やかに枯死させ、それを再び土に帰し、冬蔵することがそのものの命を全うさせ次の命を「やしなう」ことになるのである。終息させる土気の作用を、冬蔵は示しているのであろう。

つまり、土気の体性には、相反する二つのはたらきがあるということである。一方では生み出す、あるいは生み出されたものを守り育て、他方では終息すべきものは速やかに終わらせる（剋す）はたらきをその特色としている。

これが土気の相反する「両義作用」と言われるはたらきであるが、筆者はこれを土気の「生殺与奪作用」と名づけたい。土用の土気は、このように生み出すはたらきと殺すはたらきをし、命を与えたり、命を奪ったりすることによって、「木・火・金・水の四行の道に応じ、これを成就させる」ための、総括的なはたらきをしているのである。土気のこの生殺与奪のはたらきを経ずして四季の順当な循環は成就しない。したがって、五穀の豊穣も達成されない。循環なきところ、順当な生殺与奪作用なきところに五穀の豊穣はあり得ないのである。

3　陰陽五行と革命思想

(一)　陰陽五行と磔攘儀礼

さて、該儀礼の考察において、是非にも解決しなければならないもう一つの問題がある。琉球列島の殺牛祭神を考察する上でも不可欠の視点である。これまでにも指摘したが、前出①(二〇八頁)の「旁く磔り」という箇所は看過できないところである。儺の儀礼において何らかのものが「磔」にされているらしいのである。

①「有司に命じ、大いに難(儺に同じ)し旁《あまね》く磔《は》り、土牛を出だし、以て寒気を送る」(『呂氏春秋』・十二紀季冬、『礼記』月令・季冬)

①の該条を、『唐月令注』と比照すると、さらに明確にこの儀礼の内容とその思想が判明する。

十二月は大いに磔けて寒気を送り出す。この磔は、犬を都城の門に磔にすることである。春の時は九門に磔にしたが、冬季には十二門すべてに磔ける。それは陽を助け、陰を抑えるためである。というのは犬は金畜で、犬を殺すことは金気を殺すことであり、この方法によって冬は十二月に尽き、木気の春を新しく盛んに興すことができるわけである。

右の『唐月令注』をわかりやすく開いてみると、

1　十二月の月令では、都城の十二門すべてに、犬を磔にすること。

2　それは、陰陽五行の理法によっていること。

3　儀礼の目的は、十二月の冬の中で、「かすかに萌してきた陽」を伸張させ、去るべきものとしての陰を排除するためである。

4　十二支の戌（犬）は金気を象徴する動物（五行配当表を参照）であり、金気は「相剋の理」（二〇二頁）、すなわち、「金剋木」のはたらきによって、これから農耕を開始するに当って重要な、春＝木気を損なうものである（木気は金属によって切り倒されるから）。農耕は、国家の根本政策であり、その成否は天子の死命を制しかねないものである。そこで、春＝木＝農耕を損なう要素は、一切排除して、順当な季節の転換を強制的にも、作為的にも断行しなければならないのが、為政者として使命を全うすることなのである。

以上のようなことが引き出せる。この他にも、『唐月令注』には三月条と八月条にも磔の記事が見られる。（省略）犬が磔にされる理由は、上に述べた4にすべて言い尽くされている。すなわち、犬＝金畜であることが理由である。農耕の春（木気）が動き出そうと「かすかに崩しはじめた」十二月に木気を損うものは、作為的かつ強制的に排除・攻撃された。金気（犬）は木気を損う（金剋木）という理由で、呪術的に磔にされたのであった。

このように、天子の国家儀礼の中で、たびたび磔の記事が見られるということは、よほどの理由が存するということであろう。しかも、これらの月令の中に見られるのは、共にやはり陰陽五行思想に基づく実践である。（ところで、この「犬の磔」が琉球列島の「シマクサラシ」儀礼では、特に除厄儀礼として殺牛祭神の中で、犬から牛へととって代わるのである。ここには受容の重大な問題が潜んでいるのだが、枚数の関係上、別稿にゆだねたい）

では、この磔の背後には、どのような陰陽五行思想の理法が秘められているのであろうか。

（二）　中国革命思想と丑

ところで、中国の政治思想を特色づけるものとして、古来から革命思想が挙げられている。しかも、近代ヨーロッパ的革命思想と決定的に異なる次の二つの特色も、またよく知られていることである。「小島：一九五一」

第一の特色は、革命思想の淵源が古代にまで遡り、しかも、古典の中で明確にその系譜が跡づけられるという事である。すなわち、中国革命思想の古典性・伝統性を小島は挙げている。

第二の特色としては、中国革命思想の哲学的性格である。そして、中国革命思想の哲学的性格の基盤を形成しているのが、『易』の陰陽二元論に基づく陰陽思想と、五行思想によることもすでに指摘されてきたことである。

陰陽思想と五行思想の何が、中国革命思想の形成に影響を与えているかについては、むろん双方に見られる循環思想が挙げられる。

『易』は、すでに見てきたように、一刻も止まることのない陰陽二元の消長変化を万物生成の核として、この循環理論の上に立って宇宙観を形成した。

五行思想も五元素による限りない循環を相生・相剋の理論に乗せて説いた。やはり、五行循環によって、万物も歴史も政治上の王朝交代（五徳終始説・易姓革命思想）もすべてこの理論上で展開された。

このように自然も人事（社会）も不断に循環を繰り返していれば、物事は澱むことも腐敗することもない。しかし澱んだり、腐敗したら、その回復には最終的には作為的であれ強権的であれ、循環を期して変革を断行することが不可欠と説く。ここに当然のこととして革命や放伐思想が是認される理由が生じてくる。

『易経』には「三革」と称されている、三つの改革の卦が提示されている。以下の三つである。［高田：一九六九］

1　䷸巽《そん》（巽為風）

重巽（巽が二つ重なっている）とは、命令を重ねてくり返すという意味である。

天下に号令を発して改革を促す。号令を下すだけである。

2 ䷑ 蠱《こ》（山風蠱）

父や母の蠱《やぶれ》を幹《ただ》す。父の蠱を幹すとは、父の敗事うけついで幹すことである。

母の蠱を幹すとは、母子の恩愛を傷つけず、剛直に過ぎず中道を得て幹すことである。

すなわち、先君の蠱をその子が指導体制を是正するなどして、しっかり収拾することである。

3 ䷰ 革（沢火革）

革は革新・革命の意。水と火が相い争い、相い消しあう状態である。そのような時は、革命すなわち天の命を革めることによって、四時を成立させ、天道に従って人心を得るようにすることが大切である。

1は、天下に号令を下すだけの最も軽い改革である。2は、先代の壊乱腐敗を子が、心を新たにして丁寧に正すのである。丁寧に収拾すれば、終わればまた始まり、大いに天下もまた治まるものとする。3は、最も激しい革命である。水と火が互いに消しあい、互いに気持が合わない状態で、志が正当であれば作為的であれ強権的であれ、変革によって正すというものである。中国において古来、革命が頻発するのは、『易経』で説かれる中国哲学の中核をなす革命思想による。先に小島が、中国の革命思想の特色として、古典性・伝統性と、中国革命思想の哲学的性格を挙げたのは、ここに典拠を持つのである。

なお、暦道で変事が起こりやすいとされる「三革」、すなわち、革令（甲子の年）・革運（戊辰の年）・革命（辛酉の年）も、陰陽五行思想に基づく思考である。

さて、犬の磔に代表される行為は、この最終的な、しかも最も激しい季節の転換呪術儀礼であった。四時の始めは同時に農事始めでもある立春は、物のはじめ（端始）が尊ばれる中国にあっては特に重要であった。なんとしても円滑な季節の到来が切望された。そこで最終的な手段として、機宜に適わないものは徹底的に攻撃もしくは排除された。『唐月令注』に見る「犬の磔」は、その好例であろう。

本論に即して丑に立ちかえると、この思考には完璧な総仕上げがあった。順当な季節の循環、生殺与奪の両義作用を以って、重大な役割を荷った丑（牛）は、土用明けの立春ともなれば、絶妙なはたらきは不要となる。春はすでに円滑に滑り出し、農耕の春を大切に伸ばすことこそあれ、生殺与奪作用はむしろ有害であった。そこで立春の日に、生牛が屠られたり、土牛が粉砕されたりするのである。（土牛の粉砕については後述）牛は初めから終わりまで、呪術儀礼の色濃いヴェールに包まれていた。絶妙なそのはたらきゆえに、ついには徹底的に剋殺された。国家における農耕の豊穣が、為政者にとっても兆民においても、いかに切実な希求であったかを示していることに他ならない。

以上のように、中国伝統的な革命思想も、陰陽五行思想に基づくことはもう贅言を要しない。また本論の殺牛・土牛儀礼も、陰陽五行思想の理論に覆われて展開している儀礼であることが、ここでもまた明らかになってくるのである。

4　土牛儀礼における牛の位相

そこで、該儀礼の特質も含め、ここでひとまずまとめておきたい。

古代であれ現代であれ、また洋の東西を問わず、為政者に常に求められるのは何であろうか。『五行大義』では、「諸政を調和させ、万物を安定させること」だといっている。すなわち、まずは民生の安定・充実を言うのであろう。これはいかなる時代においても変わらない政治理念であると思われる。農耕が国家の命運を左右し、政治の根本政策であった時代には、陰陽五行思想に説かれているように、天地人が「天人合一」の理で不離一体に呼応し、天意を享けた四季の順当な循環が切望された。四季の順当な循環こそが豊穣の必須条件であった。

そこで、すでに述べてきたように陰陽五行思想では、くり返しこの循環の理論が説かれていた。特に循環の理論の上で、「丑」には重要な役割が課せられていた。

第一の役割は、「橋渡し」であった。循環が滞りなく行われるためには、「物の終り」と「物の始まり」が絶妙に連接しなければならない。「丑」は、「日の終り」「季節の終わり」「一年の終り」「水気の終り」にあって、いずれの丑もその位相とはたらきは等質的であった。十二支の中でも丑は、特異な存在であった。それぞれの丑は「終り」に位置し、次の「始まり」への滞りない循環の「橋渡し」という役目が負わされていた。

しかし、四季の循環はままならぬことが多いのは、今日においても同様である。そこで「丑」に第二の役割が期待された。「土用の丑」としての役割であった。「生殺与奪作用」の相反する二つの力が付与された。それは「物事のかすかな始まり」を育て、「物事の終り」をすみやかに終結させる、いわば生死を統括する両義的な極めて重いはたらきであった。積極的な季節の転換が切望されたゆえであろう。

農耕民族の最大の願いである四季の循環は、適時対応でなければ意味をなさない。そこで、さらなる理論の尖鋭化と実践が求められた。四季の循環を作為的・積極的に促進させなければならなかった。循環が最善であるならば、停滞は不善となるからである。それは、季節の転換呪術儀礼となって「犬の磔」のように、機宜に合わないものは徹底的に攻撃・排除された。（これは、陰陽五行の革命思想の放伐の論理に類するものかも知れない）

望まれた季節の到来は、やがて丑（牛）にも変化がもたらされた。待ち望んだ農耕の季節は、すでに立春を期にその動きを始めたばかりである。動き出した農耕の季節にあっては、丑の生殺与奪作用はむしろ有害であった。そこで立春の農耕儀礼の中で、「大牢」となって生牛は屠られ、土牛は鞭打たれ粉砕された。丑の第三の役割であった。この第三の役割も、言うまでもなく農耕祭儀として重大に機能した。

もう贅言は不要だが、「土牛」の意義をここで確認しておきたい。

先にも触れておいたが（二一一～二一二頁）、以下の四説が提示されていた。

1　犠牲の生牛が土製に変わった。（長尾龍造）

2　犠牲の生牛が儀礼化して土牛に変わった。（山田勝美）

3　陰気追放呪術として（土剋水）土牛に変わった。（中山八郎）

4　社の土主の土塊が、牛耕と重なり牛形（土牛）に変わった。（中村喬）

中山も中村も「土牛は土でつくられること自体に、重要な意味があった」とされたが、筆者は重要な意味、すなわち、「水気の丑」「土気の丑」のはたらきを具体的に開き、そこから土で作られる土牛の意義を導き出してみた。

1　水気の丑・牛は、木気（農耕を含む植物全般）を生み出す源であること。（水生木）

2　十二支における丑・牛の位相は、すべて等質的であること。すなわち、「ものの終り」「ものの始まり」にあって、特筆される循環作用をそのはたらきとしていること。

3　土気の丑・牛は、生殺与奪作用を特質としており、特に季節の転換を速やかに促進させる呪術として「土牛」が用いられた。

以上が、土牛でなければならない重要な意味であった。むろん、生牛の場合も同様で、水気の丑・牛、土気の丑・牛の特性は共に等しく重要に機能しているのである。

以後、多少の変遷は辿るものの、牛も土牛も農耕儀礼の中で定着し、時代とともに生き続けていく。

第三節　琉球列島の殺牛祭神

1　琉球列島における殺牛祭神の多様性

ところで、琉球列島にも実に多様な殺牛祭神が、今日でも行われている。沖縄諸島の殺牛祭神を調査した宮平の報告によれば〔宮平：二〇〇四・本書所収〕、実に沖縄県全集落の四分の一強にあたる集落で、殺牛儀礼が確認されている。本島は言うまでもなく、本島周辺の離島、宮古・八重山諸島などにもあり、ほぼ網羅的であるといってよい。分布もさることながら名称も多様である。一般的には「シマクサラシ」およびその語尾変化系の名称が多い。儀礼の催行月日、目的もまた多様である。

さらに、奄美諸島に目を転じてみると、ここにも、やはり多様に類似の儀礼がある。沖縄諸島と奄美諸島の同儀礼は、従来、別個に論じられることが多かったが、筆者は同一俎上で扱うべきだと考えている。理由は二つある。

一つは、かつて奄美諸島は、琉球王国の行政区域で、北部琉球文化圏を形成していた。当然のことだが、奄美諸島の殺牛祭神と沖縄諸島のそれとは根源を同じくしているのであり、両者は分かちがたい関係にある。事実、奄美諸島の類例から沖縄諸島を照らし出してみると不明だった部分が明らかになってくることも多い。逆もまた然りである。南島の殺牛祭神の解明は、奄美諸島・沖縄諸島を含めて、琉球列島の殺牛祭神として、同一の視点からの接近がなされるべきであると思う。

二点目は、これら琉球列島の殺牛祭神の出自の問題がある。とくに沖縄諸島のそれは、従来、諸島に突出した根生いの儀礼として扱われてきた感が強い。しかし、筆者は、紀元前から、途絶えることなく、時には国家儀礼として催行された中国の同儀礼の影響は見過ごすことができないと考えている。

本論では、枚数の制限があるので、琉球列島の殺牛祭神の全体に論及することはままならない。そこで琉球列島の殺牛祭神の諸相を、中国との関係を念頭において分類し、ひとまず次のように纏めてみた。

1 農耕儀礼と殺牛……豊穣霊としての牛
（1）ハマエーグトゥ
（2）シマクサラシ
（3）奄美のキトウ
（4）宮古島（来間島）の豊年祭由来譚
（5）下地島（現在は無人島）の牛伝承
（6）害虫駆除とシマクサラシ

2 除厄儀礼と殺牛
（1）集落の除厄祈願……シマクサラシ
（2）奄美の火事キトウ
（3）奄美の風水害儀礼
（4）喜界島年中行事

7　「もの言う牛」話群

8　その他

琉球列島の殺牛祭神の多様性に、まず驚かされるに違いない。同時にこれらの相互関係は、なんらの脈絡もなく無関係に拡大していったのだろうかと、あらためて深い疑問が生じてくる。琉球列島の殺牛祭神における牛の位相が、大きく浮かび上がってくる。

このように、多様な展開を見せる琉球列島の殺牛祭神の素性がまず、問われなければならない。琉球列島の殺牛祭神の素性については、筆者は明確に中国の影響を想定する立場にある。新たな解釈を切りひらく強力な突破口は、フレーザーがすでに用意してくれていた。紙幅の制限があり、中国の土牛関係の文献内容(訳文)を掲げることが出来ないので、その一端を知る意味でも、やや長くはなるが、ここはまずはフレーザーの言にじっくり耳を傾けることから始めたい。(なお、『金枝篇』は、『清俗紀聞』『清嘉録』あたりを、参照していると思われる)

中国の各地方で春を迎えるために執り行う儀式において、牡牛はさらにいっそう明らかに穀物霊の化身として現れている。普通二月三日か四日にあたる春の第一日、その日は中国の新年のはじめでもあるが、都市の総督または長官は行列をととのえて町の東門へおもむき、人体に牡牛の頭を持つものとして表されている神農に犠牲をささげる。この祭りには牡牛、牝牛、または水牛の大きな像をこしらえ、それを東門の外に立て傍に各種の農具を置く。盲人の手によるか、巫術師の指図によるかして、この像の骨組みには五色の紙片を貼りつけてつくる。色紙の色は来る年の性格を予兆する。赤が多ければ火事が多い。白が多ければ雨と洪水が多い。その他の色にもそれぞれ意味がある。役人たちはゆっくりと牡牛のまわりを歩きながら、一歩ごとに色とりどりの棒でもって強くそれをうちたたく。それには五穀がつめてあるので、棒の打撃で像が破れると外にこぼれ出す。そこでこの紙屑に火がつけられ、燃える紙屑を手に入れようと大騒ぎが持ち上がるのであるが、紙屑を手に入れた者はその年じゅう確かに幸運が得られると一般に信じられているからである。つぎに真物の水牛が一匹屠殺され、肉が役人たちに分配される。他の記録によると、かの牡牛の像は粘土で出来ており、総督が打ちたたいてから群集が石を投げて粉々にうち壊してしまうのであるが、「こうして彼らは豊年満作を願うのである。」この場合に穀物霊は明らかに穀物をつめた牡牛の像で表されていると見られ、それで牡牛の断片は豊年を搬んで来ると信じられるのであろう。（『金枝篇』岩波文庫）

フレーザーによって投げかけられた教示と刺激は大きなものがあり、膝を打つのは一人筆者だけではないだろう。一読すれば、琉球列島の殺牛祭神の出自の問題は、あらためて再考をうながされる。すでにフレーザーの指摘にもあるように、中国の各地にも殺牛儀礼・土牛儀礼が多い。琉球王府と中国王朝との長い蜜月関係を思えば、迷いや疑いが消え、目の前が開ける思いを抱く。フレーザーの該条の丁寧な分析、すなわち、この儀礼の「催行月日」「総督または長官が行列をととのえる」「東門」「神農への犠牲」「牡牛・牝牛・水牛の像」「各種の農具」「五色の紙片およびそれによる一年の予兆」「棒で強く打ちたたく」「五穀が外にこぼれ出す」「燃える紙屑を手に入れる」「真物の水牛の屠殺」「肉の分配」「土牛の粉砕」等々、琉球列島における殺牛祭神の受容と変容を見すえて、考えてみると、思い半ばを過ぎるものがある。琉球列島の殺牛祭神に関心を寄せる者ならば、中国の国家的行事とされる右の立春儀礼は、誰ひとり見過ごすことの出来ない思いを抱くものと思われる。

中国の土牛儀礼と琉球列島の殺牛祭神の類同性や異同相については、後で取り上げるが、それに先立ち本章では、琉球列島の殺牛祭神の思想的背景を問題にしてみたい。光源はかなりはっきりしてきたが、陰陽五行思想の視点から照らし出してみたい。琉球列島の殺牛祭神が、紀元前から、中国古代宇宙哲学の実践として行われてきた、中国の土牛儀礼の系譜上に位置していることを明らかにしていきたい。

2　琉球王府が陰陽五行思想を受容した痕跡

さて、分析の前提として、琉球王府が、中国の陰陽五行思想を受容した確実な痕跡が認められるかどうかが問題となることは言うまでもない。以下このことにつき、いくつかの資料を提示したい。

(一)『中山世鑑』察度王一(一三五〇)年条「察度王御即位」

まず、琉球史の嚆矢『中山世鑑』の、第三王統・察度王の樹立記事を問題にしたい。察度王は、母親が天女で、羽衣伝説で粉飾された王である。成人するまで、父の野良仕事を手伝うこともなく、親不孝な息子であった。そのころ、勝連城主には類いまれな美貌の姫がいたが、察度は、事もあろうにこの姫に乞食姿のままで求婚を申し入れた。むろん城主をはじめ城中のものは、狂人と思い追い返そうとした。

ところが、一部始終を妃とともに窓ごしに見ていた姫は、「この男こそ、天子の蓋を戴く者です。婿に取ってください」と懇願する。王も妃もこれを許すはずがない。だが、姫は「この男を婿にしないのであれば、一生男は持たない」とやり返した。困った城主は、もともとが博学大知の人であったから、「易ノ占ヲ見ントテ周易ヲ開キテ見給ニ」とあって、以下、『周易上経』『彖伝《たんでん》』『象伝《しょうでん》』『文言伝《ぶんげんでん》』の直接引用が示されている。（省略）この乞食風情の青年が、琉球第三王統を樹立し、特に農耕面での功績が著しい察度王その人であったと伝えている。

易は、現代でこそ日常生活の占いの世界でのみ使われているので、とかく迷信として斥けられがちである。ところが発生期から、この思想が崩れだす中華民国および人民共和国の成立以前まで、すなわち前漢から清朝崩壊に至る凡そ二千年もの間、易は常に中国にあっては人生の規範であり、それ以上に「帝王の書」と言われてきた。『周易』が国王や王族関係者の手になったことと、一読すれば明らかなように、『易経』そのものの中に政治学・道徳学や為政者の心得、天下国家が論じられていることが目立つ。〔高田・後藤訳：一九六九〕〔吉川監修・本田：一九七八〕

易は、占いによって疑惑や迷いを断ち切る意味では占筮の書である。しかし、その拠って立つところが、天という大宇宙と地という小宇宙を対応させて、両者の相即不離な関係（天地相応・天人相感・「天・人・地」）、しかもすべての学問を取り込んで展開する宇宙論的哲学、「天人之学」であったから、今日のようにただに占いの書にとどまらなかった。それは、孔子や老子に多大な影響を与え、『四書五経』の中の五経の筆頭に置かれていることによっても十分うなずけることである。

勝連城主も姫の婿取りがたんなる婿取りであるばかりでなく、民生の安定をもたらし、同時に王家の繁栄をになう婿取りであるからこそ、神意を聞く高度な政治的判断の認識のもと、『周易』を開いたのであろう。なお、『中山世鑑』には、そのほかにも『周易』の直接引用は多いが、他日の検討にゆだねたい。

（二）『中山世譜』尚貞王二九（一六九七）年条　巻一「歴代総記」

天地がまだ未分化の状態であった初めの頃は、混沌としたありさまで、陰陽の違いとか、善悪のわきまえも明らかでなかった。やがて万物の源である本体（大極）から、二つの事柄、例えば、陰と陽、天と地、男と女とかのように二儀（両儀）が生じた。両儀から四つのかたち、例えば、日月星辰、春夏秋冬などが生じ（四象）、四象が変化してさまざまなものが生じた。このようなことがあって天地は始めて天地として成りたち、人は始めて人として存在した。

右は、『中山世譜』開巻第一、歴代総記に見る国初創成譚である。ものごとの生成発展が易の根本理念である、大極→両儀（陰陽）→四象（四季）→八卦（庶類繁顆）の順序で述べられている『繋辞上伝《けいじじょうでん》』からの丸ごとの引用であることに驚かされる。ことに『世譜』の成立事情、すなわち、同書を見せる対象が中国に置かれていたことを考えると、中国文献からの丸ごとの引用箇所もうなずける。同書も陰陽五行思想の視点からの読みが求められるが、全面的な検討は後日を期したい。

（三）『琉球国由来記』康熙五二（一七一三）年条　正月・五月・九月の御祈念

『琉球国由来記』巻一「王城之公事」の記事にも、易や五行の理による祭祀の催行が多い。十一月に「冬至」祭祀が見られる。「聖上於㆓玉庭㆒、拝㆓北極㆒。規式元日同也」とあって、以下、祝文を載せている。国王が御庭《うなー》で北極星を拝しているのである。冬至に北極星を拝すのは、陰陽五行思想の影響以外の何ものでもないが、続けて冬至の供物について次のような重要な記述が見られる。

冬至に餌《だんご》を作るのは閩人《びんじん》（中国・福建省）の習俗である。男は三個、女は五個作るが、三個は「天・人・地」の三才（三つのはたらき）を表し、五個は「五行」を表す。

王朝公事において「三才」「五行」と明言されており、易や五行思想の受容は明々白々である。やはりこの視点からの解明が求められる。

もう一つ、本論とも関係する重要な王朝の公式行事を紹介しよう。正月・五月・九月の「御祈念」条の記事である。

1　正月「十一日御祈祷」条
2　正月「御参詣」条
3　正月「御竈清」条
4　五月「御祈念」条（正月同前）
5　九月「御祈念」条（正五御祈念同前也）

右の王城の公事は、いずれも正月・五月・九月に行われた琉球王自らが行う重要行事である。1は仏教の要素も入り混じっており、慎重に検討しなければならない。3は延長五年（九七二）に成立した『延喜式』の「陰陽寮」で祭祀すべき中国系の祭（後に「陰陽道祭」と呼ばれた）で、宮中の食事を作る内膳司に祀られている火の神祭祀の「庭火祭」や、やはり内膳司の竈神を祀る「平野竈神祭」との比照も必要であろう。2・4・5は、2に補入があるが、基本的には同じ祀りであろう。

これらの王城の公事は、いずれも、一月・五月・九月の催行月で、この三ヶ月に対して共通の考えが背景にあるものと思われる。4・5には短いながらも、祭祀の催行場所が「大庫理《おおくり》」で、催行者は「聖家衆」となっている。

催行場所や催行者から、よほど重要な祭祀であることが想像されるが、なぜ一月・五月・九月に同じ祈念がなされるのかは不明とされてきた。おそらく、これも陰陽五行思想の「三合の理」の法則による祭祀であろう。「三合の理」とは、すでに述べた「十二支と季節の構造」(二一九頁)の「生・王・墓」の理論をさらに一年の構造に拡大したものである。

図3－9の火気三合図をご覧いただきたい。(数字は一年十二ヶ月を示す)十二支と季節の構造では火気の季節は夏に配されていた。夏の季節は、巳(四月)で生まれ(生)、午(五月)で旺んになり(旺)、未(六月)で死ぬ(墓)という具合に、季節の生・旺・墓の理論があった。しかし「三合の理」は、一年の構造の中でも季節の生・旺・墓は作用していると説かれている。すなわち、図3－9のように、夏(火)はすでに一月の寅で生まれ(生)、五月の午で旺んになり(旺)、夏が一年の構造の中で死ぬのは九月(墓)であるとしているのである。この理論も言うまでもなく、循環の理論を示していて、何事も不断にこの「生・旺・墓」がくり返されることによって、宇宙空間においても不断に循環し、その結果宇宙の恒久性が達成さ

図3－9：火気の三合

生・寅（1月）　旺・午（5月）　墓・戌（9月）

れると説く哲理であった。図３－９は、火気三合についてのみ示してあるが、むろん、水・木・金・土も、それぞれの三合の理がある。（図示は省略）

五行の三合の理について、『淮南子』は、次のように説いている。

水は申に生じ、子に旺んに、辰に死す。三辰（三支のこと）は皆水なり。
火は寅に生じ、午に旺んに、戌に死す。三辰は皆火なり。
木は亥に生じ、卯に旺んに、未に死す。三辰は皆木なり。
金は巳に生じ、酉に旺んに、丑に死す。三辰は皆金なり。
土は午に生じ、戌に旺んに、寅に死す。三辰は皆土なり。

さて、国王や王家の人々が、一月・五月・九月に大庫理に御祈念する公事であるから、この祭祀の意義はたんに三合の理だけではあるまい。ここにはさらに重大な陰陽五行の理論が含まれている。木・火・土・金・水の五行は宇宙のあらゆるものに配当されることは何度も述べてきた。問題の「火」も、さまざまに配当されるが、さし当たってここで必要なことを上げると、火はマッチのかすかな火もあれば、巨大な太陽の火も含まれる。ここでは、むろん、太陽の火である。太陽の火は、さらにその属性の筆頭に「日照」を含意する。国王や王家の人々が火の三合の月に、大庫理で御祈念する理由がいよいよ明らかになってきた。

農耕の豊穣にとって、日照と降雨ほど重要なものはあるまい。しかも洋の東西を問わず、古今を問わず、為政者にとって切実な希求は、農耕の豊穣であろう。民生の安定は、いつの時代も「民の竈の賑わい」からである。しかもこの日照は、絶えず、琉球王と琉球の民を痛め続けていたに違いない。南の太陽は、日照の過多がそのまま命の危機や豊穣の可否に直結するのは言うに及ばない。今日でも、人はなお、日照降雨にあらがえない。照りつける南国の日照によって、人民《おほみたから》が剋されることのないよう、また、農作物への被害が及ばぬよう、王や王家の人々にとって、これは最大の祈りであったに違いない。

そこで、王と王家の人々は、一月・五月・九月の火の三合の月に、火（日・太陽）の神へのことさらの祈念がなされたのである。（なお、火の三合には、土の三合も絡んでいていよいよ重大性が増すが、今は割愛したい）

『琉球国由来記』「王城之公事」で、火＝太陽＝日照の順調を祈願する王城公事を右に見てきたが、それと同等の比重で、降雨祈願もなされているはずである。

やはり正月の王城公事に、「辺戸之御水且吉方御水献上」の記事がある。それによると、正月を迎えるに当たって、年内十二月廿日、辺戸において「御水取り」の儀が行われ、同二八日に御水を封じて、御照堂に安置し、元日の朝の儀式に使われる旨の記事が見られる。これによると、

年内十二月廿日（旧暦）
辺戸の水が献上される

となっている。つまり、ここからは「時間」「空間」「水」の関係が読み取れる。時間＝十二月廿日、空間（方位）＝北方・辺戸、五行＝水となっている。図3－3、図3－4、図3－6で明らかなように、十二月は水気の終わりで、しかも廿日はすでに図3－8で述べたように土用の丑にあたる。丑月十二月廿日の土用の丑には、旧年を速やかに終わらせ、来るべき新年を滞りなく迎える重要な生殺与奪のはたらきがあった。丑月水気の十二月に、水気の方位である北方辺戸の地で「御水取り」の儀が行われ採水され、北方水気の水が封じられたまま御照堂に安置され、それが新年の若水・孵《す》で水に使われている。

先に挙げた、火＝太陽＝日照が「火の三合」として、国王および聖家衆の重要な年始儀式であったように、この御水取りも、王朝の年始儀式として最大級のものであった。

すなわち、火気三合の儀（日照）と御水取りの儀（降雨）は、全く同格で、王朝公事の中で重要な年始儀式として位置づけられていることが了解される。むろん、一年の日照降雨のバランスが祈られ、そのことはそのまま一年の豊穣の祈りに繋がっている。

なお、この御水取りの儀は、一九九九年に一二〇年ぶりに復活した。古式そのままに、一年の極め月に、水気の方位に当たる北の辺戸の大川《あふり》から採水され、首里城に運ばれる。「美御水奉納祭《ぬーびー》」として、主を失った今でも厳かに執り行われている。

日照と勝るとも劣らない比重で、降雨もまた切実である。実はこの降雨に絡んでくるのが「牛」である。琉球列島の殺牛祭神には、降雨と牛の関係も潜んでいる。「ハマエーグトゥ」で扱いたい。

(四) 年中行事「ジュリ馬」について

旧暦一月二十日に行われる「二十日正月」の祭りと言えば、すぐに「ジュリ馬」を思い浮べる人が多いであろう。「ジュリ」とは遊女のことで、もともとは那覇の旧辻遊郭で行われた祭りである。華やかに装った遊女の前帯に、板で作られ、彩色された馬の首をはさみ、手綱を操りながら、「ユイ、ユイ」とはやし、行列を作って遊郭内を練り歩いた。現在では重要な観光資源の一つである。起源も、祭りの目的もほとんど明らかでないが、通説では、豊年祈願と商売繁盛を祈る祭りとされている。

この祭りは、根生いの祭りではなく、おそらく、ある意図のもとに創案された祭りであろう。祭りの要素は、次の三点で成り立っている。

写真3－2：ジュリ馬

1 旧暦一月に催行(太陽の生まれるところ。図3－9参照)
2 ジュリ→女→月→水気→降雨
3 馬→男→太陽→火気→日照

2からは、ジュリの華やかさについ目を奪われてしまうが、本質は「女」であろう。女は、陰陽の二元論からすれば、言うまでもなく「陰」である。陰の女は、十二支では「丑」に属し、方位では北になる。自然現象では月、夜、水なども含まれる。水の属性には雨すなわち降雨もあるから、農耕との関係性も見えてくる。折口信夫は、文学や民俗において水と女の関係を、しばしば「水の女」と叙情豊かに表現した。水と女の後ろには、易と五行の理が潜んでいる。月の満ち欠けと女の生理・妊娠・

出産などもよく対比されるが、月と女の関係も同様である。

一方、馬はどうであろうか。「馬」はもちろん「午」である。午の象意するものは、男、陽、太陽その属性の日照、昼などさまざまに充当されるが、さしあたっては、太陽、日照で十分であろう。

さて、（三）で述べたように、一月は火（太陽）の生まれるところであった。午（馬）、太陽すなわち日照と、美しく華やかに装った遊女を女の代表として登場させ、祭りを一層盛り立てた。水の女・遊女には大地を潤す降雨への期待が込められていた。

人日、小正月、ジュウルクニチー（「十六日」）の意、沖縄で死者の正月とされる）と、うち続く正月行事は、新しい歳への限りない予祝で締めくくられた。まずは、日照と降雨の調和こそが、求めてやまない万人《うまんちゅ》の願いであった。新しい年の幕開け（一月）は、過酷な真夏の太陽の生まれるところでもあった。照りつける真夏の太陽は、また、常に深刻な水不足をもたらしてきた。豊穣は、順当な季節の循環、とりわけ南島の人々にとって、日照と降雨の限りない調和こそが最も切実であった。そこで、降雨を示す艶やかで美しい水の女と、太陽・日照をシンボライズする馬・男を組み合わせ、「ユイ、ユイ」と雅に囃したてながら、水の神と火（太陽）の神への「日照降雨の祈り」を届けたのであろう。「民の竈の賑わい」は、王家にとっても農民・商人にとっても、年明けにふさわしい万人の祈りであった。なお、「ジュリ馬」は、易・五行の二元論でみごとに構成され、人為的に創案された祭りであろう。

見てきたように、琉球王府が陰陽五行思想を受容したことは、もはや疑えない。この他にも多いが、最後に、五度におよぶ琉球王朝の王朝交替を挙げておきたい。琉球王朝・五王統の興亡・隆替は、すべて開祖・有徳——末王・無徳という構造で貫かれている。しかも五王統間における「姓」の継承は皆無である。(第一尚王統・第二尚王統は、形式的に尚姓が継がれた)すなわち、琉球王朝の王朝交替の論理こそは、天意に背いた政治により、天寵を失うところとなり(天人相関)、革命の必然の論理、すなわち、陰陽五行の易姓革命の哲学を踏んだ王朝交替の論理で貫徹されている。

民俗祭祀を含む関係諸資料の陰陽五行思想からの照射が俟たれる。

第四節　動物供犠・献上動物選定の根拠

ところで、沖縄諸島の殺牛祭神ではないが、降雨をもたらす牛、日照を支配する馬は、ともに雨乞い・日乞いの呪術に用いられることが多い。このことにつき、ここで簡単に述べておきたい。牛は既述したように、十二支で水気に充当されるので、雨乞いのための役割には異論がないところである。しかし雨乞いのための動物供犠は、本書姉妹編所収の原田[原田:二〇一二]によれば、牛の他にも馬・鶏・犬・虎等が挙げられる。

さらに、馬は雨乞いの他にも、以下のような祈願のための献馬がなされたこともすでに指摘されている。[上田:一九八三・一九九三]今、これらを整理すると次のようになる。

1　動物供犠から献上動物へ

Ⅰ　雨乞い(祈雨)のための動物供犠

①　牛
②　馬
③　鶏
④　犬
⑤　虎

Ⅱ　供犠から献上へ（献牛馬）
Ⅲ　献馬への傾斜……馬と五行色彩呪術
①　雨乞いのための献馬──→黒毛馬
②　日乞い（祈晴・止雨）のための献馬──→白馬（白馬《あおうま》の節会）
③　日蝕祈願のための献馬──→赤毛馬
Ⅳ　天皇不予祈願のための献馬

これまで幾多の研究者に指摘されてきた皇極紀元年（六四九）の記事は、右の分類記事の先蹤をなすものである。すなわち、皇極元年六月、七月、八月条に

1　（六月）是月に大きに旱《ひで》る。
2　（七月）群臣《まへつきみたち》語りて曰く、「村々の祝部《はふりべ》の所教《をしえ》の隋《まにまに》、或いは牛馬を殺して諸の社《やしろ》の神を祭る。或いは頻りに市を移す。或いは河伯《かわかみ》を祷《いの》る。既に所効《しるし》無し」

3　蘇我大臣報へて曰く、「寺寺にして大乗経典を轉讀《よ》みまつるべし。悔過《くえくわ》すること、佛の説きたまふ所のごとくして、敬《うや》びて雨を祈《こ》はむ」といふ。庚辰に大寺の南の庭にして佛菩薩の像《かたち》と四天王の像とを厳《よそ》ひて、衆の僧《ほふし》を屈《い》び請《や》せて、大雲経を讀ましむ。(中略)雨を祈ふこと能《あた》はず。(後略)

4　(八月)天皇、南淵の河上に幸して、跪《ひざまず》きて四方《よも》を拜む。天を仰ぎて祈《こ》ひたまふ。即ち雷なりて大雨《ひさめ》ふる。遂に雨降ること五日。溥く天下を潤す。(中略)　天下の百姓《おほみたから》、倶に称萬歳《よろこ》びて至徳《いきおひ》ましします天皇なり』とまをす。」

この記事は、2の村村の祝部の祈雨祈願も、3の蘇我大臣の仏教的礼仏読経も効果がなく、4の皇極女帝のシャーマニステックな雨乞いによって大雨がもたらされた。皇極女帝の司祭王としての側面を讃え、強調するものであることは、諸家の一致した見解である。

また、2の雨乞いに殺牛馬の習俗があったこと、これが大陸渡来のもので、当時すでに広く民間に拡がっていたこともほぼ認容されている。そしてこの習俗は、後世にいたるまで絶えることなく継続して行われていたことは、原田［二〇一二］の研究により首肯される。

「河伯《かわかみ》を祷《いの》る」は、雨乞いであるから、河の神＝水の神に祈雨祈願がなされたことに問題はない。「頻りに市を移す」とは、2の記述全体を含めて、筆者は別の視点からの接近を試みてみたい。中国伝説中の帝王とされる神農伝説の視点からである。

中国古代の八人の皇帝を三皇五帝と総称するが、神農は三皇の一人である。神農は、母の女登が龍に感じて生まれたとされ、体は人間だが、頭は牛、つまり「牛頭人身」であった。『中国歴史人物大図典』

によれば、神農の頭には、角と思しき突起が描かれている。牛と結びつく理由である。伝説の内容はほとんど未詳であるが、『易経　繋辞伝　下』にいくらか説明がある。後に『帝王世紀』に集成された。これらのことから神農には次のような位置づけがなされている。

1　初めて木を削り、スキなどの道具を作り、民に耕作の法を教えた。そのため農耕の神とされ「神農」と呼ばれた。牛と結び付けられるので、水の神（丑＝水気）でもある。
2　市場を設けて、商業の方法を教えたので、商業の神とされた。
3　『淮南子』には、「百草滋味を嘗め、一日にして七〇毒に遭う」とあり、薬草・医療を教え、本草医学の神とされた。『神農本草経』は、後漢以後に成立した本草学の古医書であるが、「神農」の名が冠されているのは神農が医薬の神とされ、尊崇されていたことを示している。
4　八卦を重ねて六四卦とし、易の神とされた。
5　炎帝とも言われ、火の神とされた。（火→馬）
6　五弦の琴を作り、音楽の神とされた。

さて、従来さまざまな視点からの解釈が提出されてきた皇極紀2の記述であるが、この神農伝説には看過できないものがある。

日照りは農耕の危機であり、それゆえ農耕の神・神農へ祈りが捧げられたとしても不思議ではない。神農は「牛頭人身」で、頭に牛の角を生やしていたとされている。すなわち牛の子であり、牛は水気で降雨を支配する。また神農は炎帝とも言われ（5）、火の神でもあった。十二支では馬が配当される。馬は火気であり、太陽即ち日照でもある。神農は、農耕の成否を決する降雨と日照を同時に支配する農耕神であった。日照と降雨のバランスが崩れるのが大旱であるので、そのシンボルである「牛馬」を同時に捧げて日照降雨の調和・回復を祈ったのが皇極紀の記事であろう。祈りの対象として、牛（降雨）と馬（日照）を支配する農耕神・神農は打ってつけではなかったか。皇極紀で「牛馬」を同時に捧げていることについて、従来の解釈では明確性がないが、上に述べたような視点が必要ではないだろうか

「頻りに市を移す」条も興味深い。一般的に該条は、『続日本紀』慶雲二年（七〇五）六月二十七日条、すなわち浄行僧らに「雨を祈らしめ」「市廛《してん》を出づることを罷《や》めて南門を閉塞した」という記事と比照される。市を閉じて異所に移し、市廛の門も閉ざし、人々の往来を禁じたと解されている。雨乞いに南門を閉ざすことが請雨法であったと解されている。〔高谷：二〇〇四〕南は火気の方位であるから、火気＝太陽・日照となり、その侵入を防ぐ呪術として、妥当な解釈となる。しかし、それでも「移市」の説明としては不十分なものが残る。六月から八月まで、日照りが続き、何度も市を移しているのである。市を移すことに何らかの意味があった。日照りのため、農耕のみならず市場も疲弊していた。神農は市場経済を導いて、初めて市場を設けた商業の神でもあったから、神農の意に叶うよりよい市場を求めて、経済の回復をも同時に願い「頻りに」移市し、神農への祈りがなされたのではないだろうか。牛馬（日照降雨）を捧げることと「移市」は分離して解釈するのではなく、2は、同一文脈上で理解すべきである。それが後述するように、渡来系の祭祀集団「村村の祝部」によって行われたので

ある。当然、儀礼内容も大陸渡来のものであった。

伝承によると仲哀天皇の代、神農の後裔とされる融通王という人物が、四人の子供と一二四県の人々と共に諸技術を携えて中国からわが国へ渡来した。大阪市東区道修町の少彦名神社では、十一月には「神農祭」が行われている。

『万葉集』巻五　山上憶良「沈痾自哀文」には「神農云はく、『百病癒えずは、いかにぞ長生を得む』」とあり、『日本書紀』神代上　第五段の一書「保食神《うけもちのかみ》殺し」で「月夜見尊（中略）即ち剣を抜き撃ちころしたまふ。（中略）その神の頂《いただき》にに牛馬化為り」とある。『万葉集』は言うに及ばないが、『日本書紀』の「神の頭に牛馬が生まれた」というのは、保食神＝五穀神と農耕神・神農の投影を想定してこそ、理解も得られやすいのではないだろうか。牛頭天王とも系列を一にするもので、皇極紀2も含めて神農伝説の影響を想定して理解したい。いずれにしろわが国の上代では農耕神・商業神・薬神等、すでに神農のことは知られていた。

「村々の祝部」という語にも注目したい。直木［直木：一九六八］や宮瀧［宮瀧：二〇〇五］は記紀神話において、「村」「邑」の表記には意味内容に違いがあることを述べている。「村」は、異民族起源の村落や辺境の村落を指す場合が多く、その他は「邑」と表記されることが多いということである。すなわち、「村々の祝部」の祭祀者は渡来系の祝部で、儀礼内容も大陸渡来儀礼であったであろうと推測される。「殺牛馬」「移市」の解釈上、ゆるがせに出来ない指摘である。

皇極女帝の巫女王としての側面に注意が向けられるあまり、2の記述内容が見落とされがちであるが、ここを注視しながら供犠動物の諸問題について述べてみたい。

祈雨祈晴に見られるⅠ〜Ⅳについていくつか疑問点を整理しておきたい。

1 なぜ雨乞いに、牛以外に1の動物が捧げられるのか。選定の根拠は何か。
2 さらにⅡ・Ⅲ・Ⅳになると、供犠から献上へと変わっていくのはなぜか。
3 雨乞いと対極にある日乞いにいずれも馬が献上される理由は何か。
4 Ⅲの日蝕の祈願に馬が献上される理由は何か。
5 Ⅳでは馬が天皇と結びつき、機能が拡大する。馬の負う原理は何か。
6 これらは渡来系のいかなる儀礼に基づくのか。

2 動物供犠・献上動物選定の根拠

右の疑問点はさらに次のように要約される。

Ⅰ 雨乞いの動物選定の根拠・いかなる渡来儀礼によるか(1・6)
Ⅱ 馬の重視・馬の負う原理
　1 供犠から献上へ(2・3・4・5)
　2 馬と五行色彩呪術との結合(3・4)
Ⅲ 天皇と馬(5)

Ⅰについては、渡来系（村村）の祝部によって奉じられていた思想・宗教・宇宙哲学等あらゆる学問を包摂して展開した記載化当代の最新科学としての陰陽五行の哲理をおいては、説明不可能と思われる。

牛についてはもう贅言は不要であろう。

図3－6を参照していただきたい。宇宙にあるあらゆるものが、木・火・土・金・水の五行に配当されるが、馬は火気の正位（図3－6）にある。それぞれの五行にはそれぞれの配当およびその属性がある。火の配当の一つに太陽があり、太陽の属性に日照があった。ここでさらに、図3－2の五行相剋図も併せ見ていただきたい。今、雨乞いの問題であるから、雨の五行配当は当然水気となる。水気と火気（馬）の関係は、火気＝日照が激しいので、水気＝降雨が妨げられていると解されているのである。そこで「水剋火」の理（火は水によって剋される）によれば、降雨のためには、太陽＝日照の元である火気＝馬の勢いを叩き、弱めることが必要となる。馬が雨乞いに駆り出される理由である。

鶏や犬はどうであろうか。図3－6で、酉＝鳥（鶏）、戌＝犬はともに金気に属している。図3－1の五行相生の理論によれば、金気は「金生水」のはたらきにより水気＝雨を生み出す元である。そこで、降雨を祈願して水気を生み出す鶏や犬が捧げられるのである。牛は言うに及ばず、馬・鶏・犬もすべて降雨のために五行のそれぞれの理を負って捧げられた犠牲獣であった。

ところで、原田〔原田：二〇〇〇〕に詳細な「古代肉食殺生禁断関係年表」があるが、魚類関係を除けばそのほとんどは「牛・馬・鳥類（鷹・鳥・鶏）・犬」となっている。天武四年に出された初の殺生禁断令には「猿」が加えられている。この猿については、猿が著しく人間に似ていることによって殺生が禁じられたとする見方があるが、はなはだ根拠が薄弱である。これらは一まとめにして、同一の原理で説明されるべきである。図3－6を見れば明らかなように、猿も金気であるから、やはり「金生水」の理による禁止であろう。水を生み出す金気の動物がひとまとめに殺生禁断の対象になっているのである。同じく挙げられている猪・豚はこれは水気そのものの動物である。降雨に繋がる「金生水」の動物や水気そのものの動物の殺生禁断が徹底的に布令され、呪術的に保護されていることが看取される。

虎＝寅については、すでに述べた（二五〇頁）火気三合図を参照していただきたい。一年の構造の中で、寅（一月）は、火気の生まれるところであった。この火気の生まれる月である寅を剋殺することが日照を弱め、降雨をもたらす呪術と見ていたのであろう。いずれにしろ、雨乞いの呪術的実践としては、阻害要因となっている十二支を剋殺して（五行相剋）日照の力を弱めるか、あるいは、降雨をもたらす十二支を保護（「金生水」）し、殺生禁断による降雨祈願をしたのであろう。

なお、魚類については、これは陰陽五行思想の発祥地の問題と係わって来る。同思想はおそらく中国内陸部で育まれたであろうと考えられている。「海」への視点が欠落し、海洋生物についての記述が少ないからである。殺生禁断令でも「魚」とひと括りになっているのはそのような理由が考えられる。

ついでながら、同年表で、天平宝字八年に「蒜」の採取が禁じられている。信護景雲四年には天下の「辛」の植物の採取が禁じられている。再び五行配当表の「五味」の項をご覧いただきたい。「辛味」は金気に属する味覚として配当されていることが了解されよう。この後、辛味植物は「五辛」として整えられて、さらに五行思想の徹底化が図られていくが、これらもともに、農耕の豊穣のみならず人々の暮らしにおいても、いかに順当な降雨が重要であるかを示すものである。水気を生み出す元である金気（金生水）が徹底的に保護されていることが看取される。稲作保護は、農耕王・天皇国家の第一の国家政策であり、切実な祈りであったのであろう。皇極三年の「菜」もおそらく「辛味」の菜のことで金生水の理を負うものであろう。

（なお、『琉球国由来記』その他の資料でも「蒜」の献上記事が見えている。従来、適切な解釈がなされてないようだが、これも右に述べた五行思想に基づく農耕儀礼の一環であろう。）なお、辛味植物は、春の迎気儀礼や農耕儀礼では、逆に徹底的に剋殺され、五辛として食べ尽くされた。これは五辛の金気が農耕の木気に災いをもたらす（金剋木）と考えられていたからである。（二〇二頁）このように陰陽五行の理論は、その状況に応じて臨機応変に適用することが求められる。

以上、雨乞いに捧げられる動物は、なんでもよいというわけではなく、すべて水に関係するものであった。水気の動物はいうまでもなく、水気を生み出す動物も殺生禁断され、水気を損ねる火気＝日照に該当する十二支も犠牲獣として剋殺して捧げられた。同じ犠牲獣でもそのはたらきは理論的には異なるのである。（鹿については紙幅の関係で省略したい）

旱魃はすべてに多大の被害をもたらすが、為政者にとって最大の懸念は稲作農耕への被害であったと思われる。天武四年の禁断令で「四～九月の間」とあるのは、この間が稲作農耕にとって特に重要な季節であったことを意味しているのであろう。殺生禁断令も、この期間に発せられている場合が多い。

Ⅱについては、誰もがまず牛馬へのまなざしの変化を鋭敏に感じ取るに違いない。犠牲獣から献上動物としての変化である。これは一般的な解釈としては、１牛馬は人に代わって勤労する役畜動物である　2牛馬は軍国の資である　3放生思想　4殺生罪悪観　5食肉禁止令　6浄・不浄観等によると観想されている。

筆者は、これらの解釈に同意するものであるが、それでも重要なことが2点、見過ごされていることを指摘したい。一つは、献上動物が牛から馬へと重点が移っていることである。これはⅣの天皇と馬が密接に係わることとも無関係ではない。二つ目は、献馬は雨乞いなら黒、日乞いならば白、日蝕祈願なら赤という具合に、すべて厳密に色分けして献上されている点である。ここには明らかに、馬と五行色彩呪術との関係が存することを特に強調しておきたい。

3　牛から馬へ、天皇と馬

まず、献上動物の牛から馬へ、さらに天皇と馬との関係について述べたい。

古代日本における陰陽五行思想の受容過程については、ここで詳述する暇はないが、継体紀七年（五一三）には「五経博士」の来日初出記事がある。続いて、継体紀十年、欽明紀十年、推古紀十年にも見られる。天武・持統朝は古代史のエポックと位置づけられるが、陰陽五行思想の本格的な受容も、おそらく天武・持統朝であろう。陰陽五行思想・儒教思想・仏教思想・道教・風水思想等、大陸のさまざまな学問や思想・宗教が招来された。天武・持統朝は強大な天皇権の確立期でもあり、政治的・宗教的神学の形成期でもあった。

牛は、陰を代表する動物であり、女に当てられた。一方、馬は陽を代表し男に充当された。『説卦伝』にも「乾を馬と為し、坤を牛と為す」（天を馬となし、地を牛となす）とあり、また「乾を天と為し、円と為し、君と為し、父と為し、玉と為し、金と為し（中略）良馬と為し、老馬と為し、瘠馬と為し、駁馬と為し」と、馬が天・円・君・父・玉・金などに当てられている。これが指導原理として重視された。天（乾）＝陽＝男＝天皇＝太陽、地（坤）＝陰＝月＝女と二元的に分けられた。まだ女帝が擁立されはしたが、時代は儒教思想の受容もあって、男系主導型社会への移行期でもあった。女の霊的優位性から、乾＝馬＝陽＝男へのまなざしの変化であった。ただし、女といえども女帝ともなれば、それは天を戴く陽の立場となる。

さらに先述したように、牛馬は軍国の資とはいうものの、馬に勝るものはない。農耕役畜という点からも牛から馬への交代は避け難かった。農耕経済の主役の交代は、当然、呪術儀礼や農耕儀礼にも変化をもたらした。公的な祭祀や儀礼の場において牛から馬へと代わり、雨乞い・日乞い・日蝕祈願・天皇の健康祈願等、儀礼の場では、牛から馬への流れが主流となった。供犠から献上へと変わっていったのは殺生禁断・肉食禁止等も影響しているであろう。

4　馬と五行色彩呪術との結合

二つ目の馬と色彩呪術の関係については、すでに指摘があるが［吉野：一九九四］、ここでは筆者の視点から簡単に説明しておきたい。表3－1の五行の五色配当では、色彩の黒は水気に配当され、馬は火気＝赤となる。水気と火気の関係といえば、「五行相剋」の法則では「水剋火」となり、火気の日照の力が水の力によって抑えられることになるので、黒毛馬の献上は雨乞いの呪術となる。

日乞いの呪術の白馬の献馬は、白＝金気で、金気は「金生水」で水を生ずる。一方、馬は火気であるから、両者の関係は「火剋金」となり、火（馬）が金気を剋殺することによって、間接的に水を押さえることになる。したがって、白馬は止雨、即ち長雨を止め、晴雨への祈願呪術となるのである。

日蝕のための赤毛馬の献馬は、赤＝火気、馬＝火気である。火気は太陽即ち日照である。日蝕は日照＝太陽の衰弱と見た古代人は、火＝太陽を示す赤い色の馬と、馬そのものが火＝太陽であるから、「赤毛馬」の献上は、日照の速やかな回復を期待し、呪的心意を重層させて祈願した切なる表象であった。赤毛馬の献上は、太陽の復活祈願であるから、止雨・祈晴祈願となることは言うまでもない。日照りや長雨は著しく農耕に被害をもたらしたものであろう。これらの馬と色彩呪術の実践は、あくまで原理に根ざして両者の関係が忠実に踏襲されており、おそらく陰陽五行思想以外の解釈は見当たらないであろう。

さらに天皇との関係で言えば、天皇は日の御子であり、馬＝天＝太陽としてこれ以上の充当されるべき動物はなく、天皇の呪術儀礼に最も適うものであった。それゆえ馬は、天皇の乗り物としてもこれ以上打ってつけのものはなかったのである。

なお、民間においての雨乞いは、原田の詳細な研究［原田：二〇一二］にもあるように、牛が主流であり、陰陽五行思想の原理が綿々と命脈を保っているものと首肯される。

ついでながら、殺生禁断が社会に根を下ろしていく過程で、やがて殺牛馬の儀礼に代わって、一方では、「牛の舌」「牛の舌餅」「馬の餅」「馬の牡丹餅」等、稲作農耕儀礼を鮮明にしつつ、陰陽五行の理論も、より日本的なものへと習合して受容されていく。すなわち「米の餅」へ傾斜し、神供がなされていく。しかし、それでも原義を完全に消し去ることは呪術儀礼としては不可能で、牛・馬の用語をわざわざ冠しての「米の餅」への神供に移っていった。すなわち、「肉の牛」から「米の餅」への転換である。このように、殺牛馬儀礼（農耕儀礼）で、陰陽五行思想の視点を欠いたならば、儀礼の重要な部分が欠落してしまうであろう。

また、すでに述べたが、中国の迎気儀礼で、天子が春夏秋冬にそれぞれ、青衣、赤衣、白衣、黒衣などを着用してそれぞれの方位に出向むき、それぞれの季節の気を迎えたことも、すべて五行の色彩呪術に基づく思考であった。

二〇〇九年六月十日付けの「沖縄タイムス」は、沖縄諸島の石垣市白保の真謝御嶽で、馬の供犠が催行されたと報じている。「厄災や疾病が外から入らないように願う物忌み」としているが、この場合の馬の供犠は、右に述べた日照降雨の祈願とは異なる別の馬の原理を組み立てた祈願である。催行月が重要な鍵となるが、今は省略したい。

第五節　中国の土牛（牛）儀礼の概観

さて、当初は、二十四節気に基づいて、特に立春儀礼の中で、生牛・土牛を伴なった儀礼が行われた。立春儀礼は、一年の終りと一年の始まりに位置するので、送寒儀礼・祓攘儀礼・立春儀礼と三つの儀礼が連接することになった。しかし、漢代を境に土牛儀礼に変化が起きた。

牛耕の問題が浮上してくるのである。牛と農耕の結びつきは春秋ごろ、あるいは漢代あたりとするのが専門家の一致した見方のようである。両者が結びつくことによって、あらたに農耕役畜としての牛が強く認識された。このことは、必然的に送寒儀礼や祓禳儀礼が、立春の勧農儀礼・豊穣儀礼へと吸収されていく道すじともなった。これまで述べてきたような陰陽五行のさまざまの理を負った理論上の牛に、さらに農耕との関係性を強めた現実的な牛、すなわち一段と農耕役畜としての色あいが強化されていった。以後、牛は一貫して農耕儀礼を担う存在となって土牛儀礼を特色づけていった。長い歴史過程の中では、当然、時代の変容は避けられない。しかし、変容しつつも各時代を通して、中国における土牛儀礼の底流を不変に流れているのは陰陽五行の理であるといっても過言にはならない。農耕儀礼に特化していくとともに、陰陽五行思想による新しい解釈も強化されていった。

以下において本来ならば、中国における土牛儀礼の変遷を辿りながら、時代の特質を凝視することが求められるが、紙幅の制限上割愛しなければならない。

また、このあたりの作業は琉球列島の殺牛祭神を明らかにする上でも、重要であるが、詳述は後の機会に譲りたい。前章で述べたように、琉球王府が陰陽五行思想を受容したことは明らかであるが、様相がきわだって整い、特殊な位相にある「ハマエーグトゥ」についての考察は、第五章で扱いたい。本章では、琉球列島のその他の殺牛祭神、特にシマクサラシ系統に係わる事柄について簡単に触れておきたい。

表3－3は、中国における生牛・土牛儀礼の主要な出典の分析表である。

表3－3　中国における土牛儀礼

時代		漢代・漢代以前	
通し番号		①	②
出典		呂氏春秋・礼記（十二月）	後漢書 続後漢書
Ⅰ 牛・土牛	A 呼称 B 催行日 C 設置場所 D 目的 E 彩色 F 打牛・打春（牛）（鞭撻・粉砕） G Fの目的 H 綵杖 I 進春（宮中儀礼） J その他	A 土牛 B 季冬・十二月 C 東郊 D 祓攘・送寒儀礼	A 土牛六頭 B 季冬・十二月 C 城外の丑地 D 送寒儀礼
Ⅱ 土偶（偶人）の変容	A 呼称 B 立つ位置 C Bの目的 D 彩色 E 農具・他 F 太歳・句芒神の扱い G その他		
Ⅲ 迎春・春牛迎え 演春	A 土牛のかざりつけ B 隊列・巡行 C 音楽・芸能 D 贈答（小春牛・春牛飾り・その他） E 酒宴 F 節食 G 勝負ごと H 香燭・酒果 I 春旗等の下賜 J 頭に挿す・髪飾り K 春帖・帖子 L その他		
Ⅳ 治病・防疫 厄払い 辟虫	A 方法 B 目的		
Ⅴ 占い まじない 俗習	A 方法 B 目的		

漢代・漢代以前					隋代
③	④	⑤	⑥	⑦	⑧
呂氏春秋・礼記（一月）	淮南子	塩鉄論	呂氏春秋 季冬紀 土牛註（高誘）	論衡	隋書（後齋王朝）
A 犠牲・土牛なし B 孟春（一月） C 都の東郊 D 迎気儀礼	A 生牛（牡） B 立春 C 東郊 D 立春儀礼	A 土牛 B 立春 D 勧耕・春令 J 青幡を懸ける	A 土牛 B 立春 C 東門の外 D 勧耕	A 土牛 B 立春 C 東郊 D 勧耕	A 青い土牛（一頭） B 立春の五日前 C 東郊 I 青い旗
				A 土偶人・土人（男女各一人） E 耒・鋤	A 耕夫 B 黎具

唐代				
⑨	⑩	⑪	⑫	⑬
白氏六帖	金谷園記	北堂書鈔	删定月令 （『歳時広記』より）	刊誤
A 土牛 B 立春 C 東郊 D 勧耕	A 土牛 J 『礼記』を引用	A 土牛 B 立春 C 門外 D 兆民に示す（勧耕） J 『東観記』を引用	A 土牛 B 季冬・十二月 D 農耕の早晩を示す	A 土牛 B 立春 C 都市の南方 D 農耕の早晩を示す F 粉砕
A 策牛人 B 立春の遅速により 立つ位置にちがい （前・後） C 農耕の早晩を示す	A 策牛人 B 立春の遅速により 立つ位置にちがい （前・中・後） C 農耕の早晩を示す		A 策牛人 B 立春の遅速により 立つ位置にちがい （前・中・後） C 農耕の早晩を示す	A 策牛人 B 立春の遅早により 立つ位置にちがい （前・中・後） C 農耕の早晩を示す

唐代	唐代	宋代	宋代	宋代
	⑭	⑮	⑯	⑰
	兼明書	土牛経	瑣砕録	歳時雑記（『歳時広記』より）
G 破片を持ち帰って豊捻を祈る H 綵杖 J『礼記』を引用して現行を批判	A 土牛・春牛 B 十二月・立春 C 門外 D もともとは勧耕 E 五行の方色で彩色 F 打春牛（棒で鞭撻） J『礼記』を引用して現行を批判	牛・策牛人の衣服。立つ位置・籠頭と平綱等について、それぞれ陰陽五行思想に基づいて述べた手引書。以後の規範となる。	A 春牛 B 立春 F 打春	A 春牛・牛 B 立春の五日前・立春 F 鞭牛（粉砕・破片を奪い合う） H 春杖（五色の糸で巻きつける）
	A 策牛の人・耕人 B 立春の遅早により立つ位置にちがい（前・中・後） C 農耕の早晩を示す			A 耕夫・牧人・牧牛人・勾芒神 F 太歳・勾芒神は土地神廟に祀られる
				F・京では韮・生菜を食べる ・金持は豚肉を食べる ・大蒜は食べない ・王宮から大臣に春盤（生野菜）酒・大きな餅を下賜 ・民間では春盤と献花盤を贈答
			A 春牛の泥を ← 自宅に撒く B ゲジゲジが来ない	
				A 粉砕した牛の破片 ← B 養蚕によい・蚕の薬になる A 紛砕した春牛の角 ← を戸の上に置く B 田（耕作）によい

宋代			
⑰	⑱	⑲	⑳
歳時雑記（『歳時広記』より）	国朝会要令（『歳時広記』より）	夢粱録	東京夢華録
	A 土牛 B 立春五日前・立春 C 大門の外の東側 F 三回鞭撻する G 勧耕（牛をよくはたらかすため） H 綵杖 J 先農（神農）を祭る	A 春牛 B 立春の前日・立春 C 官府の前にある迎春館 D 豊稔を祈る F 鞭春 H 綵杖 J 臨安府から宮殿へ進春	A 春牛 B 立春の前日・立春 C 府（開封祥府両県）の役所前 F 鞭春（宮中）打春（Cの両県）
	A 耕夫 E 犂具		
K 帖子（学士院で書く。皇帝・皇后・夫人に進呈）		C 銅鑼・太鼓・芸妓の曲 D 小春牛の贈答 I 春幡・春勝の下賜	D 小春牛を買って贈答 I 皇帝から臣下に金銀の幡勝を下賜 J 参賀後・頭に挿し帰宅

時代	番号	史料					
宋代	㉑	武林旧事	A 春牛 B 立春の前日・立春 C 福寧殿の庭 F 皇帝↓鞭牛 官吏↓鞭牛 H 五色糸綵杖 J 臨安府より進春		D 小春牛を贈る E 百官も酒宴 F 後苑辨から皇帝へ春盤 皇帝から大臣に春盤を下賜 I 皇帝より百官に春旗を下賜。百官は頭巾に旗を挿す K 学士院から皇帝・妃に帖子を進春	A 牛の目を取る ←（御薬院） B 目薬とする	
元代	㉒	遼史	A 土牛 B 内殿 F 皇帝自ら鞭撻・官員も鞭撻（三廻り） H 綵杖 I 宮中儀礼 J 司辰が春至を告げる先帝の肖像に拝礼		C 音楽の演奏 F 春盤 H 香（線香）・糞酒（三回） I 大臣に幡勝を下賜 J 皇帝幡勝を挿す	A 節度使以上を上殿させ穀豆を撒く。奪い合う	
元代	㉓	春牛経	春牛と芒神について・つくり方・寸法・塗色方・服色・素材と色・立つ位置など・さらに仔細に陰陽五行思想に基づいて規定した手引書。				
元代	㉔	田家五行	A 春牛 F 打春				A 麦の苗の植え具合 ← B 干ばつ・水害

元代	明代			
㉔	㉕	㉖	㉗	
田家五行	大明会典 （有司鞭春儀）	正徳瓊臺志	餘冬序録摘抄	
	A 春牛・土牛 B 立春の前日・立春 F 鞭春 （三回鞭撻する） H 綵杖 J 進春儀	A 土牛 C 東郊の迎春館	A 土牛 C 城の南方 D 農耕の早晩を示す J 『刊誤』『春牛経』を引用して現行を批判	（巻二） A 春牛 B 立春の前日・立春 C 福寧殿の庭 F 鞭牛・人々も鞭牛 H 綾杖
	A 芒神	A 芒神	A 策牛人 B 立春の遅速により立つ位置にちがい （前・中・後）	
	I 線香・蝋燭・酒・果実	C 雑劇をする F 春餅		D 小春牛を贈る I 皇帝から百官に春旛勝を下賜 J 百官は頭の左に挿す
		A 豆穀を土牛に ← 投げつける B 痘疹が治る		A 牛の目を取る ← （御薬院） B 目薬にする
A 春牛の色 ← B 豊作・疫病・干ばつ・水害・風害を占う・泥を奪い取り「万事大吉」と書く				

明代		
㉘	㉙	㉚
西湖遊覧志 熙朝楽事	長安客語	酌中志
（巻二十） A 春牛・土牛 B 立春の十日前・立春 C 仁和県（於仙林寺）と銭塘県（於霊芝寺）が交替で行う F 土牛を鞭撻、綵杖と土牛を上官に贈る	A 土牛 B 立春の前日（迎春） C 北京の東方→官府→宮殿 E 精巧で豪華 J 地方の迎春は春牛亭で行う。北京にはない。順天府の府尹が亭を作ろうと皇帝に願い出て芒神の庁を建てた	B 立春の前日・立春 C 順天府の東直門外
	A 芒神 D 精巧で豪華	
B 俳優・芸人・小妓 春牛が巡行 C 音楽・芸能が演じられる（演春） E 酒宴 F 辛盤を出す J 婦女子は金や紙で髪かざりをつくり頭にかざる また親戚に贈る		E 宴会 F・「咬春」（大根をかじる） ・春餅を食べる G 春場で競馬をし、勝負を決する
		耳に綿を入れる ← B 耳がよく聞こえるようになる

明代	清代
㉛	㉜
帝京景物略	清俗紀聞
A 春牛・小春牛 B 立春の前日・立春 C 東直門外五里・春場・春亭 E 土牛・芒神に詳細な彩色の記述あり F 三回鞭撻する G 牛がよく耕作するため H 綵杖 J 土牛と芒神の作り方に詳細な記述あり	A 春牛（張り子の牛）春牛の腹内に小さな張り子の牛を入れる B 立春の前日・立春 C 郊外 E 張り子の春牛に彩色 F 竹杖棒で張り子の大牛を破り、中の子牛を取り出す G 豊年の吉端 J 台に乗せた春牛を太歳に引かせる
A 勾芒神・芒神 B 立春の遅速により立つ位置にちがい（前・中・後） C 農耕の早晩・繁閑を示すため D 詳細な細則あり G 芒神に少年・壮年・老年のちがいあり	A 太歳（芒神） F 廟裏に太歳を安置
A 台上に牛を乗せかつぐ B 隊列・巡行あり D 綵杖を知人に贈る J 官員は髪に花をかざる	A 台に春牛を乗せ、太歳に引かせる 涼傘を立てる B 遂列・巡行あり C 金鼓を打ち鳴らす
	A 市中の小児が大豆 ← を牛に投げる B 当たると疱瘡が軽くすむ

清代		
㉝	㉞	㉟
大清会典	南越筆記	清嘉録
A 土牛 B 立春の前日・立春 C 東郊外 F 鞭春・各官が土牛を三廻りしながら打つ G 勧耕の意を示す J 詳細な儀礼あり（省略）	A 土牛	A 春牛 B 立春の前日・立春 F 打春（粉砕）
	A 勾芒（拘春童）	
B 遂列・巡行あり C 鼓楽あり H 芒神・土牛の前に香燭・酒果を供える		B 遂列・巡行あり（行春） C 芸能（扮装する） D 春毬を贈答 F 丸をつくり神や祖先に供える
	A 土牛に豆や五色の米を撒く ← B 一年の疫病を消すように祈る A 土牛の泥をかまどに塗る ← B 六畜がりっぱに育つように祈る	
	A 勾芒が帽子を被る ← B 春は温暖 A 勾芒が帽子を被らない ← B 春は寒冷 A 土牛の色が紅 ← B 旱魃 A 土牛の色が黒 ← B 水不足ではない	A 春牛をなでる ← B 幸運になる A 春牛の足をなでる ← B 商売金運がつく

清代		
㉟	㊱	
清嘉録	杭俗遺風	
	A 紙牛（張り子）・生牛 B 立春の前日・立春 C 慶春門外の先農壇 夜は山の寺「太歳上山」に移される	A 春牛 B 立春の前日・立春 C 東直門外の春場 F 鞭撻 I 礼部が春山宝座・順天府が春牛図を天子に進呈
	A 勾芒神（名前年令外貌・寸法を決めて神亭に安置） F 太歳廟に安置	A 勾芒神
L 气食や祇応が扮する	B 遂列・巡行あり C 音楽・芸能あり F 茶・餅の煮物「元宝湯」 H 線香・爆竹	G 富家は春餅を食べ、婦女子は大根を食べる（咬春）春の睡気をしりぞける
A 麻・麦・米・豆を春牛に投げつける ← B 豊稔になる A 春毬を贈り合う ← B 豊稔になる A 句芒神と春牛のかざりものを正面の間に置く ← B 農事がうまくいく		

清代	㊲	燕京雑記	『礼部則例』 A 土牛 B 立春の前日・立春 C 東直門外 F 打牛（鞭撻） G 勧農の意を示す I 皇帝・皇太后・皇后に勾芒神と土牛を進呈 J 美しい色とりどりの布をめぐらした小屋掛けに安置		B 遂列・巡行あり C 鼓楽あり		

表3－3の分析項目は左記のように、Ⅰ～Ⅴに分類した。

Ⅰ　牛・土牛

Ⅱ　土偶（隅人）の変容→策牛人・耕夫・牧人・牧牛人・太歳・勾芒（神）・拘春童

Ⅲ　迎春・春牛迎え・演春

Ⅳ　治病・防疫・厄払い・辟虫

Ⅴ　占い・まじない・習俗

さらに各項目には、細目（A・B・・・・）を立て、変容過程が概観できるようにした。各時代の特質相について、紙幅の関係で言及することは出来ないが、一覧すればおおかたの流れは把握されよう。その中で、

Ⅰ　生牛・土牛の分類中、B・催行月、D・目的、F・鞭撻・粉砕される打牛や打春（牛）、G・目的

Ⅱ　土偶（偶人）の分類中、A・呼称、立つ位置、C・目的、F・太歳・勾芒神

Ⅲ　迎春・春牛迎え・演春のなかの、B・Cの隊列巡行、F・節食

これらの項目は、「ハマエーグトゥ」の考察上、欠くことのできない視点である。これらはすべて第五章　陰陽五行思想から照射した「ハマエーグトゥ」で述べたい。

Ⅳ　治病・防疫・厄払い・辟虫

Ⅴ　占い・まじない・俗習

ⅣとⅤについては、「シマクサラシ」系の殺牛祭神と密接に関わり合うところである。詳述はできないが、本章で、その大要は掲げておきたい。

激変する中国の土牛儀礼……娯楽化への流れ（宋代～清代）

中国の土牛儀礼の全体の流れを概観することは出来ないが、宋代以降の激変する土牛儀礼は、琉球列島の殺牛祭神にも大きな影響を与えているものと思われる。そこで、簡単に言及しておきたい。

さて、表3－3の構造分析表を一瞥して明らかなように、特に内容的に、Ⅲ・Ⅳ・Ⅴの要素が顕著になってくる。劇的な変容が窺い知れる。土牛儀礼が娯楽化・祭事化へと大きく舵を切っていった。理由として、太歳・勾芒神の登場が考えられる。

陰陽五行思想で木気を主《つかさど》る、春の神格としての両神の儀礼への登場は、土牛の位置を大きく下落させているものと考えられる。太歳・春神勾芒に勝る農耕の神はいないからである。そのため、呪術儀礼としての土牛（牛）の意義が薄らいでいったものと思われる。

写真3－3：春牛

豊穣儀礼のかつての立て役者は、いまや春の催し物として華美に娯楽化した行事にふさわしく、まず、呼称の変更がなされているようだ。心弾む春の看物《みもの》「看牛」に似つかわしく、「春牛」という華麗な呼称となった。さらに呼称に合わせかわいらしく「小春牛」となって、『東京夢華録』のように、台の上で、いろいろな芸をやっている人形・春幡・雪柳とともに飾り立てられ、贈答品として売られていった。

今、宋代以降の変わっていく土牛儀礼の様相を纏めてみると以下のようになる。歓楽化・華美化の色合いが深まるとともに、さまざまに変わっていったことが理解される。

1　贈答品とされる小春牛
　各自が小春牛を贈り物に使う（⑳）
　小春牛を各宮殿に贈る（㉑㉘）
2　節食（節令食品）・酒宴・供え物
　春盤・辛盤・春餅・蘿蔔《だいこん》・酒（⑰㉑㉒㉕㉖㉚㊲）
　酒果（㉝）
　香（線香）・蝋燭（㉒㉕㉝㊱）
3　帖子（⑰㉑）
4　音楽（⑲㉒㉘㉜㉝㊱㊲）
5　芸能（㉖㉘㊱）
6　隊列・巡行（㉘㉛㉜㉝㊱㊲）
7　髪飾り（春幡・春勝　・その他）（㉘㉛）
8　跑馬（㉚）

さて、これらの諸相についてはやはり紙幅の制限上、割愛しなければならない。但し、2の節食、

4・5・6は隊列巡行として一まとめにし、これらは、次章の「ハマエーグトゥ」とも関連するので、次章で扱いたい。

また、宋代以降、歓楽化・多様化していく土牛儀礼は、同時に以下の要素が顕著になってくる。

1 病災儀礼（治病・防病）・疫病占いと牛（生牛・土牛・春牛・張子の牛）

（1）治病・防病と牛（生牛・土牛・春牛・張子の牛）

㉑㉘「御薬院は、例年通り、牛の目を取って目薬とする。残りの部分は直閤婆が管理する」『武林旧事』『西湖游覧余』

㉚「綿を耳に入れる。そうすると耳がよく聞こえるようになるからである」『酌中志』

㉖「（老若男女は）豆穀を土牛に投げつける。そうすると痘疹が治ると言われている」『正徳瓊台志』

㉜「太歳を廟に送る途中、市中の小児たちが大豆を牛に投げつける。当れば疱瘡が軽く済む」『清俗紀聞』

㉞「皆は、先を争って土牛に小豆や五色の米を撒き、この一年、疾疹にならないように祈る。また、家で飼っている六畜が大きく育つように（肥える）、土牛の泥を、かまどに塗る」『南越筆記』

（2）疫病の占いと牛（生牛・土牛・春牛・張子の牛）（傍線筆者、以下同じ）

㉔の「春牛の色により、豊作・疫病・旱魃・風害を占う。春牛の泥を奪い、『万事大吉』と書く」『田家五行』

2 占い・まじない・俗習と牛（生牛・土牛・春牛・張子の牛）

（1）農耕・養蚕の占い・まじない・俗習と牛（生牛・土牛・春牛・張子の牛）

⑰「粉砕した春牛の破片は養蚕によい。蚕の薬になる。

粉砕した春牛の角を戸の上に置くと、田（農耕）によい」　『歳時雑記』
㉔「春牛の色により、豊作・疫病・旱魃・風害を占う。春牛の泥を奪い、『万事大吉』と書く」　『田家五行』
㉞「勾芒が帽子を被ると、春は温暖。勾芒が帽子を被らないと、春は寒冷
土牛の色が紅だと、旱魃。土牛の色が黒だと、水不足ではない」　『南越筆記』
㉟「麻・麦・米・豆を春牛に投げつけると豊稔になる。春毬を贈りあうと豊稔になる。
勾芒神と春牛の飾り物を正面の間に置くと農事がうまくいく」　『清嘉録』

（２）　害虫駆除と牛（生牛・土牛・春牛・張子の牛）

⑱「打春してから春牛の泥を自宅に撒く。こうすればゲジゲジが来ない」　『瑣砕録』

３　幸運・商売繁盛・金運のまじないと牛（生牛・土牛・春牛・張子の牛）

㉔「春牛の泥を奪い、『万事大吉』と書く」　『田家五行』
㉟「春牛をなでると幸運になる。春牛の足をなでると商売金運がつく」　『清嘉録』

さて宋代以降の、新たな展開も考慮して、これまで述べた中国における該儀礼（生牛・土牛・春牛・張子の牛も含む）の総合的な分類を試みた場合、次のようになるであろう。

１　農耕儀礼（勧農儀礼・豊穣儀礼・防虫を含む）と牛（生牛・土牛・春牛・張子の牛。以下同）
（１）豊穣霊と牛
（２）豊作・旱魃・風害・寒暖占いと牛

（2）害虫駆除と牛

2　宗廟儀礼と牛

3　病災儀礼と牛

（1）治病・防病と牛

（2）疫病占いと牛

4　幸運・金運・商売繁盛をもたらす牛

5　その他

右の分類を、第三節で示した琉球列島の殺牛祭神の分類と比照したとき、両者の類同性にまず驚かされる。琉球王府が陰陽五行思想を受容したことは、ほぼ間違いないと思われるので、琉球列島の殺牛祭神の多様な展開は、やはり中国との関係性や殺牛儀礼の思想的背景を考慮すべきではないだろうか。

なお、これらの分類の各事項と牛とのつながりが一番気になるところである。特に、病災儀礼と牛、占い・まじない・俗習と牛は、牛や土牛儀礼の本質を離れ、人々の興味のままに無原則に拡大していったかのように見える。しかし決してそうではなく、むしろ陰陽五行思想の原義をよく示していると思う。次に掲げる写真3－4をご覧いただきたい。上方の右側で鞭を手にしているのが「勾芒神」である。この勾芒神はいろいろな春牛図で描かれているように、一般的には「童子」となっている場合が多い。童子であることが重い意味を持つのだが（実は「ハマエーグトゥ」でも重要となる）、そこに書きつけられているのは、ほぼ次のようである。

「我は天から遣わされた春の神である。天は我を地上をあまねく廻らせる。我は、人間の（与える）草や餌など食べず、ただ、災いと悪霊邪気を食べるのだ」（傍線筆者）

「廻らせる」とは、丑・牛の循環作用・転換作用を指しているのであろう。「餌を食べず、災いと悪霊邪気を食べる」とは、反射的に琉球列島の殺牛祭神を思い浮かべるのは、筆者だけではないだろう。殺牛・土牛儀礼は、原初的には　1送寒　2祓攘、3勧農儀礼として行われていたことは、何度も述べたが、「災いと悪霊邪気」を祓うことは、2の祓攘儀礼であり、すでに原義に見られたことである。土牛儀礼が、幾星霜を経てむしろ再び原義に立ち返った感さえある。

写真3－4：災いと悪霊を食べる牛

なお、同写真の左下には、「三人で、九枚の餅を食べるならば、五谷豊登（五穀豊穣）になる」と書かれている。「ハマエーグトゥ」の思想的背景および供物の考察上、これも見落とせない。

ところで、「三　幸運・商売繁盛・金運のまじないと牛」は、時代とともに拡大解釈されていったのであろう。写真3－5では、牛が幸運・商売繁盛・金運をもたらすことをよく示している。右が芒神、左が財神である。ついに財

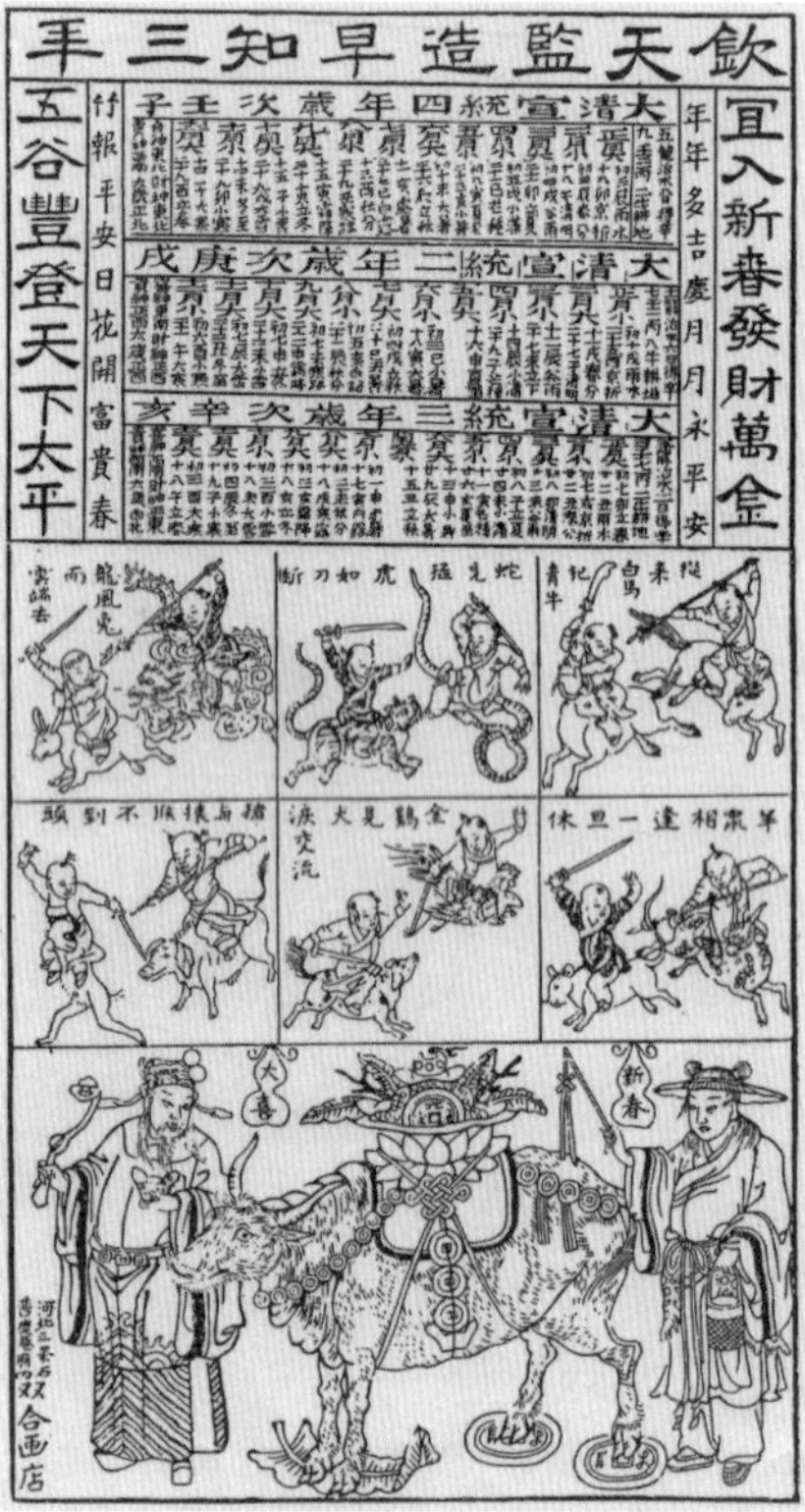

写真3－5：春牛・財神・芒神

神の登場である。牛の首から尻尾、腹にかけて古銭が巻きつけられている。負っている駕籠の中にも後ろ足の足元にも、古銭が確認される。幸運・商売繁盛・金運をもたらす牛の姿である。

中国の土牛儀礼が、「幸運・商売繁盛・金運」へ突出していったのに対し、琉球列島の殺牛祭神は、「除厄儀礼」へと拡大していった。琉球列島の除厄儀礼は、日本でほぼ全国的に見られる除厄儀礼を検討し、本質的な部分を押さえた上で、さらに重層していく中国の影響を考えるべきであろう。特に琉球列島の場合は、除厄儀礼・病災儀礼が入り混じり、その上豊漁祈願・航海祈願等もかぶさってくるので、ますます不可解な感を呈してくる。さらに、病災儀礼としての殺牛祭神、特にどのような病災を特徴としているのか等、問題は極めて大きく興味深い。ここもまた、交通整理が必要であるが、別稿にゆだねるしかない。

もう一つ、琉球列島の殺牛祭神の究明をさらに難しくしているのは、催行月と供犠動物の問題であろう。催行月が一年のうち、毎月どこかで催行されているとは言え、そこにはやはりある特徴が見られる。また、供犠動物も無原則ではない。このあたりも、陰陽五行の理法で、絡んだ糸がほぐせるものと思われる。本論では展開できなかったが、筆者の今後の責めとしたい。

紀元前から続いてきた中国の土牛儀礼は、送寒儀礼・祓攘儀礼・農耕儀礼などと絡み合い、これまでその複層性に悩まされ続けた。しかし筆者はその根幹を貫流しているものは、三儀礼とも陰陽五行という、古代中国哲学思想の時間と空間の原理に密接に基づいた、呪術的な儀礼であったと位置づけてきた。

本章の締めくくりに、宋代の厳有翼の『芸苑雌黄』（『歳時廣記』より）の「立春の日に勾芒を祀り土牛を壊す由来は尚い。土牛には二説がある。一つは寒気を送ること、もう一つは、農耕の早晩を示すことだと言う。予は思う。この二説は合わせて一説とするべきである」との考説を示しておく。続けてその理由を五行思想に基づいて説いている。祓攘儀礼を送寒儀礼に含めて二説にしているが、三儀礼とも一つの原理、すなわち陰陽五行思想に淵源を持つとする筆者の立場からは、極めて心強いものがある。なお、山田勝美もこれら三儀礼が、一つのものからの分化と見ていることは、すでに述べた通りである。（二〇九頁）

第六節　陰陽五行思想から見た「ハマエーグトゥ」

琉球列島には、まさに夥しくと形容してもよいほど、殺牛祭神が行われている。その中で「ハマエーグトゥ」という貴重な殺牛祭神が現在でも催行されている。夥しい殺牛祭神の中で、このハマエーグトゥだけが形式的に格段に整い、思想・信仰が重層し、他の殺牛祭神とはきわだった違いを見せている。ここを足場にすれば、一般的に「シマクサラシ」に代表される他の殺牛祭神の発想方式やその系譜も、見通しがつけられそうに思われる。紙幅の許す限り、辿ってみたいと思う。なお、本論では、三たびこの祭りを実見、調査した原田報告［原田：二〇〇七］に基づいている。図3－10は、原田の手になる「ハマエーグトゥの参拝場所と順序図」を、本論に即して「方位図」に作成し直したものである。

概要は次の通りである

1 祭りの名称「ハマエーグトゥ」は、「浜での祝いごと」の意。

2 本来は、大屋《うふや》門中祭祀。現在は志喜屋の年中行事である。

3 祭りの主催は、本来は、大屋門中の五人の神人《かみんちゅ》でなされる。現在は下志喜屋を構成するクダ（古代部落の名称）から選ばれ、その中からカミー（人名「かめ」が係りの呼び名になる）が輪番で選ばれる。

4 祭りは旧暦二月十五日までの吉日に催行される。祭りの前日に「前御願」が行われる。

5 本祭の早朝（五時半か六時ごろ）に、カミーが牛引きになって、下志喜屋の始祖の主要四家（①・

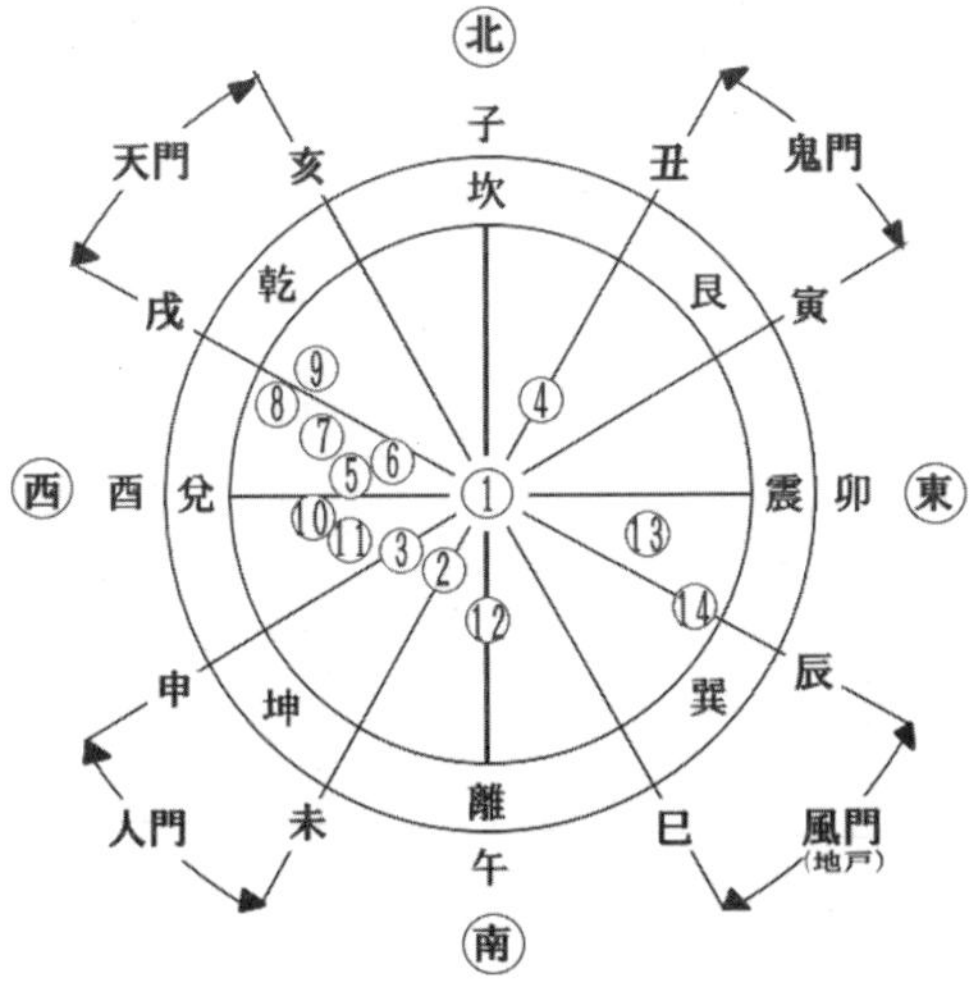

①エーガー（親川の根屋）
②ウフメー（大前）
③メー（前）
④トゥン（御殿・殿内山）
⑤ウフヤー（大屋）
※⑥メーグシクガー（前城湧泉）
⑦メーグシクヌヤマ（前城山）
※⑧チチンジャー（湧泉）
※⑨エーガーガー（親川湧泉）
※⑩ウブガー（産水＝湧泉）
※⑪イーメーダガー（上前田湧泉）
⑫チジンモー（鏡の岡）
※⑬シードーガー（根田の湧泉）
⑭浜（儀式の場）

※印は水に関係

図3－10：ハマエーグトゥの参拝場所と方位図

②・③・⑤）のヒンプンを牛が七回引き廻される。

6　その後、牛は本来ならばもと来た道を逆に辿り、浜（⑭）に連れて行かれる。（現在はトラックで運ばれる）そこで屠られ解体される。最も重要な御初《うはち》として、蹄をつけたままの牛の左足の骨をシバ木（ヤブニッケイ）で覆い、三艘のサバニ（沖縄特有の小船）の真ん中に足先が艫《とも》に向くよう、舳先《へさき》に供える。

7　牛は本来はカミーが屠殺・解体する。本来の屠殺方法は、牛の四本足を縛り、麻袋を牛に被せてハンマーで打ち、首にナイフを刺して血を抜き、木につるして解体した。現在では、民間での屠殺は禁じられているので屠殺場に依頼する。なお、屠殺場から解体された牛の部位が届くと、男たちによって、クリ肉（塊肉）とチリ肉（切肉）に切り分けられ、集落内の希望者に頒布される。頒布で得たお金は、翌年の犠牲牛の出産用のメスの種牛の費用を回収するためでもあるが、犠牲牛を集落全体で共食することにも大きな意味がある。

8　昼には、根屋《にーや》（村の本家筋、親川《えーがー》）の祖先に、血と肉を調理したものを供える。浜では血イリチー汁を全員で共食する。

9　三時から、根屋で拝みが始まる。十三ヶ所の拝所廻りである。拝所は、本家筋の主要四家の仏壇、④の殿《とぅん》（もとは殿内山《つんちゃま》と呼ばれる御嶽）で、火の神・入口の神・クバの下の神の三つを拝む。門中管理の⑦の「メーグシヌヤマ（前城山、⑥の前城湧泉とセット）」、⑫の「チジンモー（鏡の丘）」を拝む。この外の⑥・⑧〜⑪・⑬の六ヶ所はすべて川か湧泉である。とくに⑨の「エーガーガー」は正月の若水を汲むところ、⑩の「ウフガー」は産湯の水に使われ、⑪の「イーメーダヌガー（上前田）」は、女性が水浴みするところである。⑧の「チヂンジャーガー」は唯一の下志喜屋の谷田の湧水である。最も重要なのは⑬の「シードーガー」で、この水が、草分け家所有根田《にぃだ》・ミフーダーの水田の用水源となる。この二つの水田は下志喜屋で最も重要な第一級の水田で、献穀田の指定を受け、献上米が奉げられた。

10　十三ヶ所の拝所めぐりの後、最後の拝所で、九個の餡餅（もとは白餅で十五個だったというが、いずれにしても奇数）を供えて祈るが、ここで全員で餅を食べ尽くし、浜へ持っていってはならない。

11　拝所めぐりの後、再び浜に集まり、サバニ三艘の舳先を海に向け、その上に板を敷いて祭壇が作られ、「ククヌチカザイ（九種類の供え物九皿）」を海に向かってお供えする。ウミンチュ（海人）は、遊び好きな人がなる。

12　「テンジカビ」（天使紙、紙銭）を三本たて、海に向かって祈願を行い、テンジカビを三本合わせて燃やし、泡盛で消す。

13　献饌をおろし、共食となる。

14　後御願。本来は、本祭の後、四～五日か一週間後に行われたが、現在はその日に行う。

1の祭の名称から、「ハマエーグトゥ」が除厄儀礼ではなく、予祝性の儀礼であることが予想される。2・3からは、現在は志喜屋の年中行事となっているが、もともとは門中祭祀（宗廟儀礼）であったことが理解される。6の蹄をつけた牛の左足・8・10・11は供物としてひとまとめに考えられる。以上のことを念頭に置き、いよいよこの儀礼の本質を、筆者の立場から解き明かしてみたい。

1　催行月・牛引きカミー

催行月　まず問題となるのは、催行月であろう。中国の生牛・土牛儀礼は、送寒・祓攘儀礼が十二月催行、農耕儀礼は立春催行であった。そしてこの催行月は、一貫して今日まで変わることがなかった。

ところが「ハマエーグトゥ」では、二月催行となっている。筆者は「ハマエーグトゥ」は、門中祭祀（宗廟祭祀）と農耕儀礼をベースにして、その上にさまざまな土着信仰が重層していると考えている。そこで、農耕儀礼と二月の関係がまず問題となる。

二月（旧暦）は、「十二支と一年の構造」「十二支と季節の構造」（二一七〜二二〇頁）で示したように、次のような特徴がある。

1 二月は十二支でいえば、「卯」に当る。
2 「卯」は、木気・春（寅・卯・辰）の「正位」（仲春）に位置している。
3 木気正位の「卯」は、「正東」に位置している。
4 季節の「三合の理」でいえば、「卯」は木気の「旺気」に位置している。
5 易の卦で見れば、「雷天大壮」とされる。

すなわち、旧暦二月・卯月は、真東（正東）に当り、正東はすべての生命を司る木気の正位でもある。木気は農の本であり、それゆえ、卯＝東の方位は「五穀を蓄積するところ」である。また、木気正局正東の「卯」・二月は、五気の中で一番生命力に溢れ、蓄積されている五穀を始め、万物が一斉に地を冒して出てくるときでもある。特に植物が目に見える形で一斉に芽吹いてくるのが旧暦二月卯月である。その旧暦二月の自然の象（かたち・様子）を文字によらず見てすぐ理解できるように、易では䷡で示した。象はすべての現象に当てはめて説明されるが、仮にこれを陽気（暖気）と陰気（寒気）で説明すると、陽気が陰気を凌いでいる象を䷡の陰陽は示しているのである。これを易の用語で「雷天大壮《らいてんたいそう》」といい、雷が天上で鳴り轟き、すべての地上の生命体がたいそう盛んになったことを示しているのである。

さて、本論に立ち返ってこれを見れば、旧暦二月は、草木が一斉に芽吹き、本格的な農耕の季節に入ったことが説かれ、それを踏んでの「ハマエーグトゥ」の呪術儀礼なのであろう。

ところで、旧暦二月と言えば、『中山世鑑』（一六五〇）・『中山世譜』（一六九七）・『琉球国由来記』（一七一三）・『琉球国旧記』（一七三一）・『遺老説伝』（一七四五）・『久高島由来記』（一八四七）やその他の口承伝承等で、穀物起源説話が久高島との関係で語られているのは、あまりに有名である。すでにしてこの集中性・偏差性は大きな問題を投げかけるが、さらに正史は、琉球王自ら不便なこの小島へ行幸渡海し、五穀発祥の国家的祭祀起源を説いている。

しかも諸文献は揃って、行幸の時を「二月」と一定して誤らない。久高島はとりわけ広大な沃土を持っているわけでもない。ひとたび台風に見舞われると、島全体が海水をかぶり、農耕にはむしろ不適切な土壌であるにもかかわらず、穀物起源と重大に係わって説かれているのである。諸書を総動員して、穀物起源を説き、しかも琉球王自ら、不便かつ危険なこの小島への行幸渡海には、よほどの理由が存在すると見るべきであろう。

右の諸点を整理し、分析すると、①久高島の空間（位置・方位）の問題、②時間（二月）の問題、③農耕の問題が浮上してくるであろう。もう、説明は不要である。すなわち、久高島の方位（東）、二月と農耕との関係も、すでに拙稿でも述べたように［前城：一九九七］、琉球王府と中国古代哲学の受容の問題がここには深々と横たわっているのである。さらに筆者は、国王の久高島への二月の行幸渡海と、「ハマエーグトゥ」の二月催行は連関し、おそらく同日に設定されていたであろうと考えている。祭儀がとり行われる志喜屋の浜と久高島は指呼の間にあり、久高島のその向こうには、琉球最大の他界「ニライカナイ」が控えているのである。「浜でのよき祝いごと」とは、久高島と、そのはるかかなたの「ニライカナイ」を望見しながら、無上の祈りを予祝的に捧げることを言うのであろう。

さらに、二月の問題は「祈年祭」(きねんさい・としごいのまつりとも)の視点も考慮すべきだと思う。祈年祭は天皇が仲春(二月)に宮中で年穀の豊年を祈り、神祇官登録の全官社に幣帛《へいはく》を班《わか》つ祭である。天武四年(六七五)開始説が有力で、この時に祀る神は全国で三一三二座あり[倉林編:一九八三]、これは延喜式神名張の全座数に相当するという。祈年祭は、しだいに形骸化し、応仁・文明の乱以後完全に廃絶したとされている。しかし、明治二(一八六九)年に再興され、現在でも宮中の賢所《かしこどころ》で祭典があり、天皇・皇太子の拝礼がなされている。また、伊勢神宮でも古儀にのっとった祈年祭が催行されている。

原田報告にもあるように、志喜屋は献穀田に指定されており、天皇の御食《みけ》つ国《くに》でもあったので、琉球王府は、農耕日本の重要な四大歳時(祈年祭・新嘗祭・旧暦六月と十二月の月次両度祭)には、大きな関心を払っていたものと思われる。その意味においても、「ハマエーグトゥ」の二月催行は考え抜かれた催行月であった。また、沖縄の風土とも合致させたのであろう。

最後に催行月の問題で、もう一つ付け加えておきたい。中国では、宗廟に供える祭祀用の穀物を、天子自ら耕作する「籍田の礼」(二月催行)が行われていた。わが国でも諸大名が農耕奨励のため取り入れた。琉球王府にとってはなおさらのこと、この儀礼も無視できなかったものと思われる。また、「ハマエーグトゥ」は門中祭祀でもあるから、「籍田の礼」の投影もやはり想定しておくべきであろう。

二月催行の裏には、中国宇宙哲学と日琉の祭祀儀礼、および琉球王府の抱えていた複雑な政治的事情を踏まえ、慎重にして巧緻な習合がはかられている事を掬い上げなければならないであろう。

牛引きカミー　牛引きカミーの問題は、中国の土牛儀礼でも最も変容が著しいテーマである。このことにつき、やや長くなるが、中国の変容過程を概観し、牛引きカミーがどのあたりに位置するかを導き出してみたい。

当初の土牛儀礼を見ても明らかなように（表3－3）、土牛は単独で立てられていた。

『塩鉄論』は、前漢代に、政府側の代表（丞相・御史大夫）と知識人（文学・賢良と言われる）との間で、塩・鉄・酒など、専売制度の問題でたたかわされた経済論争である。「農事を示すことについて」という中で、御史大夫側は「春には天子御自身耕作をなされ、人民に農業を勧め、（中略）人民を農業の季節に精を出させるのです」と言ったのに対し、賢良側は「春になってから青い幡を立て、土牛を作っているが、それは賢明な君主の勧農の御心ではなく、春令に定められているからです」と反論した。

この論争から、立春土牛は、1　君主が勧農（「勧農」の初出）のために出す。2　春令に定められているから立てるという二通りの受け止め方があったことを示している。この後、土牛は、勧農・農耕儀礼として定着し、人々に農耕の開始を告げる儀礼となっていく。

さらに春秋か漢代あたりから牛耕がなされ、牛は、呪術的な役目とともに農耕役畜としての存在感を強めていった。当然、土牛儀礼にも徐々に変化の兆しが現れてきた。単独で立てられていた土牛に、土偶が連れ添うことから変化は始まった。土牛に連れそう土偶が時代とともに変わっていくのであるが、そのことが「ハマエーグトゥ」の牛引きカミーとも係わりあうので、以下、変容過程を辿ってみたい。

⑦「立春に東郊で耕作儀礼をするとき、男女各々二人の土象人（土偶）を造り、耒《らい》や鋤《じょ》（いずれも「耜」のこと）を手にさせ、土牛を立てるが、それらは必ずしも耕せるものとは限らない。春の気や時節に順応し、人民に先立つことを示すものだ」　『論衡』

⑧「立春の五日前に、州の正門外の東に、青い土牛二頭と耕夫・黎具を作る。立春の日に有司が東郊で迎春をする。青幡を青牛の傍らに立てる」　『隋書』

⑨「立春は木徳なので、条風（北東風）が起きると、東の郊外で迎春をする。土牛を出して農耕をする時期を示す。もし立春が早めに来れば、策牛人は（土牛の）前になる。もし立春が遅れて来れば、策牛人は（土牛の）後ろになる」　『白氏六帖』

⑩「立春が十二月十五日頃にくれば、策牛人は（土牛の）前に置いて、農耕の開始が早いことを、立春が十二月晦か正月初めころならば、策牛人は中ほどに置いて、農耕の開始が平《ひと》しい（普通）ことを、立春が正月十五日ころならば、策牛人を後ろに置いて、農耕の開始が遅いことを示す」　『金谷園記』

（⑫・⑬・⑭・㉗・㉛も同）

⑰「庶民は牛の破片を奪い合うが、太歳である牧牛人を奪わない。閩人の牧人は実はそれは勾芒神だ」

『歳時雑記』（『歳時廣記』より）

㉕「毎年、有司があらかじめ春牛と芒神とを塑造する」　『大明会典』

（㉖・㉙・㉛・㊲も同）

㉛「芒神は歳の孟・仲・季によって、少年・壮年・老年となる」　『帝京景物略』

㉜「立春の前日に太歳と春牛をこしらえる（太歳一名芒神）」　『清俗紀聞』

㉞「勾芒の名前は、拘春童という」　『南越筆記』

㊱「勾芒神の像は、今年の勾芒神の名前、年齢、外貌などを調べて造る」『抗俗遺風』

『論衡』で男女各々二人の土象人（土偶）が初めて登場し、しかもそれぞれが手に耜《すき》を持ち、男女は農夫（婦）であることが明確に示されている。土牛と一緒に立てられ、立春であることを示し、人々に農耕の指示をする（勧農）ためだとしている。

『隋書』では、『論衡』での「土象人」が「耕夫」に変わり、さらに農夫が強調されている。また、「青牛」「青幡」に見られるように、陰陽五行の春＝東＝青の彩色が初めて施されている。

ここにきて土牛儀礼は立春の勧農儀礼としての性格を決定的にしていった。これはおそらく、農耕役畜としての牛に対応する変化であることは確実であろう。以後、土牛儀礼は、立春の勧農・農耕・豊穣儀礼として定着していく。

唐代になると、土牛儀礼にさまざまな変化が出てくる。『白氏六帖』では、まず、隅人の呼称の変化が挙げられる。「土象人」「耕人」から「策牛人」となり、「牛に策《むち》打つ人」のイメージが確立されてくる。土牛と農具を持った隅人が並んで示されたのとは違い、策牛人によって策打たれ、一段と農耕役畜としての牛の姿になっていることに注目したい。言葉の持つ印象は重大で、この後、牛はそれまでの呪術性を帯びた機能が薄らぎ、人間によって策打たれ、もっぱら農耕に利用される立場となって、明確に人間に従属する存在になっていく。

人間に策打たれる土牛は、この儀礼の目的をさらに決定的なものにしている。すなわち、人々に「農耕をする時期を示す」ためだと説明されている。

目的が勧農のためとなると、次の変化も必然となるであろう。すなわち「立春が早めに来れば、策牛人は（土牛の）前になる。もし立春が遅れて来れば、策牛人は（土牛の）後ろになる」というくだりである。

新しく示された策牛人と土牛との位置関係は、この後、唐代の土牛儀礼を特色づけていく。『金谷園記』では、『白氏六帖』で策牛人の立つ位置が土牛の前後であったのに対し、立春が、十二月十五日頃か、正月前後あたりか、正月の十五日以後かによって、立つ位置が土牛の「前・中・後」へと変わっていく。この後、『刪定月令』『刊誤』『兼明書』なども同様の位置関係となる。

なぜ、このように変わっていったかについては、ここにも陰陽五行思想の影響が指摘できる。また、このあたりは、琉球列島の殺牛祭神（ハマエーグトゥ）の「牛引きカミー」にも関係があるので、分け入った説明が求められよう。

太陰太陽暦の問題　立春というのであるから、まず、十干・十二支を組み合わせて作られた太陰太陽暦の問題がある。[3]

一太陽年の日数は三六五日であるが、太陰太陽暦では月の満ち欠けで一年が決められた。その周期は二十九日か三十日、平均して二十九・五三〇五九日ほどとされ、この周期を朔望月という。朔望月を十二倍すると三五四・四日ほどになり、一太陽年の日数に十一日ほど足りなくなる。十二朔望月が終わると一暦年（一太陽年ではない）が終わったとするのが太陰太陽暦であるから、第一暦年で十一日ほど残ることになる。第二暦年では十一の二倍で二十二日、第三暦年ではさらに十一日足して三十三日の狂いが生じてくる。そこで第三暦年で一ヵ月を加え（閏月）、十三ヶ月として何とかして狂いの調整を図ろうとした。しかし、この一ヵ月と三日の狂いは、農耕に最も大きな影響を及ぼしてしまう。そこで季節の指針として、不変な基準を定めることが必要であった。一年の中で、普遍な基準となりうるものは、日照時間が一番長い日と短い日、すなわち「夏至」と「冬至」であり、また、昼夜の長さが等しくなる「春分」「秋分」を基準にすることであった。いわゆる二至・二分である。

そこで冬至を起点として一太陽年を二十四等分し（一年十二ヶ月の倍）、これを二十四節気として季節の標準を定めた。しかし、それでも毎年の二十四節気は同一日時にはならず、ズレは避けられない。そのため太陰太陽暦では、季冬の送寒儀礼や大晦日の祓攘儀礼より先に、立春になることもあった。ここが、送寒・祓攘・立春の三つの土牛儀礼を混乱させた大きな要因であろう。いわゆる年内立春の問題である。

太陰太陽暦を受け入れたわが国でも事情は全く同様であった。暦日が毎年変わることによって苦慮した中国側の悩みは、わが国でも同様のとまどいが見られ、わが国の著名歌人たちの歌が、そのあたりを雄弁に示している。『万葉集』最大の歌人・大伴家持は、年内立春にあたり、

あらたまの　年行き還り　春立たば　まずわが屋戸に　鶯は鳴け（四四九〇）

と、詠み、さらに家持は、

月数（よ）めば　いまだ冬なり　しかすがに　霞みたなびく　春立ちぬとか（四四九二）

と歌い、「月を数えてみれば、まだ冬のさなかである。とはいうものの、あたり一面に霞がたなびいて、やはり春になったということなのか」と、太陰太陽暦の季節のズレを明確に指摘している。

さらに『古今和歌集』では、在原元方が年内立春を歌題に、「十二月中に立春を迎えた日に詠んだ歌」

として

年の内に　春はきにけり　ひととせを　去年《こぞ》とやいはむ　今年とやいはん（一）

と詠み、「年内だというのにもう春の訪れだ。さて、過ぎ去ったこの一年を去年と呼ぶべきだろうか。それとも正月までの日々を今年と呼ぶべきであろうか」と、太陰太陽暦の矛盾をみごとに突いている。

このように、わが国の歌にも明白なように、大晦日（臘日）を境として陰気と陽気が入れ替わるという考え方も暦通りにいかないこともあった。しかも、陰陽五行の十干・十二支を組み合わせて出来た太陰太陽暦は、中国でも暦のズレに悩まされた。しかも、立春の勧耕儀礼は春令に定める天子の重要な務めであったから、「兆民に農耕の開始を告げるしるべ」（『北堂書抄』）であった土牛に、新たに策牛人を登場させ、両者の位置関係で、暦のズレを解決し、勧耕の時期を示そうと腐心したのである。

さらに土牛儀礼の内容を一変させるのは、『歳時雑記』である。「春牛」という新しい用語とともに、他の新しい用語とも組み合わされて、土牛儀礼に決定的な質的転換をもたらしている。「牧人・牧牛人」「勾芒神」「太歳」の登場である。

土偶人・土人──→耕夫──→策牛人と推移してきたが、『歳時雑記』では、「牧人」「牧牛人」となってくる。しかも「牧人」「牧牛人」としながら、他方では「耕夫」とも呼称されていて、移行過程がよく透けて見えてくる。「策牛人」の用語が見られた『白氏六帖』『金谷園記』その他では、勧耕、農耕の早晩を示すための策牛人であるから、「策《むち》」は、農耕の鋤を引く牛に策打つ耕夫であることは明らかである。

しかし、「牧人・牧牛人」となると、牛飼いであることは、これまた明らかである。すなわち『歳時雑記』では、土牛儀礼の本質として農耕儀礼を荷っていた土牛が、牧牛へと一大転換をしていることが看取される。あるいは、牛の用途の時代的変容を反映していることも考えられる。

だが、土牛儀礼は、これまで述べてきたように、古代中国から陰陽五行思想の根本原理に基づいた農耕儀礼であったから、人々の思考の中には、この根本原理が貫流していたのであろう。新たに登場する「勾芒神」「太歳」の用語は、このあたりをよく示していると思われる。（勾芒神は句芒神とも表記する。また「芒神」ともいう。本論では、「勾芒」「句芒」「芒神」と原文通り表記した）すなわち、土牛儀礼が農耕儀礼であることが意識の中に明確にあって、それが勾芒神や太歳の登場に繋がったものと考えられる。

勾芒神とは、五行神の一つで、孟春の神の名である。樹木を主《つかさど》る樹木神ともされる。樹木の芽生えの様子が鈎《かぎ》の手形にまがり、芒《のぎ》（芒角《ほさき》）があるので、孟春の神を勾芒神と称した。太歳は、木星の別名で、約十二年で天を一周するとされている。勾芒神は太歳の佐神とも言われるが、ともに東方・木気を象徴する神である。（なお、『清俗紀聞』では、勾芒神と太歳が同一神とされている）すなわち、土牛が春牛へ、耕夫が牧人・牧牛人と変わっていく中で、春牛の行事が、春の農耕儀礼であることを勾芒神や太歳で明示しているのであろう。勾芒神は、この後、春神勾芒となって土地神廟に安置され、土牛儀礼で神格化されていく。当初は、土牛のみが立てられていたが、やがて土牛と隅人がセットになり、ついには春神勾芒の登場によって、土牛は完全に芒神の従属下に置かれることになった。

童子・勾芒神　「ハマエーグトゥ」の「牛引きカミー」とも係わってくる勾芒神について、もう少し触れておきたい。

勾芒神は、農耕役畜としての牛に添う形で人間が組み合わされ、土偶人・土人――→耕夫（農夫・農婦）

写真3－6：春牛と芒神

→策牛人→牧牛人となって、ついには勾芒神・太歳と上昇していく過程で登場したのであった。

そしてこの勾芒神は、一般的には「童子」である。（写真3－6）『南越筆記』で、「勾芒、名付けて『拘春童』といい」（傍線筆者）としているのは妥当である。ところが、『帝京景物略』では、「勾芒神の貌は、この年の孟・仲・季によって、少年・壮年・老年とする」となっていて、孟春・仲春・季春によって、勾芒神の顔が、童子・壮年・老年と変わってくるとしている。『抗俗遺風』でも、「勾芒神の像は今年の勾芒神の名、年齢や外貌の老少などを調べた上で、前年の勾芒神の像を壊してから、新しく造り、彩色し整えて神亭に供える」となっているので、やはり勾芒神の外貌は、明代あたりから年齢的な変化があったことが考えられる。しかし、これは本来的には童子・拘春童であったと思われる。「拘春童」はわが国では「土牛童子」と称された。（写真3－7）中国のこの古い行事は、早くからわが国にも伝来していた。『政事要略』巻二十九の陰陽式の土牛に関する記事がそれである。

大寒の前夜半時に宮中諸門に「土牛童子」が建てられ、立春の日の前夜半時にこれを撤去するというのが『政事要略』に見られる中国伝来の陰陽寮で行われた土牛行事である。

吉野裕子［吉野：一九八六］は、１宮中諸門に建てられたが、本来は東北の丑寅の方角のみでよい。２土牛に付き添う人間は、「童子」であることに意味があること。３童子の本質は、「易」の「艮・山・少男」であることなどを挙げている。これをもう少し本論に即して筆者なりに開いてみたい。

童子・拘春童の意味するもの

万物の生成発展は「易に大極あり、これ両儀を生ず。両儀は四象を生じ、四象は八卦を生ず。」（『繋辞上伝』）と説かれていることはすでに述べた。「両儀」とは陰陽、「四象」とは四季のことであった。「八卦」とは、陰陽の記号で表された宇宙の八つの根本的な象で、「乾《けん》・兌《だ》・離《り》・震《しん》・巽《そん》・坎《かん》・艮《ごん》・坤《こん》」で代表される。

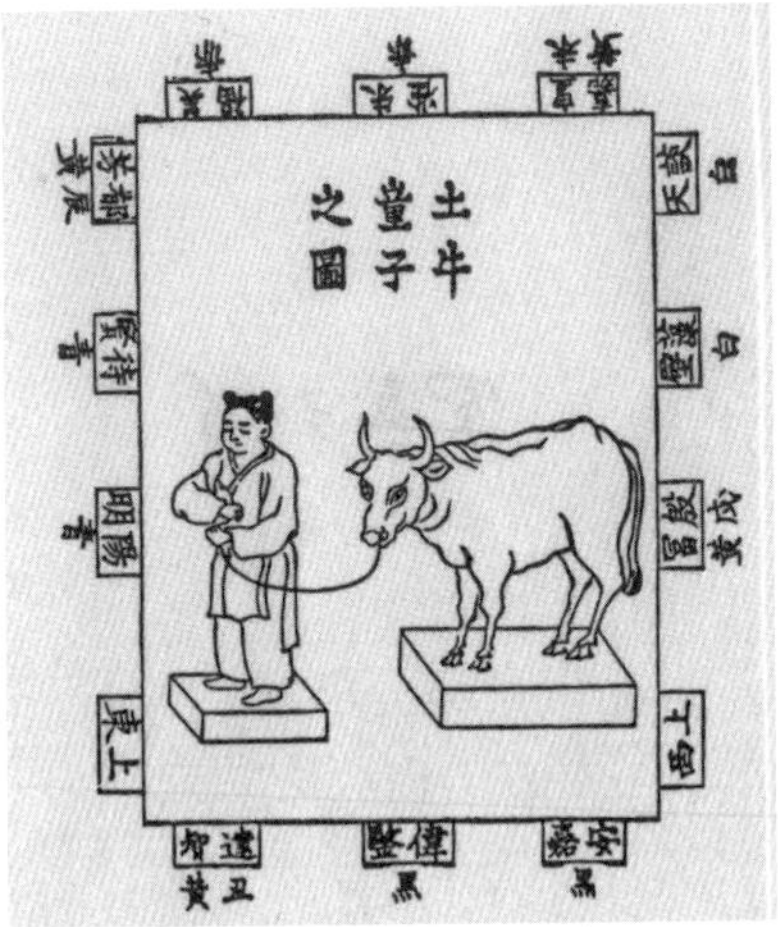

写真３－７：土牛童子

　万物の生成は無限であるから、すべてを取り上げることは不可能である。そこで易では象徴的に、易の用語で「乾《けん》・兌《だ》・離《り》・震《しん》・巽《そん》・坎《かん》・艮《ごん》・坤《こん》」という八つの自然現象で代表させて理論を展開させていく。「乾・兌・離・震・巽・坎・艮・坤」と、易の用語では言うものの、易は言語ではなく陰陽の符号で表現されるから、乾＝☰、兌＝☱、離＝☲、震＝☳、巽＝☴、坎＝☵、艮＝☶、坤＝☷と、陰陽符号を三つ組み合わせて表現する。この三つの陰陽符号の組み合わせを「小成の卦」という。しかし、この八つだけで、宇宙全般を説くことは不可能であるから、小成の卦を二つ組み合わせたもの、たとえば䷋のように、六つの陰陽符号を組み合わせる。これを「大成の卦」という。その組み合わせは8×8＝六四となり、この六四卦で、易は宇宙のあらゆるものに説き及ぶのである

さらに陰陽二元は、『繫辞上伝』で説かれていたように、根源の部分では「太極」という渾然と混じり合った一元の状態にある。この太極から陰陽が出てくるのであるが、何度も述べたように、陰陽は引かれあい、交合することによって生成するのであり、陰陽それ自体には生成の力はない。

天地合一・天地感応という語があるように、陰陽の最大のものが天と地である。天地は陰陽として互いに感応し、引かれ合って合一し、その結果万物が生成する。物事が生成して、形あるもの、目に見えるものとなるには、必ず現象の背後に感性や知覚では捉えられない、目には見えない本体、実体が存在する。それは理性的思考によってのみ感知できる存在である。天地合一・天地感応とは、まさにこの思考方式で、現象の背後に実体を想定する古代中国哲学の根本理念である。したがって地上にあるあらゆるものは、天＝見えない世界にそのもととなる「体」が存在すると説いている。

先に、万物の生成は無限であるから、象徴的に、八つの現象で代表させていると述べた。「乾・兌・離・震・巽・坎・艮・坤」であった。これらが「体」で、目には見えないものである。体が、地に感応・合一して、地上において目に見える形となって、作用を始め、動き出し、活動するのであるが、これを「用」という。目に見えない八つの体が八つの用として、地上で目に見える現象となって現れたのが「天《てん》・沢《たく》・火《か》・雷《らい》・風《ふう》・水《すい》・山《さん》・地《ち》」の八つの自然現象である。すなわち、両者の関係は次のよう

である。

乾　兌　離　震　巽　坎　艮　坤――体
＝　＝　＝　＝　＝　＝　＝　＝
天　沢　火　雷　風　水　山　地――用

両者は合一・感応しているから、地上で起きるすべての現象は、天の意思ということになる。易の哲学で、地上の天子は、「人の生きる道」「天下国家を治める道」「宇宙の原理」など、天（天帝）の意思を知ることが求められるのはこの考え方による。

屡述したように、易は宇宙のあらゆるものを包摂して説かれるので、この八つの自然現象もまた、あらゆるものに配当され、置き換えられて理論が構築されていく。

すでに述べた五行説で、表3－1のように、五行があらゆる事象に当てはめられたように、この八卦もあらゆる事象を象徴する。本論において必要な象徴関係を示したのが表3－4の八卦の象徴表である。

表3－4には、先天方位と後天方位の二つが示してある。先述の「体と用」の思考原理がこの方位にも用いられる。邵康節は、先天方位を「体」、後天方位を「用」の関係とした。

先天方位は、伏羲先天八卦方位ともいう。四正と四偶を以下のように配置した。

南・乾（天）――北を坤（地）　東・離（火）――西・坎（水）
西南・巽（風）――東北・震（雷）　東南・兌（沢）――西北・艮（山）

後天方位は文王八卦方位ともいう。後天方位は「用」であるから、現実のわれわれの生活において、この「用」の後天方位が活動の理論となる。四正と四偶の関係は次のようである。

南・離（火）――北・坎（水）　東・震（雷）――西・兌（沢）
西南・坤（地）――東北・艮（山）　東南・巽（風）――西北・乾（天）

土牛儀礼は、見てきたように、十二支の「丑」の呪術儀礼であるから、丑の方位はすでに述べたように東北（図3－3・4・5・6などを参照）になるので、『易経』の東北の象意を把握することが肝要である。

後天方位の丑・東北を横に辿っていくと「艮・山・止・小男・東北・土気」となっている。「少男」、すなわち「童子」が、牛との組み合わせで土牛儀礼に登場する所以である。

中国において「拘春童」と称される少男＝童子が関わりあう理由も、原理的にはここを論拠としていると考えられる。この方位に込められている象意をさらに確かめてみると、「艮＝山、止・土気」がある。艮も山もともに土気で、しかも山は土気の最大のものである。土気の作用については、すでに何度も指摘してきたが、土牛に土気の童子を組み合わせることによって、土気の作用をさらに強調し速やかな季節の転換を意図しているのである。

ここで「止」の象意が意味深長であることに留意しなければならない。再び、図3－10をご覧いただきたい。艮の方位は、四門の「丑寅」すなわち「鬼門」の東北である。鬼門は、悪霊邪気のはびこるとされている所でもある。

表3－4　八卦象徴一覧

八卦	自然	属性	人間	方位（先天）	方位（後天）	五気
乾	天	剛	父	南	西北	金気
兌	沢	悦	少女	東南	西	金気
離	火	麗	中女	東	南	火気
震	雷	動	長男	東北	東	木気
巽	風	入	長女	西南	東南	木気
坎	水	陥	中男	西	北	水気
艮	山	止	小男	西北	東北	土気
坤	地	柔	母	北	西南	土気

さて、中国（琉球列島も同）の土牛儀礼の分類で、3の病災儀礼と土牛儀礼の深遠な関係は、まさにここに存する。治病や防病・防厄にかり出される生牛・土牛・童子・拘春童はそれらの侵入を「止める」呪術儀礼にほかならない。写真3－4にあったように、牛が「人間の（与える）草や餌など食べず、ただ災いや悪霊邪気を食べるのだ」という根拠も、童子や童子＝拘春童の姿で現われる勾芒神にも深いいわれがこめられているのである。これによれば、中国においても鬼門は、悪霊邪気のたむろするところという認識があるものと考えられる。

したがって、立春に牛や土牛に連れ添うのは本来ならば童子でなければならず、その点『南越筆記』の「拘春童」は原理に根ざしている。『帝京景物略』や『抗俗遺風』は仲春・季春においては、壮年・老年にすると言うのであるから、立春ではないからこれはこれで矛盾はないが、太陰太陽暦の暦のズレに即応するもので拡大解釈されている。

さて、だいぶ長くなったが「ハマエーグトゥ」の牛引きのカミーに立ち返りたい。これで牛引きカミーが、拘春童や土牛童子のように、「童子」でない理由も明らかになった。「ハマエーグトゥ」は、催行月を二月（仲春）に移したことにより、『帝京景物略』や『抗俗遺風』と同じ結果となっている。カミーが壮年あるいは老年であるのは、催行月と関係があるのであろう。「ハマエーグトゥ」の創案者は、つくづく陰陽五行思想に精通していたと思われる。

2 隊列巡行

中国の土牛儀礼は、宋代から激変していった。歓楽化・祭事化へと傾いていった。この傾向はいっそう強まり、⑲、㉒、㉖、のように、ついには土牛儀礼に、音楽・芸能を伴なった隊列・巡行が組まれるようになった。やがて、銅鑼や太鼓に芸能も加わって、雑劇などが演じられた

明代になると隊列巡行がさらに整えられ、㉘、㉛のように、「俳優、芸人、小妓にさまざまな芝居」を数日間教え込み、特にこれを「演春」といって、立春に演じられる、いわゆる奉納芸能となっていった。隊列巡行は、さらに盛大となり、演春を演じる芸能集団（「社夥」と呼ばれる）を先頭に、春牛をしんがりにした。

また、隊列には「街道士」と言われる扮装した芸能集団も加わった。これに㉛のように、役人たちが朝服姿で加わり、老人や教師なども練り歩いた。この隊列巡行を見ようと「男女は道が渋滞になるほど多い」とその賑わい振りが伝えられている。（『西湖游覧志余』『熙朝楽事』）

この春牛行列は清代にも受け継がれた。明代と異なる点は「国初では、この扮装を優伶や官伎にさせたと聞くが、今では皆乞食や祇応（したまわり）が扮する」（『清嘉録』）となっていて、芸能集団から「乞食や祇応」に変わっていることである。祇応はよく分からないが、乞食は土気の者であるから、やはり五行の理によって豊穣を祈る意図が示されたのであろうか。見物人は黒山のような人だかりで、春の看物を楽しんだ。

⑲「立春の日、銅鑼と太鼓を打ち鳴らし、芸妓の曲を演奏しながら」『夢粱録』

㉒「音楽を演奏する」『遼史』

㉖「武官は雑劇などを行わせる」『正徳瓊臺志』

㉘「俳優、芸人、小妓にさまざまな芝居（「昭君出塞」「学士登瀛」「張仙打弾」「西施採蓮」）数日間教える。それを『演春』という」『西湖游覧志余』『熙朝楽事』

㉛「隊列を導く仗旗が先頭になり、次に田家楽（被り物を被って舞う者）、勾芒神、勾芒神の次は台に乗せている春牛、地方の官員、老人、教師と続く。官府の上下は、武官は乗馬し、文官は輿に乗る。官員たちはみな朱色の朝服を着用し、髪に花を挿し、春場から官府に入って迎春する」『帝京景物略』

㉜「金鼓を打ち、涼傘をたて」しばらく郊外を隊列巡行した。これを『行春』と言った」『清俗紀聞』

㉝「隷卒が芒神・土牛を担ぎ、春亭と鼓楽が先導し、各官がその後に従い、巡行して庁舎に入る」『大清会典』

㊱「劇団員は演奏したり、劇を演じたりする」『抗俗遺風』

㊲「（立春の前日）隷役の者が勾芒神と土牛を担ぎ、鼓楽を先導として府役所の前に至り（立春の当日）順天府立学校および大興、宛平県立学校の学生らがこれを担ぎ礼部の官吏が前導し、尚書部の次官と順天府の長官および次官が後から従う」『燕京雑記』

さて、中国の土牛儀礼の右の隊列巡行に当るのが、「ハマエーグトゥ」では、牛引きカミーによる牛の巡行であろう。

巡行（その二）門中（宗廟）祭祀

牛引きカミーに引かれて、牛はまず、下志喜屋の村立て主要四家のヒンプンを、それぞれ左廻りに七回引き廻される。

中国との大きな違いは、中国が娯楽化・祭事化していったのに対し、「ハマエーグトゥ」は原義に忠実に催行されていることであろう。祖先（宗廟）祭祀の主旨が明確で、村立て主要四家のヒンプンを七回引き廻されていることにもよく表れている。祖先崇拝にふさわしく、まず、犠牲の牛を祖先（仏壇）にお披露目し、そのあとヒンプンを七回廻らせるのである。ヒンプンは悪霊邪気の侵入を防ぐ呪物であるが、写真3－4に見られたように、牛も「災いと悪霊邪気」を食べるように使わされたとされていた。また、図3－10の十二支の「丑」も同時に視野に取り込んでおきたい。丑＝牛は、悪霊邪気のひしめく鬼門に位置していることだ。村立て主要四家のヒンプンを廻り、悪霊邪気を食いながら、屋敷を清めているのは確実であろう。（ヒンプンを「七廻り」することについては、この後の「数の論理」でまとめて述べたい）

最後に主要四家の「四」の数にこだわりたい。琉球列島の殺牛祭神には、しばしば「四」の数字がみられる。四家・家の四隅・四辻・田畑の四隅・部落の四方などである。これは「四角四境祭」「四角四堺鬼気祭」という、陰陽道の祭祀と深い関係があろう。天下に疫疾が起こった時に、追い払う目的でなされる祭祀である。「朝廷が、吉日を選んで勅使・陰陽寮官人を一定の祭場に派遣し、疫神を祀って、追却せしめ」［上田監修：二〇〇六］ることが本旨だが、この視点からの分析も必要であろう。むろん、中国の土牛祭祀の祓攘儀礼から光を当てることもまた重要である。今は省略したい。

巡行（その二）　豊穣儀礼

牛は、今来た四家の道順を逆に辿り、祭儀の行われる⑭の浜へと連れて行かれる。この浜への巡行は、前段の門中祭祀とは異なり、今度は豊穣儀礼を行うためであることは、この後の儀礼の分析から明らかである。門中祭祀と豊穣儀礼がみごとに背中合わせの構造となっていることを注視しなければならない。

3　屠られる牛

中国の土牛儀礼では、⑬の唐代『刊誤』の記述が「粉砕される土牛」の初出である。以後、粉砕土牛は清代まで続き、一貫して土牛は鞭打たれ粉々にされている。⑰のように、庶民は怪我をしてまで粉砕した土牛の破片を奪い合い、しかもこれは毎年起きていることだという。⑳の開封府や㊲では、春牛を禁中に献上し、宮中儀礼として「鞭春の儀」が行われている。さらに、㉒では皇帝自ら、土牛を鞭撻している。ここに含まれている意味は、『刊誤』の著者・李涪が、「土牛を粉砕して破片を家まで持ち帰り、豊年を祈るなんて可笑しいではないか」と切り捨てているが、李涪の言うようにそれほど浅いものではない。鞭打つ棒も綾絹で美しく（綵杖）仕上げられ、土牛を粉々にすることにこそ意義があった。（写真3－8）それは「勧耕の意」（⑱）とか、「牛によく耕作するように」（㉛）とか、「豊年の吉瑞を表す」（㉜）とかに示されているように、そしてこれまで述べてきたように、陰陽五行の重い

写真3－8：屠られる牛

意味を負った丑・牛・土牛の最終的な豊穣儀礼の姿であった。季節が滞りなく滑り出した立春にあっては、「丑」の両様のはたらきはここで徹底的に封じ込めなければならなかった。生牛は剋殺され、土牛は激しく鞭打たれ、粉々にされた理由で、「丑」の最終的な、しかも「豊稔」を招来するため行われた最も重要なはたらきであった。

⑬「庶民は立春の日に土牛を作って、そしてそれを飾って、さらにそれを粉砕して破片を家まで持ち帰り、今年の豊稔を祈るなんて可笑しいじゃないか」『刊誤』

⑭「杖で鞭撻してから捨てる」「『月令』では農耕の時期を示すだけであった。杖で鞭撻するとはいっていない。それは誰かが作った妄言である」『兼明書』

⑯「春の日に、打春してから春牛の泥を自宅に撒く。こうすればゲジゲジが来ない」『瑣砕録』

⑰「立春に（牛を）鞭撻して、庶民は怪我をしあうほど混雑して、あっという間に粉砕した破片を奪い合う。それは毎年起こる」『歳時雑記』

⑱「官員は綵杖で土牛を三回廻り鞭撻する。それは勧耕の意を示している」『国朝会要令』

⑲「綵杖で鞭春する」『夢梁録』

⑳「開封府では、春牛を作って禁中に献上し鞭春の儀が行われる。府の役人たちも打春の儀を行う」『東京夢華録』

㉑「五色の糸の綵杖で牛を鞭打つ」『武林旧事』

㉒「皇帝は土牛を鞭撻する。官員は綵杖を受け、土牛を三回廻り鞭撻する」『遼史』
㉕「官員は土牛を三回廻り鞭撻する」『大明会典』
㉘「綵杖で鞭撻する」『西湖游覧志余』
㉛「綵杖で牛を三回鞭撻する。それは天下の牛によく耕作するようにという儀式だ」『帝京景物略』
㉜「手にした棒で大牛（張り子）を打ち破り、内の小牛を取り出し太歳の前に置く。豊年の吉瑞を表す意である」『清俗紀聞』
㉝「各官は土牛を三回廻りながら鞭撻する。勧耕の意を示す」『大清会典』
㉟「春牛を鞭撻してこれを砕く。これを打春という」『清嘉録』
㊲「天子に進呈。儀礼の後、春牛を引き出して鞭撻する。これを打春という」「皇帝・皇太后・皇后に進呈。儀式終了後、土牛を廻りながら鞭撻する」（礼部則例）『燕京雑記』

この点「ハマエーグトゥ」の伝承は、原義に忠実に牛が屠られたことを今に伝えている。現在では、牛は屠殺場で屠殺・解体されるが、本来ならばカミーによって屠殺・解体された。屠殺方法も、牛の四本足を縛り麻袋を牛に被せ、ハンマーで打ち、首にナイフを刺して血を抜き、木につるして解体したと言い伝えられているが、この背景には重い意味がある。季節が循環し、新しい季節が到来すると、牛は残酷なまでに徹底的に屠られなければならなかった。屋部の牛焼き（門中祭祀）でも「墓の前で三回左まわりに廻され、松の木の下に連れて行かれ、槌で頭をたたかれ殺される」となっていて、剋殺された。

「ハマエーグトゥ」や屋部の牛焼きには、殺牛祭神の原義的な牛の屠殺の姿が残っている。それは、既述したように、「土用の丑」の生殺与奪作用を終えた牛の、最後の供犠の姿であった。ただし、両儀礼とも、催行月については原義を離れ、日本の農耕儀礼との習合が図られながら変容したことが考えられる。

(1)「三」の象徴性

さて、見逃してはならないことに「三」の数字がある。右の打牛儀礼の中で、しばしば見られる「三」の数字である。

土牛を三回廻りながら鞭打つ……⑱・㉒・㉝
土牛を三回鞭打つ……………………㉕・㉛

以上のように鞭撻行為に頻出する「三」の問題がある。三と明示されてないところも、おそらく三回廻るか、三回鞭打つかであったと思われる。

沖縄諸島の殺牛祭神に見る「三」

沖縄諸島の殺牛祭神でも、この「三」の数の論理が特徴的に見られるものがある。[宜保:一九八二]

1 屋部の門中祭祀の場合(ウシヤキ)

① 殺牛の当日、ハミ屋(神屋の意。アサギとも)の前で牛を左回りに三回歩かせる。これは、この牛をこれから門中墓につれていくという元祖への報告である。

② 門中墓に連れて行かれた牛は、先祖（墓）の前に立たされ、お願が済むと、墓の前で三回左回りに廻される。

2　安和村の場合（ウシヤキ）

① 安和村の最も聖なる拝所の「フバヌウタキ」の近く「メーガー（前井）」で、牛を三回グルグル歩かして（廻す意か）、必ず啼かしてから屠殺する。

この「三」には、一体いかなる意味があるのだろうか。ここにも深い理が潜んでいることが予想される。おそらく陰陽五行思想における「数」の思想がはたらいているのであろう。

『五行大義』第三「数《すう》を論ず」には、「数」の論理が示されている。ほぼ、以下のように要約される。およそ万物の始めは、無に始まって有を生じないものはない。易の二元論ではこのあたりを次のように説いている。

宇宙には、最も根源となる「大極」がある。大極とは、「無」とも、「陰陽変化の理」とも言われるが、天地陰陽が、まだ未分化の状態を総称するのである。この大極からやがて「両儀＝陰陽」が生まれ、両儀は「四序＝春夏秋冬の四季」を生じる。四序（四象ともいう）は生の生じるところである。ここで生を享けて草木が繁茂し、やがて万物が生成するのである。万物は皆、陰陽の二気からなっており、陰陽二気は形をつくり、お互いに交感し合う。だから、陽のみで万物を生ずることは出来ず、また、陰のみで生ずることも出来ない。必ず陰陽が交合して万物は生成するのである。こうして万物は変化をくり返しながら交感し、生成しているのである。

すなわち、地にあるもののすべては、天にその象があって、その精気が下流すると、地道はこれを受け変化させ、これを基にして物の形が生ずる。陰陽が消長変化することによって、生まれたり滅んだりするのである。このあたりは明らかにし難い道理で、これを明らかにするには、「数」によらなければならない。

以上が「数」の論理である。すなわち、陰陽思想も五行思想も、それぞれ、陰陽、五行によって宇宙のあらゆる事象を説明する古代中国の自然科学・宇宙哲学であるから、宇宙のあらゆる事象に説き及ぶにはいちいちの言語表現では事足りない。そこで、あらゆる事象に即応出来るように、陰＝⚋、陽＝⚊の記号化が図られた。「数」もこれと同様の考え方で、事象を普遍的に説き明かそうとするとき「明らかにし難い道理」を、「数」によって象徴させようとしたのである。

それでは、「三」には、いかなる象徴性が込められているのであろうか。

東方の数・三、木気の数・三、天人地の数・三

まず、数「一」は、天の始めに当るところで、そこは「五行」の始まるところとされた。「陽気の始まるところ、万物がまさに始まろうとするところ」で、方位は北方とされた。

五行の次は「五事」(貌・言・視・聴・思)が、人事に先だって整えられた。これが数「二」で示される。五事は西南にあって、西南はまた、坤＝地に当る。だから、「二」は、地の数でもある。

天と地の次は、「八政」が整えられる。ゆえに八政の数は「三」となり、方位は東方にある。

土牛儀礼に頻出する「三」は、この東方の「三」のことである。「三」の象徴するものは、「八政」とされるが、『尚書』・洪範篇によれば、八政とは「食・貨・祀・司空・司徒・司寇・賓・師」のこととされている。

八政の中で特に「食」と「師」は、農耕と不可分である。これが東にあり、「三」として象徴される。

食……耕し植えたり、それを料理することを主る官《つかさど》。
師……農民を教育し、農事に一定の方法を設ける官。

三回廻ったり、三回鞭打ったりすることは、この東方の三、すなわち農耕と関係しているのである。「三」はまた、『五行大義』では「天は三を以って、木を東方に生じ、地はその八を以って之を成し、其れをして舒長盛大ならしむるなり」（天は三を以って、木を東方に生じ、地は八を以って木を成し、木を成長、繁茂させる）とあって、木気（農耕の一切を含む）が東方＝三・八となっている。

三と八の数は、生数と成数の関係を指し、『五行大義』では、数の論理として「五行及び生成の数を論ず」で説かれている。天の数は「五奇」（五つの奇数、一・三・五・七・九）で、地の数は「五偶」（二・四・六・八・十）が充てられる。そして、天の数、地の数のそれぞれに五行が配当される。左記の通りである。

天の数（生数）……水＝一　火＝七　金＝九　木＝三　土＝五
地の数（成数）……水＝六　火＝二　金＝四　木＝八　土＝十

地の四行（水・火・金・木）は、すべて土の上に成り立っており、四行は土があってこそ成立するのである。天のそれぞれの五行の数に、土の数五を足した数が、地の数になっている。すなわち、水

＝一・六、火＝二・七、金＝四・九、木＝三・八、土＝五・十となるのである。

これは「天地相応」の思想でもあって、地にあるすべての物は、天にそのもととなる物があって、天象（生数）を享けて、地象（成数）となって現われているとする考え方である。

すなわち、農耕に関するすべての木気は、そのもととなる天数三の木気（生数）を享け、木の成数八となって天と地が相応し、地において木は、東方春の季節に生まれ、成長繁茂するというわけである。

最後に「三」の数の持つもう一つの象徴性を挙げておきたい。「三」について『説文』では、「三は数の名、天地人の道なり」として、「三」は天・地・人の三才（才ははたらきの意）の道の意も含んでいる。すでに述べたように、天＝1、地＝2、木＝3であったが、生命体である人間も木気に配される。すなわち、人＝3でもある。天・地・人の三才（三つのはたらき）が備わることによって、ここに生成の道が整うことになる。天と地の間に人（男女）が備われば、人間の生成の道が永遠に確立される。

以上のことからも「三回廻ったり」「三回鞭打ったりする」ことは、「三」の数に見られる象徴性として、
1　農作物を含む一切の木気の生ずるところ、成長繁茂する意の「三」である。
2　天・地・人の三才が揃い、生成の道の確立を象徴する。
また「三回廻る」という廻る行為は、廻る＝循環を表し、陰陽五行思想の重要な「限りなき循環」の理を実践しているのであろう。限りない豊穣は、やはり止むことのない循環こそが要（かなめ）であると、

かさねがさね強調されているものと思われる。

では、先に示した沖縄諸島の殺牛祭神に見る「三」は、どうであろうか。

1の屋部の例は門中祭祀であるから、おそらく門中の弥栄《いやさか》と子孫繁栄が祈られているのであろう。お願の後、先祖の墓の前で左回りに三回廻されるのも、これが宗廟祭祀（門中祭祀）であることを示しているのであろう。「廻る」ことは限りない循環が限りない豊穣へと繋がることも既述してきた。「廻る」ことは、永遠の循環、すなわち、門中の永遠性が祈られているのであろう。左回りは、「左尊右卑」の陰陽五行思想に基づき、左回りになったのであろう。この儀礼ではいずれも必ず左回りになっていることが重要である。

2の安和村の例は、メーガー、すなわち「水」の前で三回廻される。牛（丑）は五行では水気でもあるから、降雨すなわち農耕祭祀、豊穣を祈っているのであろう。「廻る」ことは、限りない循環が限りない豊穣へと繋がることも既述と同様である。

（2）「七」の象徴性

最後に「ハマエーグトゥ」で、積み残しになっていた、ヒンプンを「七回廻る」「七」の数の象徴性にも触れておきたい。

前述の通り三には「天・地・人」の三つのはたらきがあって（三才）、この三つが揃うことにより、人間を筆頭とする生成の道が確立することが説かれていた。「七」には、この三才のほか「四時」が加わる。「七は天地四時人の始めなり」（『漢書』）とあって、天・地・人の三才に、さらに四時が揃うことによって、四季の循環（廻る）が整うことになる。ここに至って宇宙の生成がすべて秩序立つことになる。四時の循環は宇宙の永遠の循環をもたらし、永遠の循環は永遠の生成が達成されることになるのである。

「左廻り」に廻されるのは、ここでもやはり「左尊右卑」の思想であろう。主要四家における祖先祭祀とともに、四家の屋敷を清めるのであるから、当然、左尊の左廻りとなる。すなわち「ハマエーグトゥ」の前段の巡行でヒンプンを「七廻り」する「七」は、屋部と同じように、下志喜屋村立て主要四家の弥栄（いやさか）・限りない子孫繁栄が呪術儀礼を伴なって実修されているのであろう。

なお、「七」についてさらに付け加えるとしたら、七は火気の数でもある。火気は太陽・日照を属性とした。牛は何度もくりかえしたが、土気と水気を兼ね持つ重要なはたらきがあった。今、牛を水気に取ると、水の属性に降雨があった。「ハマエーグトゥ」は、祖先祭祀と豊穣儀礼を兼ねた呪術祭儀と考えられるので、牛と七の関係は、農耕に不可欠な降雨＝牛（丑）＝水と、日照＝七＝火の関係とも言えよう。牛が七回、ヒンプンを廻るのは、七の表徴の日照と牛の属性の降雨の滞ることのない循環を祈っていることでもあろうか。豊穣への祈りはまことに切実である。

4　拝所廻り

午後三時から、「十三の拝所廻り」が行われる。十三の拝所廻りの構造を、筆者は次の五つに分類した。（十三の拝所については、図3－10を参照されたし）

1　主要四家の仏壇拝み……………………祖先（宗廟）祭祀・門中祭祀

2　④のトゥン（御殿・殿内山）…………鬼門封じの山
3　⑦のメーグシクヌヤマ（前城山）………メーグシクガー（前城湧泉）と対をなす
4　水の拝所（⑥・⑧〜⑪・⑬）…………六つの水源地・降雨の祈り
5　⑫の「チジンモー」……………………日照の祈り

右のうち、1は主要四家の祖先祭祀である。ここでは祖先祭祀と殺牛との関係が問題となる。3の⑦のメーグシクヌヤマは、⑥のメーグシクガーと対をなし、門中管理の山として拝所の対象にされたのであろう。これはひとまず除外しておきたい。1・2・4・5を、ここでの考察の対象としたい。

(1)　門中（祖先）祭祀と殺牛儀礼

中国の殺牛・土牛儀礼について、石田英一郎［石田：一九六六］は「豊穣力の象徴としての牛の崇拝なるものは、恐らく家畜化された牛が農耕に結びついて以後、特に顕著な形をとって、ユーラシア大陸の南辺の月神話的信仰の世界にあらわれてきたのではなかろうか」と、農耕役畜としての牛崇拝を想定した。

山田勝美［山田：一九六〇］は右の見解に対し「この考説を採用するならば、立春に土牛を立てるという漢代の風習は一応の説明がつくと言ってよいであろう。然し一歩進んで、さらに考察を求めるなら、少なくとも古代中国において、牛が他の諸獣に比して特に崇拝されたという証拠は乏しいようである」とし、牛を以って諸獣を代表させる考えは認められるが、「それが直ちに牛崇拝につながるかと云えば、その答えはむしろ否定的である」とした。そして、少なくとも、中国に関しては、牛と農耕儀礼との結合は、他に求められるべきであろうとしている。

中山八郎［中山：一九六四］も「犠牲としての牛は農耕役畜とは別のものであるから、牛耕とは無関係に早くから用いられた」ことが考えられるとしている。

筆者も、山田や中山と同じ立場に立つ。そして筆者は特に、生牛も土牛も、陰陽五行思想において特別な位相にある「丑」のはたらきが、儀礼に反映されていることをくり返し述べてきた。

中国の殺牛儀礼はとくに立春の農耕儀礼と結びつけられるが、宗廟祭祀とも深く係わり、宗廟祭祀で供犠の生牛が屠られることもまたよく知られていることである。

ところで、琉球列島の殺牛儀礼で、類例はそれほど顕著ではないが、門中祭祀・祖先祭祀と殺牛儀礼の関係が見られる。「ハマエーグトゥ」で主要四家の仏壇を牛に拝ませることも同様の例であろう。門中祭祀・祖先祭祀は中国の殺牛儀礼では宗廟祭祀に該当するであろう。そしてこの宗廟祭祀も陰陽五行思想と深く関係している。門中祭祀・祖先祭祀との関係上、触れておきたい

祭儀における犠牲の生牛については、『呂氏春秋』『礼記』『淮南子』等に「犠牲の牡」と出ていた。「牡」は、白川静『字通』によれば、「牛＋土」の会意文字で、「土は牡器の象形、ヒは牝器の象形」で、『説文』に牡は「畜父なり」、『音義』に雄なり」とあって、「おす・けもののおす」の意であるとしている。獣の雌雄がいずれも牛によって代表されており（牛の偏や旁の牡・牝）、その他にも牛によって諸獣が代表される漢字は多いが、極め付けは「物」であろう。牛偏によって表される「物」は、「物は万物なり。牛を大物と為す」（『説文』）とあって、牛の並々ならぬ位相は用字によっても窺がい知ることが

出来る。

宗廟祭祀と牛の関係を「犠牲」という語を手がかりに辿ってみたい。

「犠牲」としての牛

「犠」は「いけにえ」で、特に「宗廟の祭りに供える畜類」のことを「犠」とした。「牲」も「いけにえ」で、「からだが完全で神を祭るに用いる牛」のことである。「牛は日を卜して牲と曰う」（『説文』）、あるいは「六畜は、六牲なり。始め養う時、之を畜と曰い、将に之を用いんとすれば、之を牲と曰う」（『周礼』）「卜して吉日を得るを牲と曰う」（『字彙』）とあって、牛は、普段はただの家畜にすぎないが、いったん、いけにえの日が決まると呼び方も「牲」に変わる。（このことは、日本のいけにえを考察する上でも不可欠の視点となる。）このように牛は、祭儀においても重要な畜獣でもあった。「犠」「牲」の「牛」は、天地宗廟の聖なるいけにえであり、またその選定には次のような厳しい条件も付いていた。

宗廟の犠牲・牛

「犠は、宗廟の牲なり」（『説文』）

「牲は、天地宗廟を祭る」（『字彙』）

宗廟とは、祖先の霊を祭ったみたまやのことである。『五行大義』では、死んだものの魂気（たましい・精神をつかさどるもの）は、天に上って神（しん）となり、魄気（たましい・肉体をつかさどるもの）は、下降して鬼（き）（死者のたましいのこと）となる。天地万物の根源となる気（精気）は、散じたままにすると、返ってこない。そこで宗廟を作って、散じた気を丁重に納め、祭らなければならないとしている。

さて宗廟の方位だが、次の理由で、北方がふさわしいとしている。

イ　北方は至陰であるから、宗廟の祭祀にふさわしい。

ロ　冬は陰の終わるところ、陽の始まるところであり、終わってまた始まることは、物事のしめくくりの時である。

さて、北方・冬といえば、すでに十二支の構造で述べたように、亥・子・丑の三支が該当した。三支のなかで、宗廟の祭りの犠牲に牛がふさわしいとされたのは、これまでもくり返し指摘してきたように、「丑」が終わってまた始まるところ、最も締めくくりにふさわしい位置にあることによっているのが理解される。さらに、「純色のもの」というのも大きな理由となるであろう。

純色のもの・牛

「色の純なるを犠と曰う」（『傳』）

「天子、犠は牛を以ってす。〔注〕犠は、純毛なり」（『礼記』曲令下）

表3－1の「五行配当表」の五行と方色をご覧いただきたい。北の方色は「黒」である。北の宗廟祭祀に充当される亥・子・丑の三支で、黒の純色・純毛で、牛に優るものはない。方色は純色が最も尊ばれたが、この意味からも牛は最もふさわしい黒・純色としての存在であった。

体形の完備したもの・牛

「犠牲は、毛羽完具するなり」（『周礼』地官　牧人）

「牲は、牛の完全なるなり」（『説文』）

「牛の完全なるを牲と曰う」（『字彙』）

毛羽が完具し、体形の優れたものという点からも亥・子・丑の三支で牛に優るものはない。

さて、早くから中国では、牛は農耕役畜とは別の祭儀性が問題として浮上していた。インドのように、牛が神聖視されていた形跡もないのに、なぜ、牛は祭儀において格別な存在となったのか、前述の石田・山田・中山に見てきたように、論議の的であった。牛は、右に見てきたように、陰陽五行思想の天地宗廟の祭りの、犠牲獣としての要件も完備していたのである。

祖先の御霊の祭祀である宗廟は、陰陽五行では、北方至陰がふさわしいとされた。人は死ぬと、陰の終わるところから、魂気は見えざる世界に帰っていく。丑寅の方角を「鬼門」というが「鬼」は死者のたましいのことで「鬼門」は「帰門」ともされた。人は死ぬとこの門を通り、根源の世界に「帰っていく」のである。死ぬことを「鬼籍に入る」ということもここに由来する考え方である。しかし、命の終わりは、また命の始まりでもあり、やがてまた見えざる世界から見える世界、すなわち現《あき》つ世へと生まれてくる。魄気（肉体）は、終わってまた始まる命の循環を締めくくる北方の宗廟に納められ、丁重な宗廟祭祀を受け、循環のときを待つのである。

さて、「牛は大牲なり」（『廣韻』）と言われたり、「大牢」（天子が土地の神と穀物の神を祭る時のいけにえ）とされたり、あるいは「三牲」（牛・未・豚）であったりして、農耕役畜以前から国家の祭儀において重要に機能してきた。その理由は、天地宗廟の祭儀にも明らかなように、陰陽五行思想の理、すなわち宗廟の牛・純色の牛・体形の完備した牛としての特性に叶った犠牲獣であったからに他ならない。丑も牛も、同理論の展開上、宗廟祭祀においても、霊妙なはたらきを以って重要に位置付けられた動物であった。

ところで、第二節で分類した琉球列島の殺牛祭神の諸相の四番目の分類項目、すなわち「門中祭祀・祖先祭祀・死者儀礼と殺牛」が、中国の宗廟祭祀に当たる儀礼であることがこれで理解されるであろう。屋部の牛焼きは、明らかに門中祭祀である。また、龕《がん》祝に牛が屠られた行事も、嘉数・大山・真志喜・佐敷あたりからの報告がある。

さらに、葬送と牛の関係、改葬・造墓・異常死・怨念・霊的障り・幽霊譚・転生譚など、死者儀礼を含む墓と殺牛の関係も、すべて牛（丑）の負っている方位とそのはたらきとに深く係わっている。中国の宗廟祭祀のところでも触れたが、図3－10のように、東北＝丑寅（艮ともいう）は、誰でも知っているように、陰陽五行では四門のなかの「鬼門」に当るところである。中国では、この鬼門が死者の魂が根源のところに帰る門（鬼門＝帰門）とされたのだが、日本人はとりわけ東北の鬼門を忌み慎んだ。生死の転換点であるから、丑（牛）が係わることはむろん陰陽五行の理ではあるが、琉球列島の殺牛祭神では、ここが肥大化していることが了解されよう。死者儀礼と殺牛・葬送儀礼と殺牛は、すべて丑（牛）の方位、すなわち鬼門と密接しているのである。

さて、「ハマエーグトゥ」で、主要四家の仏壇拝み（祖先祭祀）が、宗廟祭祀としてとり行われていることもこれで納得されるであろう。

（2）鬼門封じのトゥン（御殿・殿内山）

④のトゥン（御殿・殿内山）の拝所は、陰陽五行の原理を見事に押さえたもので、これは、中国にとっても貴重な例となろう。そもそも、牛や土牛儀礼の目的は何か。中国古代文献で、三つの役目、すな

わち、送寒・祓攘・農耕（立春）に係わって儀礼が形成されたことを見てきた。背景には、陰陽五行の哲理が控えていることも述べてきた。その折、中国古代に遡って、三つの儀礼の原型ともいうべき例を取り上げた。そのなかの、『後漢書』（二〇八頁）の記述を再び取り上げたい。

この月（十二月）に土牛六頭を国都郡県の城外の丑地に立てて大寒を送る。（傍線筆者）

このうち「土牛六頭」の「六」は、4の水の拝所の「六」とも係わってくる。ここではまず、「丑地」が重要となる。『後漢書』の「丑地」は、「ハマエーグトゥ」の十三の拝所のうち、④のトゥン（御殿・殿内山）に当るが、その位置については、図3－10で確認していただきたい。『後漢書』の丑地は、十二方位図の「丑」に当たるのは当然だが、④のトゥン（御殿・殿内山）がまさしくその丑地に置かれていることに驚きを禁じえない。しかもそこは、かつては「殿内山」という「山」があって、そこが聖なる「御殿」であったとされ、むろん今日でも重要な拝所である。図3－10の丑から次の寅にかけては、誰でも知っている「丑寅＝鬼門」である。そこはちょうど易の「艮《ごん》」にあたり、艮＝山である。ここが「殿内山」と呼ばれている所以《ゆえん》であろう。みごとなまでに符合している。

さて、この方位の意義については「牛引きカミー」で既述したところである。（二九九～三一二頁）すなわちその象意は「土気・東北＝鬼門・少男・止・山＝艮」であった。丑＝牛は、ここを統括し、悪霊邪気の侵入を、巨大な山で阻止（止）する役目を荷っていた。牛にとってここは所縁《ゆかり》の地であり、祭儀の拝所とするのにこれ以上ふさわしいところはないのである。

この御殿には、A火の神、B入口の神、Cユタが拝むニライカナイの神が祀られているという。ただし、原田聞き書きによるとこの三つは近年になって祭祀されたようである。Aの火の神は、沖縄の拝所では一般的であるが、沖縄の火の神の問題は陰陽五行思想をたっぷり吸い込んだものである。火の神祭祀と太陽神信仰は、沖縄では陰陽五行思想と完全に習合していることを指摘しておくことに留め、ここでは立ち入らない。したがって、ここでは火の神祭祀は特に問題は生じない。Cは、近年あちこちで起きていることで、新しく付け加えられたことが予想される。問題はBである。④のトゥン（御殿・殿内山）には、もともと「入口の神」という伝承があったのかどうか、なぜそのように呼ばれるようになったかという疑問が起きてくる。すなわち、ここが鬼門への入り口であり、「入口の神」が座《ましま》す所という意識は、いつごろからのものであろうか。興味深い。また重大な意味あいも持っている。

ともあれ中国古代の『後漢書』に一度だけ「丑地」と出て、土牛儀礼で大きな意味を放つこの方位が、時間と空間を隔て、国をも越え、波路はるかな小さな琉球列島の志喜屋集落の祭儀の中だけで、まさに丑地にあって鬼門となり、悪霊邪気を阻止する拝所となっていることはまことに意義深い。ことに祓攘儀礼の例が少ないので、なおさら貴重な例となる。

(3)　六つの水の拝所

4の水の拝所では、六つの水源地が拝所となっていた。さて、「数」の論理（三二一頁）で述べたが、地上の自然現象はすべて天にそのもとがあって、天と地は相応関係（天地相応）にあると説かれた。そして相応関係は、「数」の論理で示されると述べた。今「水」を例に取ると、天にあるもとの数（生数）

を「1」で示し、地上の水（成数）は「1＋5＝6」で示されるとも述べた。地上の水の六つの水源地は、この祭儀において「六」で水の成数を表し、水そのものをシンボライズするものである。しかも水の属性には何度も述べたように「降雨」があった。農耕の季節に入ったこの期の祭儀で、降雨への祈りはことさら切実なものであったに違いない。ここでも原義が忠実に組み立てられている。

『後漢書』の土牛六頭も、水気の牛にわざわざ水の成数に合わせて六頭とし、いやが上にも水気・降雨を強調しているのである。

ともあれ、水の拝所が「六つ」となっているのは、数の論理から見てみごとな符合である。

（4）⑫の「チジンモー」の意味するもの

「チジンモー」は「鏡の丘」とされているが、実態は不明である。不明であるが、機能は明白である。図3－10で見ると、それはまさしく南中し、南は十二支では「午」、易では「離」である。離＝火気である。図3－4、図3－6を見れば、「午」が火気に配当されることが理解されよう。さて火気の最大なものは、これも何度も述べたように「太陽」で、その属性に「日照」があった。これでもう明らかであろう。（3）の六つの水源地廻りは降雨祈願であった。南の島ではいくら降雨が重要とはいえ、いずこの農耕にとっても、降雨と日照の調和こそ豊穣の鍵である。そこで、この「チジンモー」では日照の順調が祈られたのであろう。この祭儀においては、徹頭徹尾、日照と降雨のバランスが終始希求されている。

この十三の拝所廻りは、陰陽五行の理論を熟知したものの創案であろう。祖先祭祀・鬼門祭祀・降雨と日照の祈願がみごとにその骨子を構成しているのである。考え抜かれた拝所廻りの構造である。

チジンモー（鏡の丘）の「チジン」は、太陽の依代としての「鏡」なのであろうか。

5　中国の節食（節令食）・ハマエーグトゥの供物

中国の土牛儀礼で歓楽化・祭事化に伴ない、節食（行事食）が整い、酒宴が催されていくことも当然のなりゆきであった。

春盤（生野菜）・辛盤（辛味の野菜）・蘿蔔（だいこん）など、節食は特徴的なものとなっている。春盤・辛盤は生野菜、それも辛味野菜を食べることにおいては同様であった。辛味野菜の種類は明らかではないが、⑰の『歳時雑記』に「韮《にら》」が挙げられており、その後も韮は、春盤の主要な野菜となっている。元日にも特に「五辛盤」といって、五種の辛味野菜を食べることが伝統の行事食であった。その理由については、春野菜の生命力に与かり、特に辛味野菜は、「五臓に通ずるなり」（『荊楚歳時記』）とされ、五臓の働きを活発にするものと考えられた。また、「『食医心鏡』に曰う。五辛を食らい、以って癘気《れいき》を辟《さ》くと」（『荊楚歳時記』）とあって、五辛には、疫気・悪気・邪気を払う力があると考えられた。

中村裕一［中村：二〇〇九］は、「唐代においても地域によって、また家々によって、五辛菜は異なることが予想されるから、五辛菜を確定することは餘り意味がない」とされている。その通りであるが、しかし、「五つ」の「辛味」の「菜」、すなわちその中身は異なっても、基本的に「五辛菜」とされていることは、やはり問題にすべきであろう。原義には、深い理由があってのことと考えられる。

「辛味」は、五行配当表に見られるように、五気では金気に配当される食味である。金気と春＝木気の関係といえば、何度も問題になった「金剋木」の理があった。そして、木気を損なう金気に対してさまざまな呪術がなされたことも、既述した通りである。辛味野菜にこだわり、特に五つの辛味野菜を揃えて「五辛盤」と称し、これを春＝木気の行事食として一貫しているのは、並一通りでない理由がそこに秘められているはずである。木気を損ねる金気を剋す（食べつくす）呪術的な意味が根底にあって、それが結果として五臓の強化となり、疫気や悪霊邪気を阻止することにも繋がったというのであろう。五臓の強化というのは二次的な解釈であろう。

また、十干象意の「辛」で示したように、「辛」は「新」に通じるとされているので、立春の節食として新年を迎えるのにふさわしいものと考えられたのであろう。（なお、「五辛」については、わが国の上代にもかなり影響を与えていることが考えられる。第四節二六五頁参照）

一般的に土牛儀礼の節食は、春盤・辛盤・春餅・蘿蔔等が知られているが、特に琉球列島の殺牛祭神を視野に入れると、『清嘉録』の「この日には、米粉《こめこ》をねって、丸《だんご》をつくり、神に祀り祖先に供える」という記事は見逃せない。「米粉」で「丸」、すなわち日本の「白餅」のようなものをつくり、「神に祀り」「祖先に供え」ていることである。琉球王府と清朝の蜜月関係を思えば、同時代の『清嘉録』の「米粉」「丸」「祭神」「祖先祭」の記述は、「ハマエーグトゥ」を解明する上でまことに貴重である。併せて、前述の写真3―3においても、三人で九つの餅を食べることが五穀豊穣に繋がるとしていたことにも注目しておきたい。

ところで、「ハマエーグトゥ」の供物は次の通りである。

1　蹄のついた牛の左足の骨をヤブニッケイの葉で覆い、お初として捧げる。

2　「根屋」の祖先に血と肉を調理したものを供える。

3　拝所めぐりの後、最後の拝所⑬で、供物の餡餅九個をすべて食べつくす。祭儀が行われる⑭の浜に持っていってはならない。もとは白餅十五個だったという。

4　ニライの神に捧げられる「ククヌチカザイ」の供物。

1と2の骨・血・肉は、三つがセットとして観想されているものと考えられる。五行配当では、「骨」は水気に配当されている。水気の属性には降雨があった。「血」は火気に配当され、火気の属性には太陽・日照があった。「肉」は土気の配当で、四行を統括する土気の重要性は牛とともに何度もくり返した。むろん農耕の豊穣に土の果す役割は言うまでもない。

すなわち、まず、前段の供物を構成しているものは、

骨――水気――降雨――陰
血――火気――日照――陽
肉――土気――すべてを統括するもの。「土」

以上のようなことになる。呪術儀礼として何と見事な供物であろう。すなわち、この三つの供物は、1日照・降雨の限りない調和を祈るにおいてこれ以上のものはなく、それはまた同時に、2で陰陽の調和が祈られているのである。豊穣は日照・降雨の調和、すなわち、陰陽の調和なくしては望めない。

また、地上のあらゆるものは、土の上に成り立っている。ことに農耕の豊穣においてはなおさら土の重要性は言うまでもない。蹄がついたまま捧げられるのは、「爪は、骨の余り」(『五行大義』)だからである。さらに、「骨は、体の骨の幹であり、それは、木が地上に立てられ家屋となるようなものである。筋は骨をつなぐすじみちであり、脈は血液を流し注ぐはたらきをなし、ともに血気を通じさせる。肉は体における土地のようなもの」(『五行大義』)ともされているのである。そして、「骨＝水気」は「水生木」の五行相生の理で、水は、すべての農作物を生み出す親でもあるのである。犠牲の牛一頭を全て食べ尽くすが、わけても「骨・血・肉」が重要視されている理由はこれであろう。沖縄料理で骨・肉・血を食べ尽くしたり、洗骨習俗の根底にも通ずることかも知れない。

牛の蹄のついた左足が供えられるのを、原田は「踏耕」の意としている。併せて筆者は、土気の性質も併せ持つ牛によって、大地の精を呼び起こし、土にこもる精気を盛んにし、作物の豊かな稔りを大地の精に祈る「大地踏み」の意も含まれていると見たい。左足は、むろん左を尊ぶ思想である。また「ヤブニッケイ」で覆われるのも興味深い。ヤブニッケイは写真3－9によれば、黄色の花をつけ、果実が黒いこと、すなわち五行配当で、黄＝土気、黒＝水気で、一つの木で二つの「気」を兼ねた植物として選ばれたのであろう。牛と同様、土気と水気の両義作用が提示されている。

すでに述べたように牛も土気と水気を兼ねていて、この牛の位相こそ、本家中国の土牛儀礼や南島の殺牛祭神における最大の意義であった。土気の花(黄)を咲かせ、水気の果実(黒)を結ぶヤブニッケイは、水気と土気の牛を覆うのに、これ以上ふさわしいものはないであろう。

宮古島上野で、旧暦十二月最後の丑の日に行われる「サティパロウ」でも、ヤブニッケイの葉をま

写真3－9：ヤブニッケイの花と実

とい、女たちが集落を練り歩く行事がある。丑＝女でもあるから理に適ったものである。十二月の土用に行われているから季節の転換を意図するものであろう。

さて3の供物の「九個の餡餅」も、考えつくされた供物である。『清嘉録』の「米粉をねって、丸（だんご）をつくり、神に祀り祖先に供える」と、写真3－4の「三人で、九つの餅を食べたら五穀豊穣になる」とを並べると、「九個の餡餅」は、この延長線上にあることが理解される。「ハマエーグトゥ」では、さらに陰陽五行の原理の忠実な実践がはかられていると考えられる。もとは白餅は十五個だったが餡餅九個に変わったという点である。

「十五」は、五行の生数（1＋2＋3＋4＋5）の総和の「十五」で、おそらく五行の調和を示したのであろう。これが九個の餡餅に変わったのは、「ククヌチカザイ」の「九」に合わせたものと考えられる。九は陽の極数で、「ククヌチカザイ」は供物の数の最大を示し、最高の供物の意を示しているのであろう。白餅から餡餅に変わったのは、五行配当の「五味」で餡餅は甘いことが特徴であるから、「土気」の「甘」に当たり、「五畜」の牛の土気と整合させ、牛の祭儀にふさわしく整えられたのであろう。（「三」

は、前述の「三」を参照）

さて、ここでもう一つ、高度に考えつくされたこの祭儀の習合思想を凝視しなければならない。これまで筆者は、中国の土牛儀礼、すなわち陰陽五行思想に基づく祭儀が「ハマエーグトゥ」にも強く投影していることを探り出してきた。だが、それだけではない。

最後の拝所⑬ですべての餡餅を食べ尽くし、これからとり行われる⑭の祭儀の場に一つとして持って行ってはいけないというくだりで、みごとに祭儀のスイッチが外来祭儀から土着信仰に切り換わっていることを押えておきたい。ここからの祈りの対象は、古琉球以来のニライの神である。供物の数がすべて奇数で整えられ、中国の数の意識が見られるが、供物はそれまでの、骨・血・肉、その他、すべて供犠の牛尽くしとなっていた前段とはガラリと異なり、供えられている「ククヌチカザイ」は、ほとんどが古琉球以来の供物である。ここでは牛の供物はわずかに「クリ肉三塊（精肉の塊）」の一品だけである。

他界の観念の違いもここからは明らかである。中国の陰陽五行思想は、発祥の地はおそらく中国の内陸部であろうと考えられている。「海」へのまなざしが稀薄であるからである。したがって、他界観念も当然「天」に向けられる。天地相応・天人相応・天地合一・天界思想等、すべて「天」と結びつく発想方式である。そのため、神観念も「垂直神的神観念」が特徴である。わが国の高天の原の垂直神的な神々も、中国の影響が想定されている。

それに対して、南島の神々は「水平神的神観念」が最大の特徴である。神々は海のかなたから水平にこの島々にやってくるのである。言うまでもなく「ニライカナイ」の思想である。この土着信仰は、たとえ中国祭儀が取り入れられたとしても消し去ることは不可能であった。土着信仰の図太い生命力は、外来信仰に簡単にその座を明け渡すことはないからである。サバニを三艘揃えたが、「天・人・地」の「天」は、ここにはない。ニライカナイへまっすぐに向けられ、「ククヌチカザイ」はサバニの中央に供えられ、その供物の先にあるものは、海のかなたのニライの神々である。

「ハマエーグトゥ」の祭儀では、見事にその習合が図られている。前半の牛の祭儀は中国の豊穣儀礼であり、後半はニライカナイの神々への豊穣の祈りである。もちろんそこに豊漁の祈りや龍宮の神への祈りがあったとしてもなんら矛盾はない。ニライカナイは複層の他界であるからである。

ニライカナイについてもう一点付け加えておきたい。ニライカナイは、水平に移動する他界であることに異論はないが、その方位については多少区々《まちまち》である。海のかなたといっても集落の立地によって、方位は区々になるからである。区々ではあるが、概《おおむ》ね東方の海上はるかに想定される場合が多い。このニライカナイと関連して、「青の神」「青の島」が問題になる。［谷川：一九八三］［仲松：一九九〇］

「青」「あふ」「おう」は同類語で、神のまします聖域を意味することは、ほぼ一致している。ニライカナイと青が結びつく接点は、これは確実に陰陽五行思想の影響であろう。五行配当表で示されているように、東の方位は色で示せば「青」であった。ニライカナイが東に設定されていることが多い古琉球の人々にとって、ニライは「青ぬ島」であり、そこに住む神々は「青ぬ神」にほかならなかった。「青ぬ島」は、中国でも青＝東は穀物の方位であり、「青ぬ島（神）」はニライの神々の原郷となって、みごとに中国哲学思想と習合した。ニライカナイと青の接点に、五行思想の「青」の視点を失ったら、「青の島（神）」の議論はいたずらに空転するばかりであろう。

まとめ

多様な展開を見せるのが南島の殺牛儀礼である。本論では、特に「ハマエーグトゥ」を取り上げ分析を試みた。この儀礼はこれまで奇祭とされてきた。奇祭の裏には、必ずそれなりの真実がある。ここには、中国の宇宙哲学・自然哲学・陰陽五行の理論が常に揺曳していた。

特に、なぜ祭祀の場所が⑭の方位なのか、またそこは四門の一つである風門（地戸）に当るが、その意義は何か、さらに天門と対中関係にあるが、両者の関係とはどのようなものか等々、その他にも言及すべくして果せなかった重要な点も多い。

「ハマエーグトゥ」の祭儀は、陰陽五行思想の立場から見れば、考えに考えられたもので、同理論に精通した者によって組み立てられたものと思われる。琉球王の久高島行幸渡海・斎場御嶽とも無縁とは思えない。背後に国家祭儀を整えていく上での琉球王府の干与が想定される。

中国との緊密な冊封関係を確立していた琉球王府にとって、天と地を結び、特に哲学・宗教学・政治学・道徳学・帝王学と深く係わって、天・人・地の三才の問題として宇宙的規模で、総合的に説かれる異国のコスモロジー、パンテイオンの哲理は無視できなかったはずだと思われる。

本論ではその一端を探ってみた。枚数の制限があり、意を尽くせぬところが多く、分りにくい点も多々あったと思うが、別の機会を俟ちたいと思う。

注記・引用文献・図版出典一覧

（1）本論では、琉球列島・沖縄諸島と書き分けている。前者は、奄美諸島を含めた南西諸島のことである。奄美諸島は、かつては琉球王府の版図にあって、北部琉球文化圏を形成していた。沖縄諸島とは、現在の沖縄県を指す。

（2）陰陽説、五行説、陰陽五行説等については、以下の哲学辞典・思想史辞典等において、簡潔な説明がなされている。

『哲学辞典』　一九七一　平凡社
『哲学大辞書』　一九七八復刻　名著普及会
『世界大百科事典』　一九八八　平凡社
『岩波哲学・思想辞典』　一九九八　岩波書店
『日本思想史辞典』　二〇〇一　ぺりかん社
『中国思想文化辞典』　二〇〇一　東京大学出版会
『哲学の木』　二〇〇二　講談社
その他

（五行図は、諸氏によってさまざまに作成されている。本論では先行文献を参照しつつ、本論に即して筆者が工夫を加えた。とりわけ、吉野裕子の作図は参考になった）

（3）暦関係書

岡田芳郎　『明治改暦』　一九九四　大修館書店
〃　『日本の暦』　一九九六　新人物往来社
内田正男　『暦と日本人』　一九七五　雄山閣
広瀬秀雄　『暦』　一九九三　東京堂出版
福沢諭吉　『改暦弁』　一九七三　慶応義塾蔵版
矢野健一　『大小暦を読み解く』　二〇〇〇　大修館書店
その他

（4）参考文献

石田英一郎　一九六六　『河童駒引考』　一九八〇復刻　東大出版会
上田正昭　一九八三　「殺牛馬の習俗」『中公バックス 日本の歴史 2』　中央公論社

上田正昭　一九九三「殺牛馬信仰の考察」『神々の祭祀と伝承』同朋社出版
上田正昭監修二〇〇六『日本古代史大辞典』　大和書房
小野沢精一・福永光司・山井湧編　『気の思想』一九七八　東京大学出版会
宜保栄一郎　一九八一「牛を焼く祭りについて」『沖縄民俗研究』三号　沖縄民俗研究会
倉林正次編　一九八三『日本祭りと年中行事事典』　桜楓社
桑子敏雄　一九九六『気相の哲学』　新曜社
小島祐馬　一九五一『中国の革命思想』　弘文堂
島　邦男　一九七二『五行思想と礼記月令の研究』　汲古書院
高田真治・後藤基巳訳　一九六九　『易経』　岩波文庫
高谷重夫　二〇〇二『雨乞習俗の研究』　法政大学出版局
谷川健一　一九八三「ニライカナイと青の島」『常世論』　平凡社新書81
直木幸次郎　一九六八「古代国家と村落――計画村落の視角から」『奈良時代史の諸問題』　塙書房
長尾龍造　一九七三『支那民俗誌』第一巻・第二巻・第六巻　国書刊行会
仲松弥秀　一九九〇「青の世界」『神と村』　梟社
中村璋八　一九九八『五行大義』上・下　新編漢文選（思想・歴史シリーズ）七・八　明治書院
〃　一九七六『五行大義の基礎的研究』　明徳出版社
中村　喬　一九九〇『続中国の年中行事』　平凡社選書　一三四
中村裕一　二〇〇九『中国古代の年中行事・春』　汲古書院
中山八郎　一九六四「土牛考」『人文研究』十五巻　大阪府立大学文学会編
原田信男　二〇〇〇「古代日本の動物供犠と殺生禁断」『東北学』東北芸術工科大学　東北文化研究センター
原田信男　二〇〇七『沖縄における動物供犠と稲作儀礼――旧知念村志喜屋のハマエーグトゥ』供犠研究会文部科学省科学研究費報告書
原田信男　二〇一二『なぜ生命は捧げられるか』御茶の水書房
前城直子　一九九七「易・陰陽五行からみた久高島」『沖縄文化』三十三巻一号

宮瀧交二　二〇〇五「『日本書紀』の「村」と「邑」に関する一試論」『律令国家と古代社会』塙書房
宮平盛晃　二〇〇四「沖縄における《シマクサラシ儀礼》の民俗学的研究」『奄美沖縄民間文芸学』第四号　奄美沖縄民間文芸学会　本書所収
山田勝美　一九六〇「土牛考」『甲骨学』八号　日本甲骨学会編
吉川幸次郎監修・本田斉　一九七八『易経』中国古典選　朝日新聞社
吉野裕子　一九八六『陰陽五行と童子祭祀』人文書院（のち全集第六巻所収）
その他

（図版出典）
写真３－１　李　露露　二〇〇五『中国節――図説民間伝統節日』福建人民出版社
写真３－２　野間省一　一九七四『守礼之邦沖縄』講談社
写真３－３　大喬編著　二〇〇九『図説中国節』中国社会科学出版社
写真３－４　前出３－１と同
写真３－５　長尾龍造　一九七三『支那民俗誌』国書刊行会
写真３－６　前出３－３と同
写真３－７　関根正直　一九三〇年修正版『公事根源新釈』六合館
写真３－８　孫伯醇・村松一弥編　二〇〇三『清俗紀聞』平凡社（ワイド版東洋文庫62・63）
写真３－９　牧野富太郎　一九七五『原色牧野植物図鑑』北隆館

［付記］本論を作成するにあたり、国士舘大学元鶴川図書館・山下哲生氏、国士舘大学21世紀アジア学部卒業生・楊光正君には、資料等でお世話になった。両氏に感謝いたします。

あとがき

本書は、沖縄の動物供犠に関わる論稿三編を集めたものである。原田は、学習院大学の故・中村生雄氏が主催した供犠論研究会の二〇〇五年度沖縄調査で、宮平の案内によって初めてハマエーグトゥを見ると同時に、彼が長年研究を続けてきたシマクサラシの概要を知ることができた。また原田の勤務先である国士舘大学21世紀アジア学部で、専門の異なる有志たちと開いてきたグローバルアジア21研究会において、沖縄に造詣の深い前城の陰陽五行思想と牛の供犠に関する研究を知った。

これらの論稿は、沖縄のひいては日本の動物供犠を考える上で、それぞれに関連性のある有益なものと密かに自負している。そこで原田が、本書の企画を思い立ち、御茶の水書房社長の橋本盛作氏にご相談したところ、幸いにもご快諾を戴いた。こうして刊行の運びとなったが、それぞれの論稿が膨大に膨らんだため、お約束の原稿提出期限を三年も遅れてしまったことに、深くお詫び申し上げる次第である。

以下、三編の論文の背景について簡単に触れておくこととしたい。なお本書のために、共同討議を行うことはしなかったが、もちろん互いに原稿は読んでいる。しかし細かな論点の調整は行っておらず、それぞれが独立した論稿であることを考慮されたい。

まず宮平のシマクサラシ論は、その体系的研究の一部を書き下ろしてもらったものである。宮平は、沖縄国際大学大学院の修士論文で、南島におけるシマクサラシを扱って、琉球諸島における悉皆調査を行い、その総合的な研究をまとめつつある。シマクサラシについては、いくつかの論稿があるが、いずれも断片的なもので、その全体像を見直すという重要な作業を行ってはいない。すでにほとんどが廃れている現状で、いわば最後の伝承者たちからの聞き取り調査に成功したという蓄積がある。

また原田のハマエーグトゥ論は、供犠論研究会の科学研究費補助金研究成果報告書（平成一六年度～平成一八年度／基盤研究Ｂ：課題番号一六三二〇〇一一：研究代表者・中村生雄）『東アジアにおける人と自然の対抗／親和の諸関係にかんする宗教民俗学的研究』に収めたものに、かなり大幅な加筆を行うとともに、これに沖縄全体の動物供犠を見渡した新稿を加えた。この論稿の作成にあたって、二〇〇五年以降もしばしばフィールドである知念の志喜屋を訪れた。そのほとんどに宮平が同行してくれたが、彼の知識と助言がなければ、この研究が成立しなかったことは明らかである。

最後の前城は、沖縄の民俗と文化に詳しい国文学者で、原田が先の第六回研究会で「沖縄における稲作と動物供犠」（二〇〇七年五月一七日）の報告を行った際に、きわめて貴重なアドバイスを戴いた。そして前城は同第一三回「ハマエーグトとシマクサラシ―原田説再考―」（二〇〇八年四月一七日）と題する報告を行い、原田の論稿に欠けていた沖縄における動物供犠の民俗思想的背景を見事に説明してくれた。さらに第二〇回「殺牛祭神の展開―易経・五行思想からの照射―」（二〇〇九年一月二二日）へと考察を深めて、本書の殺される牛論を完成させた。

ちなみに同じく第三九回「日本の動物供犠」（二〇一一年六月九日）の原田報告は成稿して、当初、本書の末尾に置かれる予定であったが、あまりにも膨大なものとなったため、これを一書として独立させ、姉妹編『なぜ生命は捧げられるか――日本の動物供犠』(御茶の水書房)としたので、参照されたい。同研究会では、前川和也先生をはじめとして青柳寛・高橋伸子・三輪春樹などの諸先生方から、さまざまに有益なご指摘を戴き、専門を異にすることで見えてくる視点というものがあることを、いつも気づかせてもらっている。この場を借りて、研究会を支えてくれている有志たちに謝意を表したい。

いずれにしても、民俗学・歴史学・国文学という三者三様の視点から、沖縄における動物供犠の問題を、多面的に論じ得たことは大きな成果であったと考える。ヤマト的な系譜を引く日本に較べて、沖縄には動物と近しい距離を保ってきたという長い歴史がある。しかし、その沖縄でさえも、近年においては動物供犠の衰退が著しく、衛生管理などの側面から、儀式に必要な血が入手しにくく、現地の沖縄料理屋でも血イリチーすら提供できなくなっている。こうした時代だからこそ、沖縄で行われてきた伝統的な動物供犠について、根底から見直しておくことが大切だろう。

二〇一二年一月三一日

共著者を代表して　原田信男

著者紹介

原田　信男（はらだ　のぶを）

1949年　栃木県生まれ
1974年　明治大学文学部卒業
1983年　明治大学大学院博士後期課程退学
1987年　札幌大学女子短期大学部専任講師に就任、2002年からは国士舘大学21世紀アジア学部教授

専　攻：日本文化論・日本生活文化史

著　書：『江戸の料理史』（中公新書、1989年、サントリー学芸賞受賞）
『歴史のなかの米と肉』（平凡社選書、1993年、小泉八雲賞受賞）
『中世村落の景観と生活』（思文閣史学叢書、1999年、学位論文：史学博士＝明治大学）
『コメを選んだ日本の歴史』（文春新書、2006年）
『食べるって何？』（ちくまプライマリー新書、2008年）
『食をうたう』（岩波書店、2008年）
『なぜ生命は捧げられるか――日本の動物供犠』（御茶の水書房、2012年）
編　著：『食と大地』（ドメス出版、2003年）
『いくつもの日本　全7巻』（共編、岩波書店、2002～03年）
『地域開発と村落景観の歴史的展開』（思文閣出版、2011年）
『焼畑の環境学』（共編、思文閣出版、2011年）
『都市歴史博覧』（共編、笠間書院、2011年）
ほか論文多数

前城　直子（まえしろ　なおこ）

1944年　沖縄県生まれ
国士舘大学文学部卒業　実践女子大学大学院修士課程修了
国士舘短期大学専任講師・助教授・教授を経て、
2002年から国士舘大学21世紀アジア学部教授

専攻：日本上代文学・琉球文学・民俗学

沖縄文化協会賞（仲原善忠賞）受賞

主要論文：「『中山世鑑』所伝・琉球開闢神話の資料批判的研究」『沖縄文化』第42号
「沙本の暴雨・錦色の小蛇――沙本毘賣物語の成立過程」『国士舘短期大学紀要』第9号
「『おもろさうし』の政治性――「オボツカグラ」「根」の構造主義に見る宗教的・政治的神学の形成」『沖縄文化』63号

「古事記サホヒメ物語現存形成立の背景」『国士舘短期大学紀要』第12号
「易・陰陽五行から見た久高島」『沖縄文化』87号
「大国主神と鼠の思想性」『国士舘大学21世紀アジア学部紀要』第1号
「三谷栄一先生の『戌亥・乾の隅信仰』の発生原理」『りんどう』(実践国文科会会誌)37号
その他

宮平　盛晃(みやひら　もりあき)

1978年　沖縄県生まれ
2002年　沖縄国際大学商経学部卒業
2004年　沖縄国際大学大学院修士課程修了
2009年　沖縄国際大学総合文化学部非常勤講師

専　攻：南島文化論・民俗学

論　文：「沖縄における《シマクサラシ儀礼》の民俗学的研究」(『奄美沖縄民間文芸学』第4号、奄美沖縄民間文芸学会、2004年)
「沖縄における家畜の供犠──《シマクサラシ儀礼》をめぐって──」(『季刊東北学──特集〈家畜とペット〉──』第9号、東北芸術工科大学東北文化研究センター、2006年)
「史料にみるシマクサラシ儀礼──仲尾次政隆関係資料、『琉球国由来記』から──」(『沖縄民俗研究』第26号、沖縄民俗学会、2008年)
「沖縄における《シマクサラシ儀礼》の名称に関する一考察－シマクサラーとカンカーという言葉の意味について－」(『アジア民族文化研究』第7号、アジア民族文化学会、2008年)
「沖縄における焼畑」(『焼畑の環境学：いま焼畑とは』、佐藤洋一郎監修、原田信男・鞍田崇編、2011年)

索　引

あ行

か行

さ行

た行

な行

は行

ま行

や行

ら行

著者

原田　信男（はらだ　のぶを）

前城　直子（まえしろ　なおこ）

宮平　盛晃（みやひら　もりあき）

捧《ささ》げられる生命《せいめい》——沖縄《おきなわ》の動物供犠《どうぶつくぎ》

2012年10月22日　第1版第1刷発行

著　　者　原田信男
　　　　　前城直子
　　　　　宮平盛晃
発 行 者　橋本盛作
発 行 所　株式会社御茶の水書房
〒113-0033　東京都文京区本郷5-30-20
電話　03-5684-0751

Printed in Japan　組版・印刷／製本　㈱タスプ

ISBN978-4-275-00999-9　C0036